筑豊の
近代化遺産

筑豊近代遺産研究会［編］

弦書房

筑豊の近代化遺産◉目次

はじめに　5／凡例　7／近代化遺産所在地図　8

《石炭生産》

1　三井田川鉱業所伊田竪坑櫓／同第一・第二煙突（二本煙突）……16
2　田川市石炭・歴史博物館……20
3　三菱飯塚炭礦巻上機台座……24
4　直方市石炭記念館……26
5　救護隊練習坑道……28
6　三菱方城炭礦坑務工作室（九州日立マクセル赤煉瓦記念館）……30
7　製鉄（日鉄）二瀬炭鉱正門と八幡製鐵……32
8　住友忠隈・三井田川六坑ボタ山……34

《石炭輸送（水運・陸運・海運）》

9　遠賀川水運と川艜……38
10　遠賀川と堀川……43
11　遠賀川改修と環境保全事跡……46
12　遠賀川鉄橋と冷水トンネル（JR筑豊本線遠賀川橋梁・冷水トンネル）……48
13　伊田線・糸田線・嘉麻川橋梁後藤寺線・入水トンネル……50
14　石坂トンネルと内田三連橋……52
15　小倉鉄道線（日田彦山線鉄道遺産群）……54
16　筑豊田川の三代の橋……58
17　明治の駅舎……61
18　廃線跡を歩く……64
19　くろがねの鉄馬たち……66
20　貝島炭礦充填汽車と宮若市石炭記念館……68
21　若松の石炭集結、海上輸送施設群……72

《石炭建造物》

22 飯塚市歴史資料館……76
23 伊藤伝右衛門邸……78
24 石炭坑主建物……82
25 炭鉱住宅（産業ふれあい館）……86
26 住友忠隈炭砿会館（穂波幼稚園）……89
27 炭鉱病院……90
28 松岩建造物群……92
29 嘉穂劇場……94
30 松喜醤油屋……98
31 飯塚の近代化遺産群……100
32 奥野医院・十七銀行直方支店……102
33 直方の近代化遺産群……104
34 田川の近代化遺産群……108
35 筑豊の鉄工業建造物……110
36 遠賀の近代化遺産群……114
37 水巻の近代化遺産群……116
38 鞍手の近代化遺産群……118
39 中間の近代化遺産群（大正鉱業中鶴炭砿）……120

《石炭信仰・モニュメント》

40 炭鉱の山神社……122
41 川艜船頭の神々と奉納物……124
42 炭鉱の記念碑……126
43 貝島太助・太市の銅像と史跡・謝恩碑……128
44 蔵内次郎作・保房の銅像と史跡……132
45 坑夫の像……134
46 殉職者慰霊碑……137
47 動物慰霊碑……139

《石炭無形文化遺産》

48 筑豊の銘菓……142
49 筑豊の文学……144
50 山頭火の筑豊遍歴句と炭鉱の俳句……146
51 筑豊の炭鉱絵画……150
52 筑豊の音楽……152
53 石炭の地名……154

《一般近代化遺産》
54 石灰石と銅……156
55 石灰窯（庄内入水・香春）……159
56 筑豊の鏝絵……162
57 五か村用水路……164
58 香春藩庁・郡役所行政の足跡……166
59 住民の交通路……168
《歴史民俗資料館・大学研究機関》
60 歴史民俗資料館・大学研究機関……172
筑豊の近代化遺産めぐり……181
解説
筑豊の近代化遺産……188
筑豊炭田ものがたり……192
筑豊のおいたちとこれから……200
日本一の鉄道網……205
石炭創業時代の頭領たちの苦闘……207
現存する炭鉱主の住宅の文化的な価値……209
石炭創業者たちの社会貢献……217
石炭の近代化を支えた筑豊宿場町の取り組み……223
炭鉱主の信仰・水門・川艜数と船頭の奉納物など……226
筑豊の近代化遺産の特徴と保存活用……230
〔付録1〕五か村用水路略図……234
〔付録2〕筑豊炭田地方鉄道敷設状況……235
筑豊の近代産業史年表 236
筑豊の近代化遺産一覧 248
博物館・資料館・記念館および研究機関一覧……260
参考文献・資料 261
資料提供者・協力者 264
あとがき 265
執筆者紹介 266

〈表紙写真〉香春岳を背景に、三井田川鉱業所伊田竪坑櫓と二本煙突
〈扉写真〉香春岳遠望

はじめに

昨今わが国では、「近代化遺産」による「まちおこし」が全国各地で展開されている。文化庁の世界遺産公募、「石見銀山の世界遺産登録」、経済産業省の地域活性化のための「近代化産業遺産群33」の公表などもあって、今後さらに広がりを見せるであろう。

このブームはどこから来たのであろうか。戦後六〇年経った今日、高齢社会に入ったわが国では、時代の転換期に差し掛かって、物の豊かさを追求した時代に飽き足らず、わが身の辿った道を振返り、心の安らぎを求める人々の願いが、先人の残した遺産に向かうのであろうか。従来の名所、旧跡を訪ねる人々の観光旅行は、「歴史・文化めぐりの旅」に人気が高まっている。

福岡県では『北九州の近代化遺産』、『福岡の近代化遺産』が刊行されて何れも好評を博している。引続いて刊行される本書『筑豊の近代化遺産』はシリーズの三冊目となる。

筑豊は福岡県の四つの生活圏（北九州、福岡、筑豊、筑後）の中央に位置している。筑豊を縦貫する遠賀川の流域には石炭が埋蔵され、わが国出炭量の半数を生産して、近代化に貢献した筑豊炭田の近代化遺産がある。

この区域は現在の北九州市八幡東・西区、戸畑区、若松区をはじめ、中間市、遠賀郡を含めた広範な区域で、鉄の北九州、石炭の筑豊と密接な関係がある。本書ではこの範囲を取上げ、北九州の近代化遺産との重複を避け、刊行にいたる経緯、その特徴などについて取りまとめた。

昭和三〇年以降のエネルギー革命に敗退し、昭和五一年に総ての炭鉱が閉山して三〇年余、その後遺症も漸く癒えて自力再生の時代に入り、平成一九年四月に開館の旧伊藤伝右衛門邸は多くの観光客を呼び寄せ、田川伊田竪坑櫓・二本煙突と共に世界遺産暫定一覧表に追加提案され、筑豊地域に大きな希望の火が灯った。

筑豊炭田が終止符を打って地域経済の疲弊、炭鉱の過酷な労働、災害、鉱害などの負の遺産といわれるものを、三〇年余の年月が経って乗越え、わが国の近代化に貢献した石炭産業の貴重な遺産の価値に人々は気付きはじめ、地域の再生に活用する運動が盛んになっている。

この時期に合わせて、平成一九年二月近畿大学産業理工学部にて、市民の筑豊まちおこしの、筆者が所属する「筑豊ゼミ」で、田川市・直方市・宮若市・飯塚市の石炭博物館、記念館、資料館等連携のシンポジウム開催を契機に、関係者で「筑豊近代遺産研究会」を設立した。三月以降『筑豊の近代化遺産』刊行を目指して現地調査を進め、一一月には筑豊全域の郷土史家、専門家五〇名余の方に呼びかけ、その賛同協力によって、「筑豊は一つ」を目標に総力をあげた思いで刊行に漕ぎ付けた。

「近代化遺産」とは文化庁によれば、「幕末から昭和二〇年頃までに建造されたもので、我が国の近代化に貢献した産業、交通、土木の遺産」としている。

この趣旨を踏まえ、筑豊炭田全域を調査をしたところ、総ての炭鉱が閉山して三〇年の歳月を経た今日、多くの貴重な遺産が失われたことに驚き、改めて遺産保存の必要性を強く感じた。一方知られていない遺産、建物があることも知った。特に、明治・大正・昭和百年の間に、石炭産業を支えた有形、無形の遺産は、民衆の血と汗と涙の結晶である。その足跡が語り継がれているのに深く感動した。

石炭採掘に殉じた人への慰霊、安全を願う「山神社」、坑主や水運の船頭たちの安全を祈願する鳥居、常夜灯などの奉納の数々。坑内馬・ガス検知に活躍した小鳥たちを祭る馬頭観音・小鳥塚などは働く人々の労働の安全を願う信仰の心から作られた。そこに今も旧炭鉱住宅で過ごす人々の日々の暮らしがあった。

そして筑豊を舞台にした文学、詩歌、絵画、音楽、銘菓、石炭産業を伝える地名等多くの近代化遺産といわれる無形文化遺産は、石炭産業を支えた大きな力であった。

田川が発祥の地の「炭坑節」などの炭鉱文化、経済産業省近代化産業遺産群公表の中で「石炭産業は経済・生活・文化等のあらゆる側面に影響を及ぼす地域の存立基盤となり、その影響は石炭の採掘を終えた今日も引き継がれている」と述べているが、数百の大手・中小の炭鉱がそれぞれ異なる経営者のもとで競い合い、協力しながら我が国主要産炭地の地位を守り続け、日本の近代化に寄与したのは、多くの民衆の力強い後押しがあったからである。

筑豊炭田は、地域ごとに石炭層の分布が異なり、生産地域が散在し、遺産にばらつきがあって、北九州・福岡の近代化遺産のように地域別でなく、石炭産業遺産の流れを知る物語りとして、石炭生産、石炭輸送、石炭建造物、石炭信仰・モニュメント、石炭無形文化遺産の五項目に分類した。

この中で特に無形文化遺産を近代化遺産の一翼として取上げたことに大きな意義、特色がある。

筑豊には石炭産業遺産のほか、セメント、銅鉱山、交通路としての隧道、橋や農業用水路などがあり、一般近代化遺産として掲載した。また筑豊にある三つの大学は、それぞれ石炭史の研究、地域に開かれた大学として活動しており、筑豊各地域の近代化遺産の展示をしている一九の博物館・記念館・歴史民俗資料館を併せて紹介した。

解説では筑豊炭田ものがたり、筑豊のおいたち、鉄道網と水運資料、炭鉱主の住居・社会貢献、筑豊の近代化遺産の特徴と活用、その遺産巡りなど、観光面でも利用できるようにし、個性豊かな執筆者の協力で発行される本書は極めてバラエティに富んだものとなった。

かつて筑豊は文化不毛の地との認識があったが、筑豊炭田があった遠賀川流域は、縄文・弥生の立岩遺跡の稲作時代、古代の国特別史跡の王塚古墳の華やかな文化、奈良・平安万葉の時代、近世秋月・長崎街道の賑わいの文化のうえに、近代石炭産業時代、中央の文化が導入されて奥深い歴史、文化が醸成、継承された今日の筑豊がある。

筑豊の石炭産業が我が国の近代化に大きく貢献し、先人たちが汗水流して築き残した貴重な近代化遺産を、筑豊に住む人々が再認識され、自信を取り戻して地域の再生、活性化に努力され、誇りを持って後世に伝えて欲しい。本書によって、住んでいる人々の周りに我が国の近代化を支えた遺産があることを知る手助けになればと思う。

また筑豊の外に住む人々も、是非目を通されて、筑豊が日本の近代化をリードし貢献した地域であったことを再確認され、更に古代から連綿と続く筑豊の歴史文化にも思いを馳せて訪れて頂ければ、執筆者一同の労苦も報われる。地域住民の手によって作られた本書が多くの人々に活用されることを切に願っている。（筑豊近代遺産研究会会長　長弘雄次）

凡例

＊建造物の内容は、原則として建造時の名称を使用し、現在それが変更されている場合は（　）に現名称、通称を記している。

＊建造物については、①所在地　②竣工年次／建築様式　③建築主／設計者／施工業者　④文化財指定の順に記している。

＊解説は原則的に、対象物件の沿革や歴史的背景、近代化遺産としての歴史的意義や価値、見所、対象物の物語りなどについて留意したが、取材の関係や資料の内容など必ずしも満たしていないが、今後の課題としたい。

＊解説文末尾に執筆者氏名を記載した。文責は執筆者及び編集者にある。

＊年号は主要な年次は西暦（元号）としたが、必要に応じて元号を加えた

＊『北九州の近代化遺産』に記載している建造物は重複をさけ、物件の名称のみを掲載しているものがあるが、詳細は上記書籍を参照願いたい。

＊「たんこう」の名称は、明治時代・小規模坑は一般的に炭坑、炭鑛（鉱）、炭礦（砿）は戦後の新字体によって炭鉱とした。ただし炭礦（砿）を使用したところは慣行を尊重してそのまま掲載した。

〔20万分の1図「福岡」〕

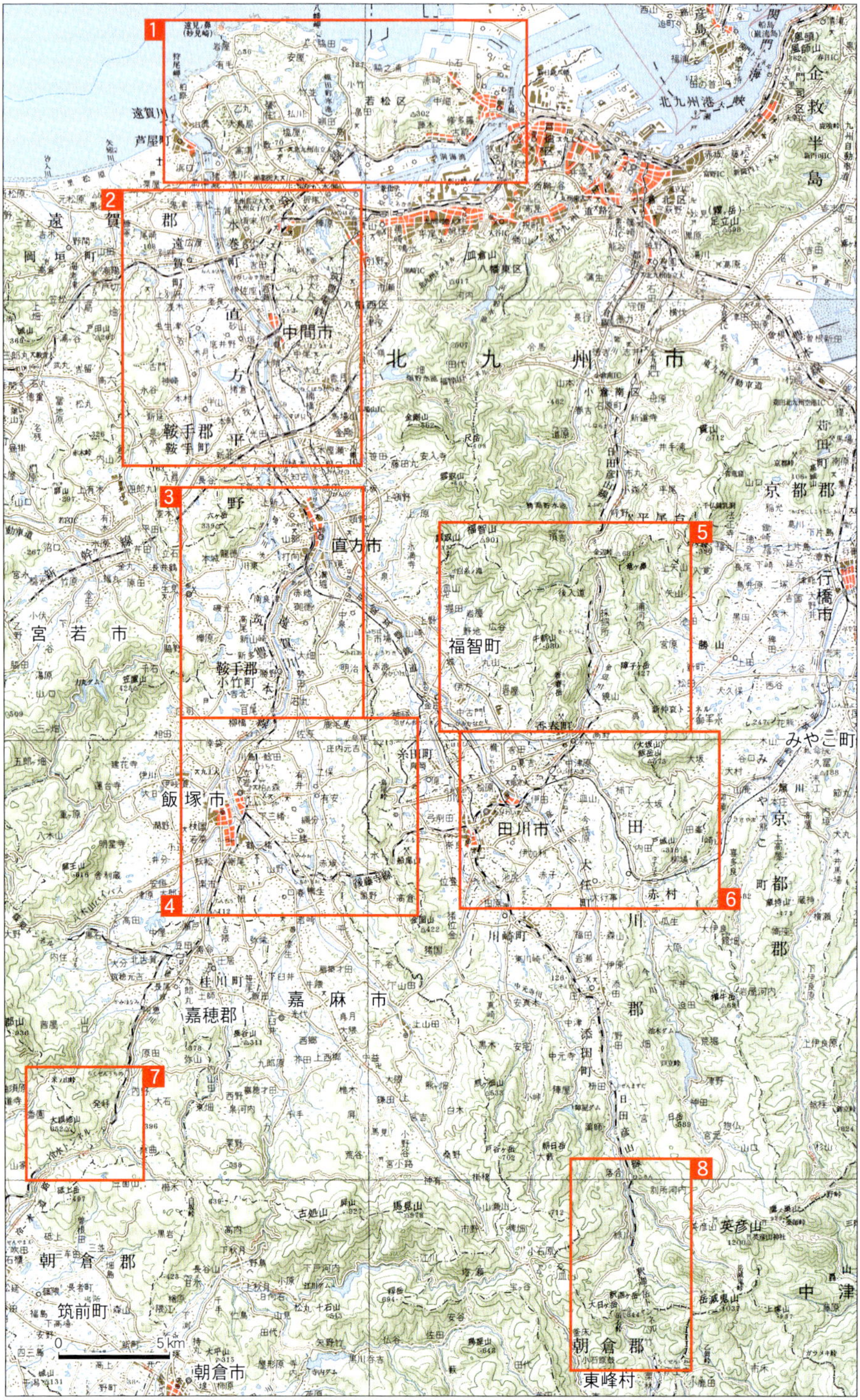

＊「筑豊の近代化遺産」の収録範囲。数字の❶～❽は9頁～14頁の地図番号を示す。各地図中の○囲み数字は本文中の項目番号を指す。

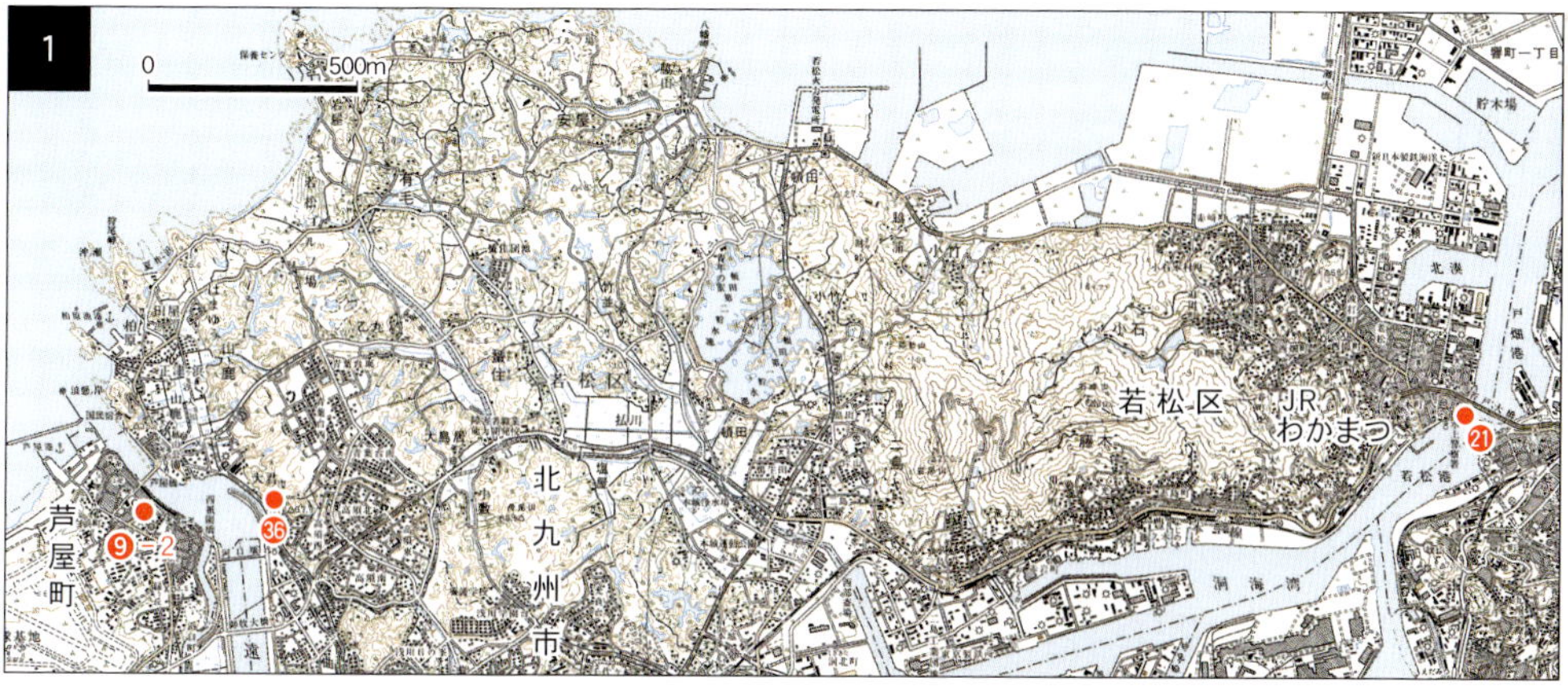

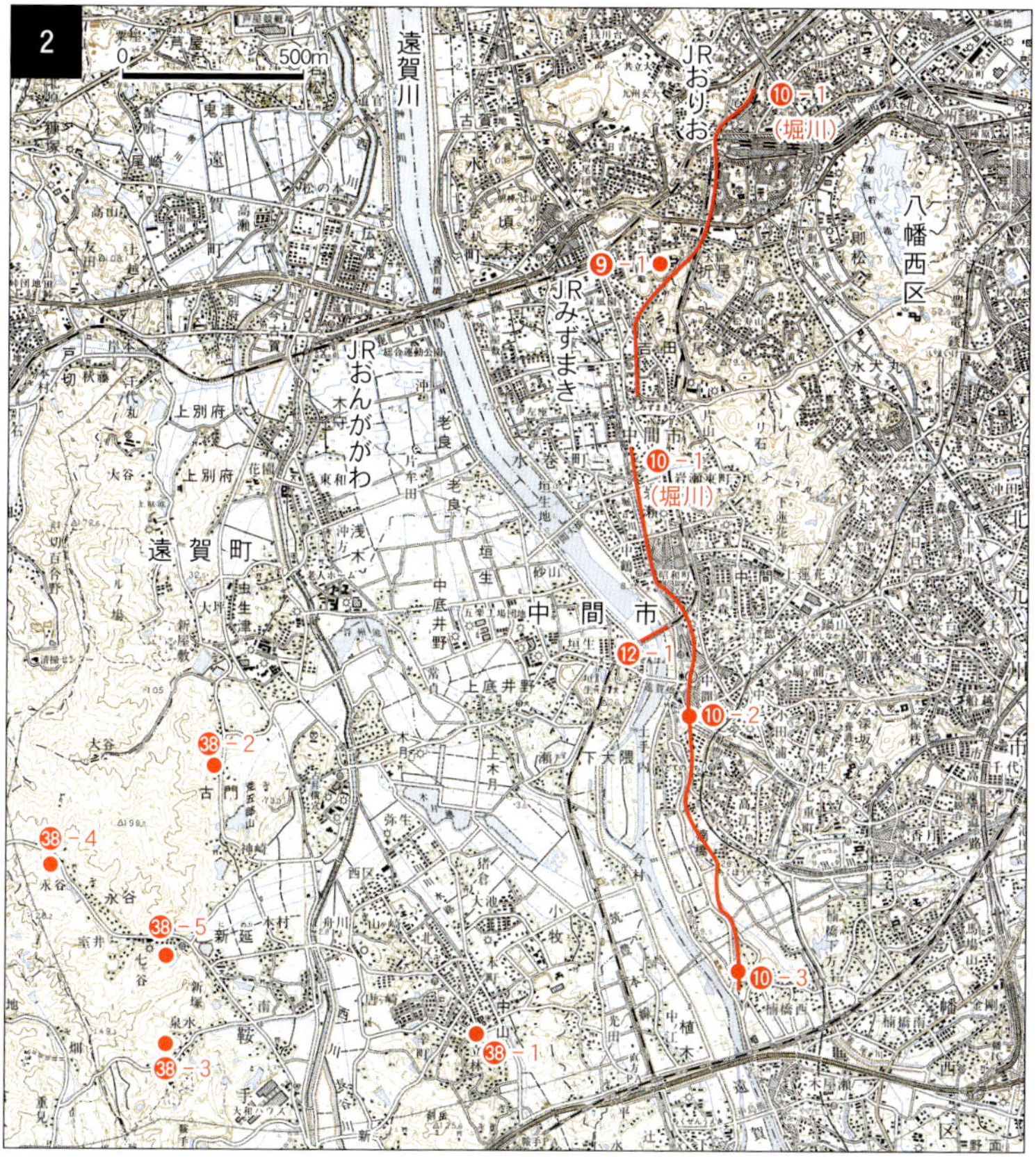

❶〔5万分の1図「折尾」「小倉」〕
❷〔5万分の1図「折尾」「直方」〕

❾−1 川艜（折尾高校）
❾−2 川艜（芦屋町中央公民館）
❿−1 堀川
❿−2 中間の唐戸
❿−3 寿命の唐戸
⓬−1 遠賀川橋梁
㉑わかちく史料館
㊱大君鉱業所斜坑坑口
㊳−1 三菱新入炭礦六坑巻上機台座
㊳−2 三菱新入炭礦鞍手坑巻上機台座
㊳−3 泉水炭砿坑口
㊳−4 新日尾炭鉱坑口
㊳−5 六反田橋

〔5万分の1図「直方」〕

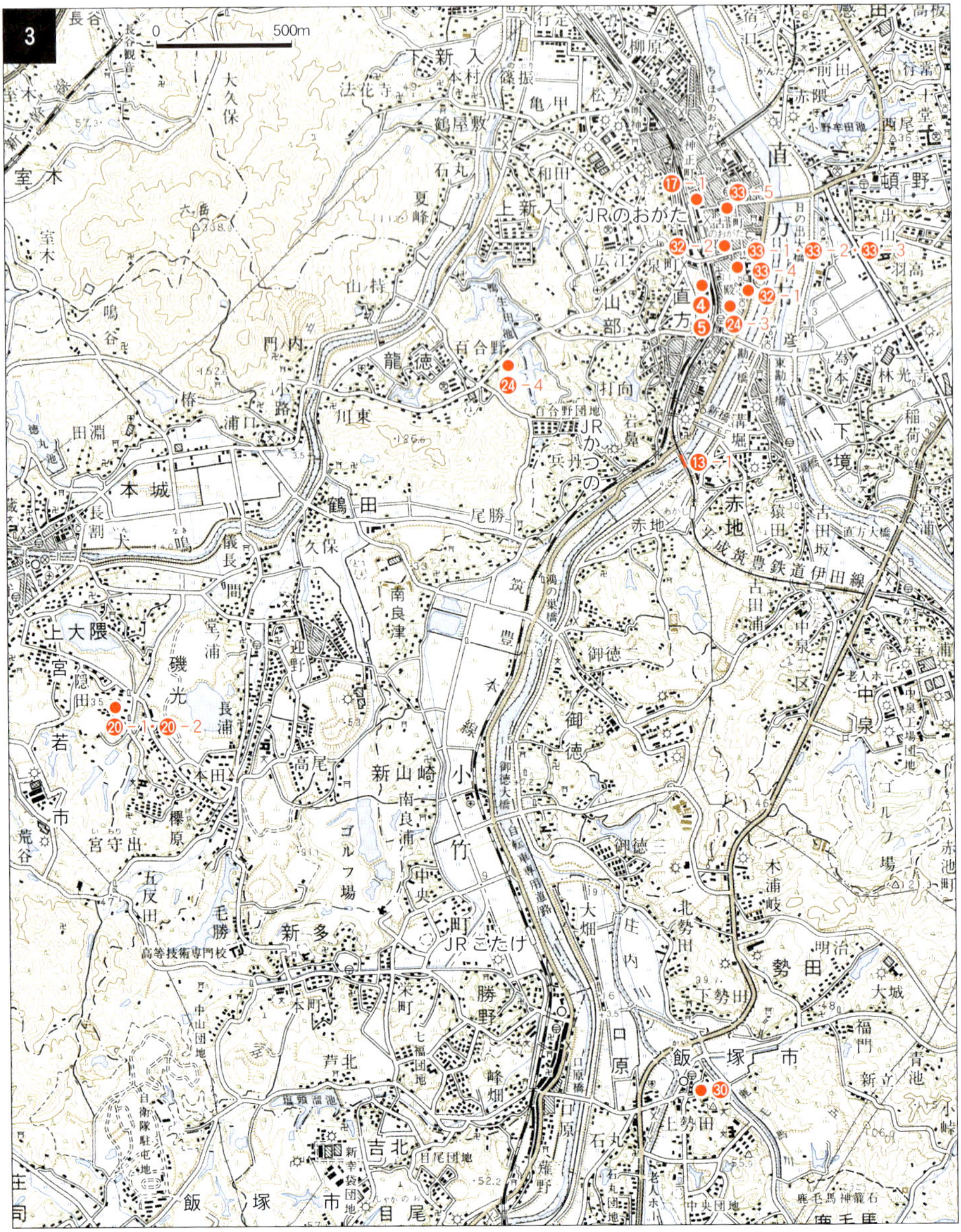

❹直方市石炭記念館
❺救護隊練習坑道
⓭－1 嘉麻川橋梁
⓱－1 直方駅
⓴－1 貝島炭礦充填汽車
⓴－2 宮若市石炭記念館
㉔－3 堀三太郎邸
㉔－4 貝島邸（百合野山荘）
㉚松喜醤油屋
㉜－1 奥野医院
㉜－2 十七銀行直方支店
㉝－1 江浦耳鼻咽喉科医院
㉝－2 讃井小児科医院
㉝－3 石原商店本社
㉝－4 ㈱前田園本店殿町店
㉝－5 円徳寺

〔5万分の1図「太宰府」「田川」「直方」「行橋」〕

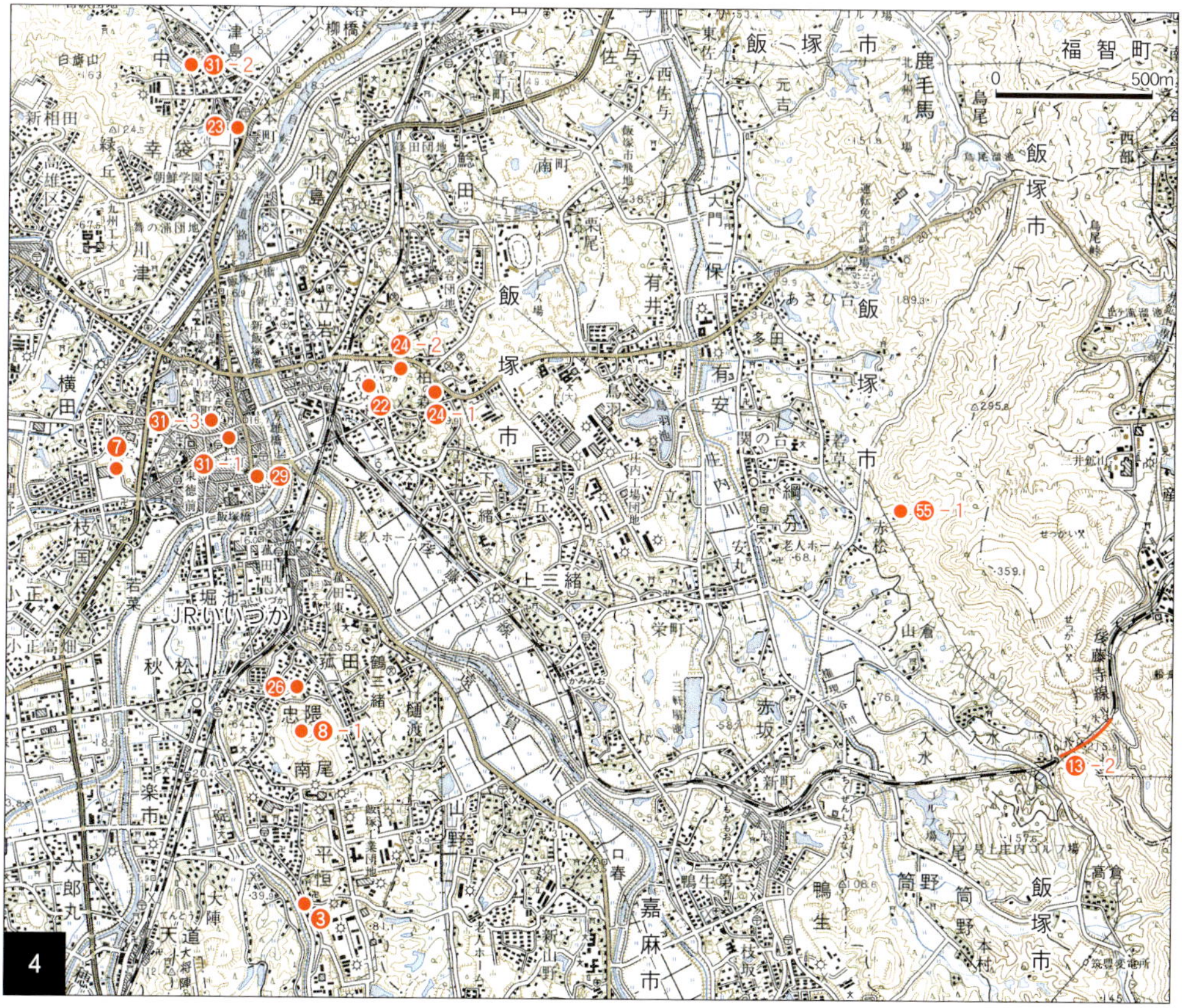

❸三菱飯塚炭礦巻上機台座

❼製鉄（日鉄）二瀬炭鉱正門

❽－１住友忠隈ボタ山

⓭－２入水トンネル

㉒飯塚市歴史資料館

㉓伊藤伝右衛門邸

㉔－１麻生本家

㉔－２麻生大浦荘

㉖住友忠隈炭砿会館

㉙嘉穂劇場

㉛－１十七銀行飯塚支店

㉛－２幸袋小学校講堂

㉛－３中村印刷所（旧飯塚郵便局）

㊺－１庄内入水の石炭窯

〔5万分の1図「行橋」〕

5

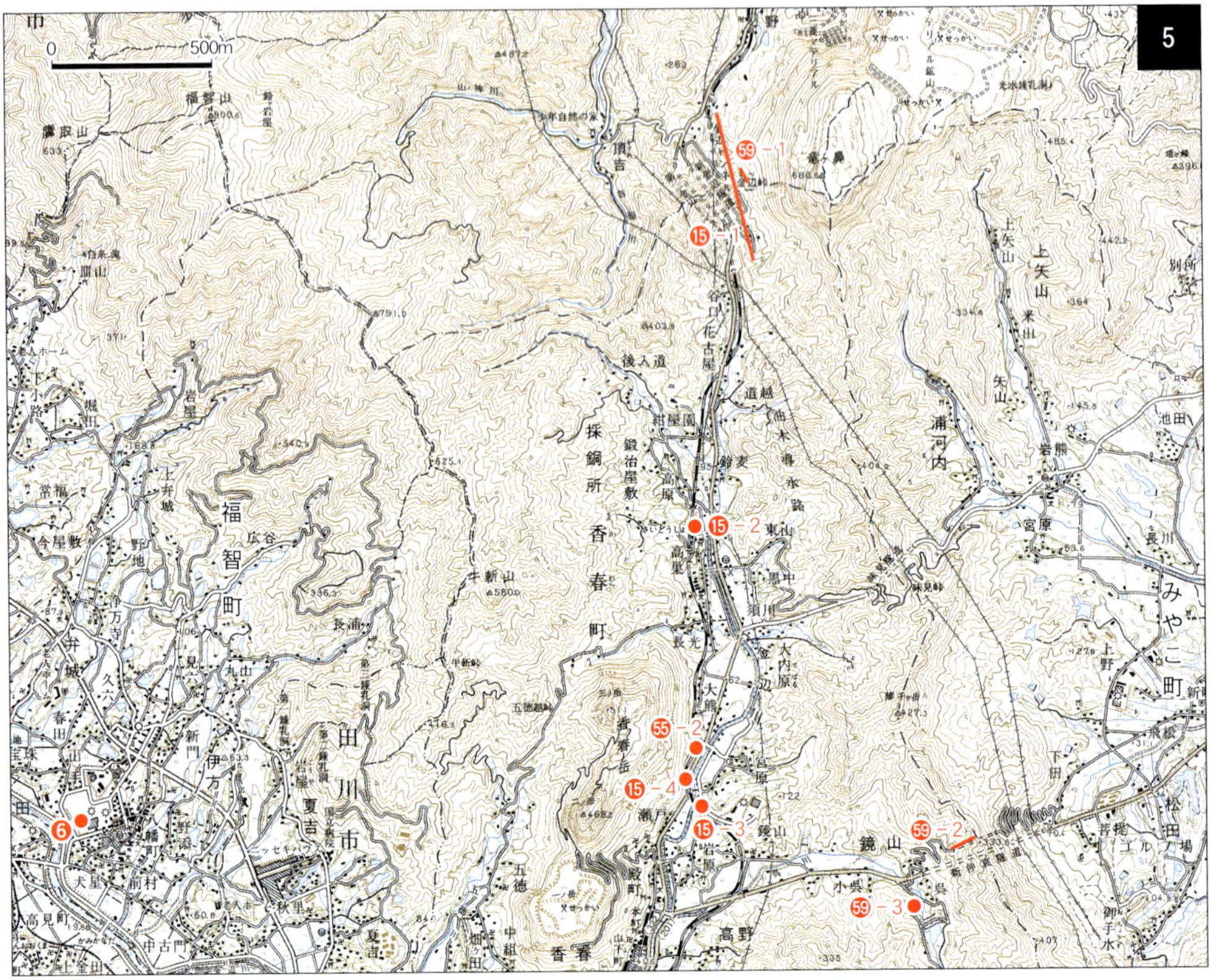

❻三菱方城炭礦坑務工作室

⓯－1 金辺トンネル

⓯－2 採銅所駅

⓯－3 第二金辺川橋梁

⓯－4 欅坂橋梁

㊺－2 香春の石灰窯

㊾－1 金邊隧道

㊾－2 仲哀隧道

㊾－3 呉川眼鏡橋

〔5万分の1図「田川」〕

❶－1 三井田川鉱業所伊田竪坑櫓

❶－2 同第一・第二煙突（二本煙突）

❷田川市石炭・歴史博物館

❽－2 三井田川六坑ボタ山

⓮－1 石坂トンネル

⓮－2 内田三連橋

⓰－1 「明治の橋」（中津原橋梁）

⓰－2 「大正の橋」

⓰－3 「昭和の橋」

⓱－2 油須原駅

㉕炭鉱住宅（産業ふれあい館）

㉞林田春次郎旧邸

(54)浅野セメント㈱香春工場（香春鉱業㈱）

(58)旧香春藩庁門

〔5万分の1図「田川」「吉井」〕

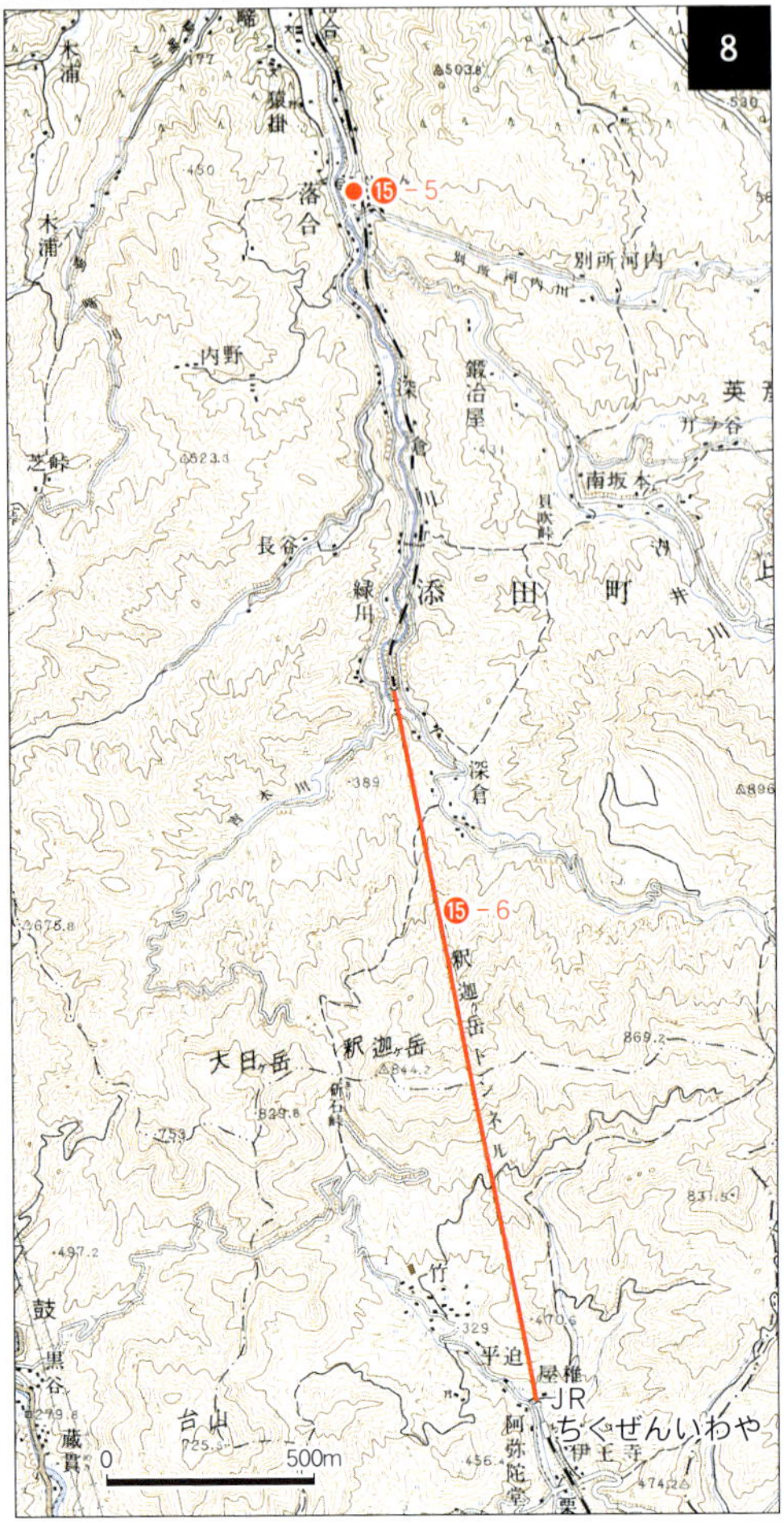

⑮－5 第四彦山川橋梁

⑮－6 釈迦岳トンネル

〔5万分の1図「太宰府」「甘木」〕

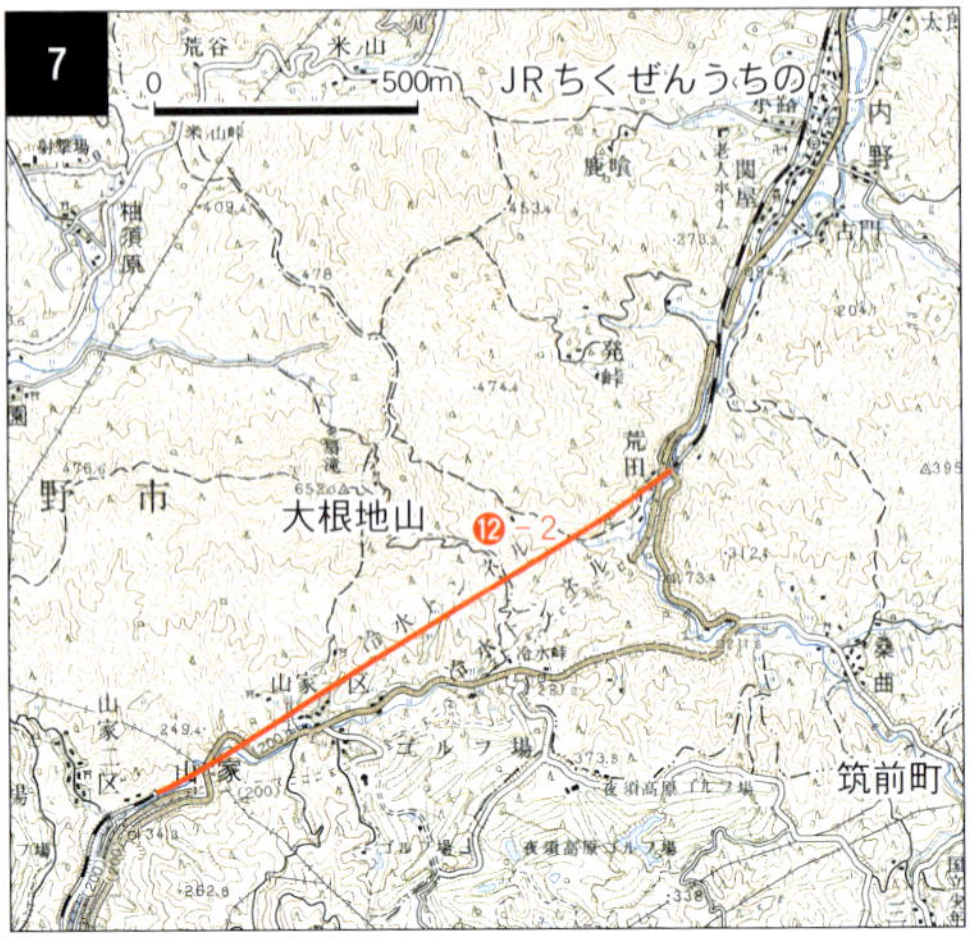

⑫－2 冷水トンネル

＊筑豊の近代化遺産のうち、本文掲載の建造物（及び資料館）を中心に所在地を図示した。
その他の神社・記念碑・慰霊碑・彫像等については、巻末の一覧表を参照されたい。

石炭生産

ピック採炭作業（麻生浩平・画）

1

三井田川鉱業所伊田竪坑櫓／同第一・第二煙突（二本煙突）

①田川市大字伊田二七三四－一
②竪坑櫓：一九〇九年（明治四二）／鉄骨造
二本煙突：一九〇八年（明治四一）／煉瓦造
③三井鉱山
④国登録文化財、近代化産業遺産（経産省）

巻頭地図6

三井田川鉱業所伊田竪坑櫓

■炭都・筑豊のシンボル

田川の街を荘厳な姿で見守り続ける、三井田川鉱業所伊田竪坑櫓と同第一・第二煙突（二本煙突）。日本の石炭を半数近くも賄った筑豊の、貴重な炭鉱遺産である。現存する明治期のものとしては国内最大級の規模を誇り、平成十九年十月、国登録有形文化財（建造物）に登録された。

現在では都市公園となっている石炭記念公園は、かつて、筑豊随一の炭鉱であった三井田川鉱業所伊田坑の跡地である。両遺産は、深部採炭を目的とした第一竪坑（田川八尺層用、深さ約三一四メートル）と第二竪坑（田川四尺層用、深さ約三四九メートル）に付随する設備として当時のまま保存されており、今でも炭都・筑豊のシンボルとして人々の心の拠り所となっている。なお、現存する竪坑櫓は第一竪坑のもので、第二竪坑の櫓は閉山後移設して解体された。

■明治の様式美をもつ炭鉱設備

伊田竪坑の完成は、製鉄所二瀬と三菱方城の竪坑とともに、明治期の日本三大竪坑と称されたほど、当時の鉱業界では画期的なものだった。

伊田竪坑櫓は竪坑上部に立つ施設で、I形鋼を使用した四本の鋼柱等からなる鋼構造体の頂部に、二基の大型ヘッドシーブ（滑車）を据えつける。高さ約二八・四メートルを測る、イギリス様式のバックステイ形である。構造材は細めで、合

〈上〉１号煙道
〈下〉２号煙道

三井田川鉱業所伊田竪坑第一・第二煙突（二本煙突）

理的で無駄の無い優美さを感じさせる。梁にはスコットランドのメーカー名の刻印（GLENGARNOCK STEEL等）が残されており、彼地の強い影響がうかがわれる。なお、消失した第二竪坑櫓の鋼材は、三池製作所の製作と言われている。

二本煙突はボイラーの排煙用で、高さ約四五．四五㍍を測る煉瓦造。大半がイギリス積だが、第一煙突（東側）の下半部はフランス積である。二一万三千枚の煉瓦が使用されており、うち十八万一千枚がドイツ製で三万二千枚が国内産（大阪・備前）だと言われている。特に、西側の第二煙突は基壇が八角形で、その上部には軒蛇腹のような煉瓦の追出しがなされており、建築的装飾の配慮が見られ、格式や様式を重視した明治期の特徴が残されている。

さらに伊田竪坑の開削の際には、従来のスペシャル・ポンプから後に主流となるエバンス・シンキング・ポンプへの転換を図り、竪坑の入排気とも石炭巻揚げに使用、かつ二段ケージや竪坑のロープガイド導入など、画期的な試みが採用された。まさに、伊田竪坑は当時の最先端技術の結晶であるといえよう。

三井鉱山の田川進出

三井鉱山は、一八八八年（明治二一）、官営三池鉱山の払い下げを受け、團琢磨の技術指導の下、デービーポンプを備え付けた勝立坑・万田坑などの開発に成功を収め、三池炭田に巨大な石炭王国を形成する。

一方、團琢磨の懐刀であった牧田環は、次なる石炭を求めて筑豊への進出を画策する。一八九六年（明治二九）、山野（現嘉麻市）の鉱区を買収。そして一九〇〇年（明治三三）、田川採炭組から伊田・弓削田等の鉱区を買収し、三井田川炭鉱（大正七年の機構改革により三井田川鉱業所と改称）として筑豊炭田を牽引する大炭鉱への道を歩み始める。

伊田竪坑開削工事（『小林寛遺稿集』より）

重錘寄贈記

三井田川鉱業所と炭住

伊田竪坑をめぐる人々

「妻と相談させてください。竪坑工事は戦争と同じですから」。伊田竪坑開削を打診された小林寛《ゆたか》はこう答え、二日後難局に立ち向かう決心を告げる―。

伊田の地下深部に眠る良質な石炭の存在は、貝島太助や麻生太吉らの間で噂となっていた。しかし、前代未聞の深さが、高度な技術と莫大な資本を必要としていた。伊田鉱区を買収した三井鉱山は、一九〇〇年（明治三三）九月十五日、早速試錘測量を開始。翌々年に確認された豊富な石炭は、伊田竪坑の開削を具体化させる。

一九〇四年（明治三七）八月九日、三度目の三井本店重役会議にて伊田竪坑開削案がようやく可決。総事業費は当時の金額で九十万円だった。竪坑の立案を担当した牧田環は、開削チームの人選に着手する。そして、日露戦争から帰国したばかりの小林寛に打診した返答が、冒頭のくだりである。これは、小林が伊田竪坑開削工事の記録を書きとめた「重錘寄贈記」の記述であり、「今思い出の深刻なものを記録する」として、いかに難事業であったかが記されている。

竪坑研究のためイギリスへ派遣した佐伯芳馬（後の三井田川鉱業所二代目所長）を開削主任とし、開削工手長・田邊儀助（三池万田坑開削経験者）、機械工手長・小林寛ら三名を中心として、一九〇五年（明治三八）より空前絶後の竪坑開削工事が始まった。「重錘寄贈記」によると、まず、三池勝立坑の開削で苦心した團琢磨の教示通り、地下水の湧出が行く手を阻んだ。加えて伊田竪坑ではガス爆発で大打撃を受け、死傷者二十名を出す。さらに第一竪坑の深さ約二五〇㍍付近で巻綱が切断、死者十名を出した大事故も発生した。

幾多の難関を突破し、一九一〇年（明治四三）九月の第二竪坑竣工をもって、実に五年三ヶ月の長期にわたる戦いが終結した。伊田竪坑の完成は、深竪坑開発の金字塔として、筑豊炭田の繁栄を約束するものとなった。

〈右上〉炭坑節（唄）が初めて吹き込まれたレコード（昭和７年）
〈右下〉炭坑節発祥の地
〈下〉TAGAWA コールマイン・フェスティバル～炭坑節まつり

唄い継がれる炭坑節

「…あんまり煙突が高いので、さぞやお月さん、煙たかろ…」九州を代表する民謡、炭坑節。今や海外でも「コールマイン・ソング」として親しまれており、多くの人々に唄われている。

このお月さんを煙たがらせた煙突が、田川の二本煙突である。炭坑労働の中で自然発生的に生まれた仕事唄が宴席に持ち込まれ、やがて田川の花柳界で選炭唄に三味線の伴奏がつき、座敷唄として唄われるようになった。戦後、「戦後復興は石炭から」という国策に添って毎日のようにラジオで流れると、その軽快なメロディが一般にも親しまれ、盆踊りにまで唄われるようになった。

しかし、惜しいことに、世間一般に広まっているのは「…三池炭坑の上に出た…」で、大牟田市の三池炭鉱のものである（田川では「…三井炭坑の上に出た…」）。炭坑節が広まるにつれ、大牟田と田川で本家争いが起こった時期もあった。だが、田川地方の民謡を調査した小野芳香や町田佳聲（嘉章）の考証によって、その元唄はまがうことなく田川の炭坑唄であることが明らかにされており、田川市の石炭記念公園には、「炭坑節発祥の地」の碑が建立されている。

田川市では、平成一八年より「TAGAWAコールマイン・フェスティバル～炭坑節まつり」を毎年十一月に開催し、炭坑節発祥の地を発信している。また、近年では、炭坑節や黒田節など各地の民謡を唄い上げた田川郡川崎町出身の民謡歌手・赤坂小梅のドキュメンタリー映画も製作された。田川の若い世代による現代風の創作炭坑節も披露されるなど、炭坑節は世代を超えて唄い継がれている。

伊田竪坑櫓と二本煙突のように、建造物の価値と炭坑節という無形遺産の付加価値がある産業遺産は全国的にも稀である。炭坑節に唄われた景観は、過去と現在をつなぐ地域のシンボルとなっている。

（福本寛）

田川市石炭・歴史博物館

2

田川市石炭・歴史博物館

①田川市大字伊田二七三四－一
②一九八三年（昭和五八）
③田川市
④県指定文化財（山本作兵衛炭坑記録画）、近代化産業遺産（経産省）

巻頭地図6

日本唯一の公立石炭博物館

二本の大煙突と竪坑櫓がそびえ立つ、田川市の石炭記念公園。かつての三井田川鉱業所伊田坑跡地を整備した都市公園の一角に、炭鉱の殿堂・田川市石炭・歴史博物館が所在する。一九八三年（昭和五八）、「田川市石炭資料館」で開館した当初から博物館への移行を見据えた活動を行ってきており、二〇〇五年（平成一七）十月に博物館法に基づく登録博物館として、名称を「田川市石炭・歴史博物館」と改めた。「石炭」をその名に冠した博物館は、公立では全国唯一であり、筑豊における資料館・記念館では、抜群の集客力を誇る。

体系的な炭鉱資料

博物館が所蔵する資料は総数約二万点に及ぶ。うち、約一万五千点が石炭資料で、体系的に収集されていることが特長である。なお博物館では、石炭資料のみならず、全国的に著名な考古・歴史資料も所蔵・展示されているが、ここでは、石炭関係の展示資料に限って紹介していきたい。

明治中期頃までの炭坑は人力による手掘り採炭で、通常、先山（男性）が石炭を採掘し、後山（女性）がテボ（背負いかご）で石炭を運ぶ。ツルハシ、タガネ、カキイタなどの道具を使用し、簡単なつくりの木枠で天板を支えていた。

明治後半から大正期にかけて、筑豊でも炭坑の機械化が進んだ。機械化は排

〈右上〉手掘り採炭ジオラマ
〈右下〉機械採炭資料
〈下〉救援隊と山の神

水ポンプから始まったが、博物館では改良が進んだウォシントン・ポンプ、デートン・ポンプ、タービン・ポンプが展示してある。機械採炭のジオラマでは、切羽から坑内運搬までの流れを紹介している。明治末期から切羽は長壁式となり、コールカッターやハンキングコンベヤーが使用されたが、昭和に入るとV型コンベヤーによる運搬となる。戦後すぐ、木枠も鉄柱（摩擦・水圧）となり、カッターも大型化する。切羽運搬も、昭和三十年代には性能の良いパンツァーコンベヤーが主流となった。

筑豊の炭鉱が閉山した後も、日本では最新機器による大規模な採炭が続けられていた。博物館の屋外には、現代炭鉱の一つである三池炭鉱から移設した大型機械類が展示されている。人車・炭車・電気機関車、チップラー（炭車を傾斜または回転させて石炭をおろす機械）、自走枠、ロードヘッダー（坑道掘削機）などの機器も、今では貴重な資料となっている。

一方、石炭の採掘には大きな危険が伴い、幾度となく災害が発生した。博物館に展示されている明治四十年豊国炭鉱（糸田町）坑内火災で被災した安全灯や、大正三年三菱方城炭礦（福智町）ガス爆発の際に坑底から吹き上げられたお守り観音から、災害の悲惨さが伝わってくる。そのため、坑内では保安と安全に細心の注意が払われており、各炭鉱では酸素呼吸器やCOマスクを装備した救護隊を組織していた。なお、田川の炭坑では、地元の霊峰・英彦山の札に安全を祈願することが一般的だった。展示では、測量用具やガス測定灯、ならびに各種安全灯（高田式・クラニー式・横田式・本田式・江平式など）やお馴染のバッテリー付きキャップランプも陳列されている。

石炭の利用

江戸時代、石炭は主として塩田の燃料や漁業のかがり火に用いられていたが、

炭坑漫画（斉藤五百枝）

三井田川鉱業所伊田坑模型

明治時代に入ると蒸気機関等の動力源として需要が一気に増大する。だが、昭和三十年代以降、石油へのエネルギー代替により筑豊の炭鉱は姿を消していく。

しかしながら、現在の日本が世界でも有数の石炭消費国である事実はあまり知られていない。鉄の原料や火力発電などに安価な海外の石炭を大量に輸入しているのである。石油資源の底が見え始めた現在、未来の貴重な資源とし再認識される石炭の情報を、広く普及していくこともまた、当博物館の使命である。

炭坑（ヤマ）の生活・文化

石炭産業が盛んだった頃、多くの人々が田川に集まった。三井鉱山の縁故により、中央の文人墨客たちも田川を訪れている。博物館第二展示室に展示してある「重錘寄贈記」は小林寛による伊田竪坑開削の貴重な資料であるが、彼の知己となった与謝野晶子夫妻も田川を訪れている。また、講談社の挿絵画家として活躍した斉藤五百枝が描いた「炭坑漫画・気まぐれ漫画」の屛風は、炭坑の風俗を描写した、無名時代の貴重な作品である。

また、炭鉱は従業員の福利厚生を目的として、各種文化活動を奨励していた。博物館には三井田川の従業員であった石井利秋の絵画作品を展示している。文芸活動も活発で、炭鉱内外の視点から筑豊を題材とした多くの文学作品がある。

そして、炭坑の生活文化の結晶といえるのが炭坑節であり、博物館には炭坑唄を初めて吹き込んだ昭和七年のレコードが展示されている。二階テラスからは香春岳を臨んで竪坑櫓と二本煙突を仰ぎ、眼下には復元された炭鉱住宅（別項で詳述）がみえる。まさに炭坑節の風景であり、人気のスポットである。

山本作兵衛炭坑記録画

山本作兵衛は一八九二年（明治二五）五月一七日、福岡県嘉穂郡笠松村鶴三緒（現飯塚市）に生まれた。この年は筑豊の出炭量が一〇〇万トンを記録した年

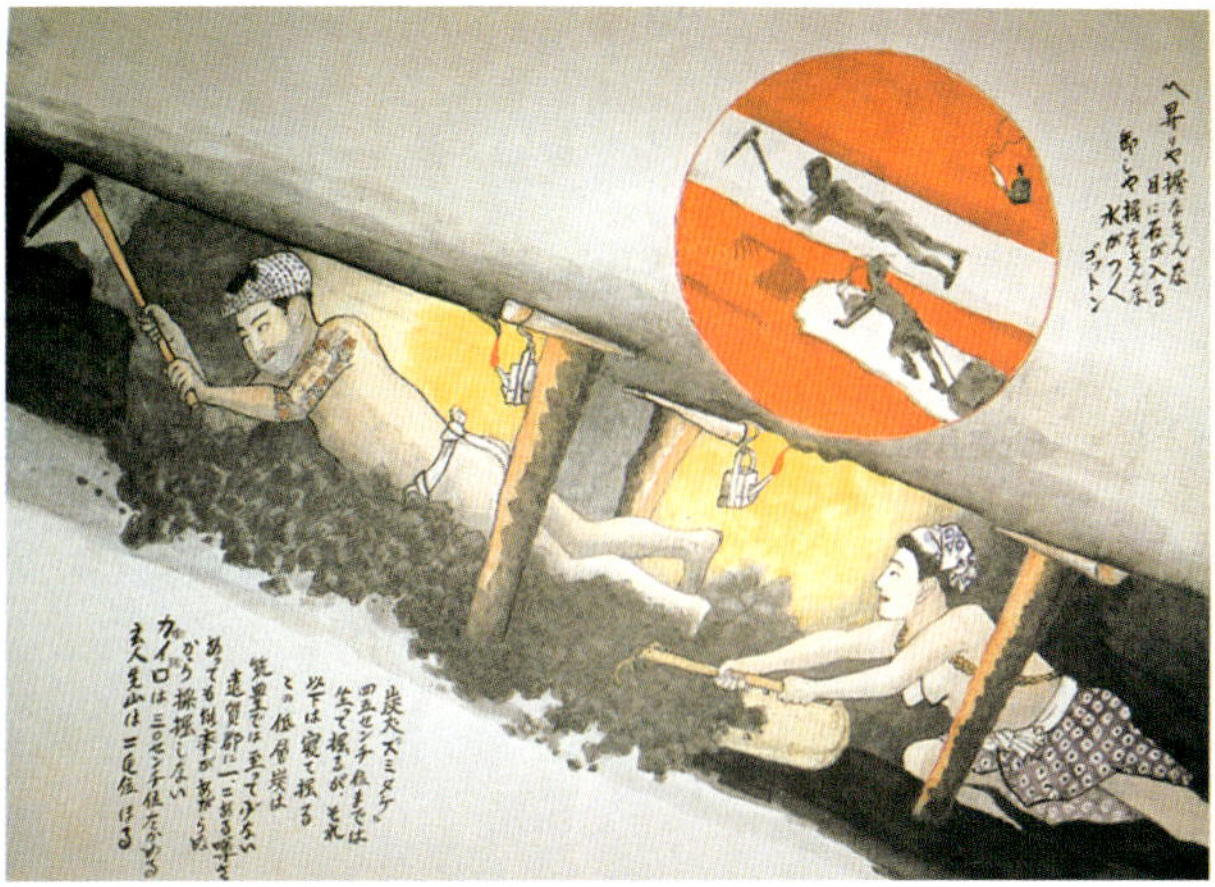

山本作兵衛炭坑記録画

であり、明治二〇年代は川艜《ひらた》（五平太舟、博物館には四分の一の模型を展示）水運の最盛期である。作兵衛の父も川艜の船頭として生計をたてていたが、石炭の輸送が鉄道へと切り替わっていったため、一九〇〇年（明治三三）、炭坑で採炭夫として働くこととなった。日清、日露戦争間の時期で、国策により各種産業が発達し、炭坑も日進月歩の勢いで出炭量を増していた時代である。

兄とともに七、八歳の頃から坑内に下がり、炭車押しなどで家計を助けながら小学校を卒業。一九〇六年（明治三九）、一五歳で山内炭坑に坑内夫として入坑してから、一九五五年（昭和三〇）に田川市位登炭坑を閉山によって退職するまで、移り住んだ炭坑は一八坑を数え、筑豊における近代石炭産業の歴史の大半を生きてきた生粋の炭坑夫である。

作兵衛が一躍世の注目を浴びるようになったのは、位登炭坑の閉山後、長尾本事務所に夜警宿直員として勤務する傍ら、その生涯を過ごした炭坑の姿を子や孫に描き残しておこうと、描いた炭坑記録画が識者の目にとまり、『筑豊炭坑絵巻』ほか数種類の出版物によって紹介されたことによる。あわせて注目されるのは、彼が記録画の絵筆をとる以前に、解説文として書き加えられている事柄をノートに書き綴っていたことである。通称「山本作兵衛ノート」と呼ばれるもので、資料的価値は記録画とならんで他に類を見ない。

一人の元炭坑夫が自らの体験をもとに、明治・大正から昭和初期にかけての炭坑の姿を、驚くべき正確さで克明に描いたということで、炭坑記録画としての評価を受けた。現在、墨絵原画三〇六点、水彩画二七八点の計五八四点が福岡県指定有形民俗文化財となっている（博物館所蔵）。炭坑労働経験者にしか描くことのできない、細部にわたる坑内作業から坑夫の生活までの実感をとおして生まれた「炭坑生活誌」が、人々の共感を呼んでいる。

（福本寛・森本弘行）

3

三菱飯塚炭礦巻上機台座

①飯塚市平恒四六〇－八
②大正時代／煉瓦造
③中島徳松／不詳／不詳
④飯塚市指定文化財、近代化産業遺産（経産省）

巻頭地図4

三菱飯塚炭礦二坑本卸（左）と連卸（右）巻上機台座

筑豊で最大級の斜坑巻上機台座

筑豊に残っている石炭産業遺産のレンガ造りの建造物を見ると何か心が休まってくる。JR筑豊本線飯塚駅から西鉄バスで飯塚穂波農協下車、約二キロばかり行くと、三菱飯塚炭礦の高さ一二メートルの斜坑巻上機台座が見えてくる。

この炭礦は中島徳松が一九一五年（大正四）に飯塚炭礦前身の大徳炭鉱の経営に着手、大正七年に中島鉱業(株)を設立した。一九二九年（昭和四）に三菱鉱業に譲渡、飯塚鉱業と改称し、一九三六年（昭和一一）三菱鉱業に合併して三菱飯塚炭礦として発足した。最盛期は従業員四二〇〇人、年間七〇万トンを生産したが、一九六一年（昭和三六）閉山、四年後に坑口を閉鎖して現在に至る。

この巻上機台座は大正時代に建設されたもので、第二坑の本卸と連卸の二本の斜坑で本卸が入気・石炭運搬とし、連卸が排気・人車運搬に使用された。

説明板によると、巻上機は蒸気で運転されたとあるが、一九二九年（昭和四）の石炭時報では、巻上機台座上の建物の煙突から蒸気があがって確かめられ、巻上機台座の下にJR上山田線が石炭を運んでいたが、一

側面上部のアーチ構造

二坑本卸と連卸巻上機（昭和４年石炭時報）

二坑本卸巻上機台座

九八八年（昭和六三）に廃止され、道路になっている。二つのレンガ造りの台座を見ていると、遠い大正、昭和初期のロマン溢れる郷愁が漂ってくるのが感じられ、「わが国の近代化に貢献して役目を終わったよ」と、静かに語りかけている。

付近の遺構

隣接した住友忠隈炭礦に同じくレンガ造りの住友忠隈炭礦斜坑巻上機台座があり、巻上機設置のボルトが残っている。

飯塚炭礦跡地は飯塚工業団地となり多くの企業が誘致され、炭鉱盛んな頃の面影はなく、炭鉱があった敷地内の山の神神社跡は平恒山の神公園となって整備されており、三菱飯塚炭鉱跡の碑などが建立されて、訪ねる人々に操業時の様子を伝えている。

道路沿いには、平恒駅があった石炭積込み場跡のコンクリート構造物が残っており、近くの穂波川支流の碇川には一九三五年（昭和一〇）三月建設の「飯塚坑橋」の坑名を刻んだコンクリート橋が現存している。

また、飯塚炭礦創業者の中島徳松の別邸で、後の飯塚炭礦の迎賓館となって多くの人に愛された中野クラブが平成一七年に解体されて、レンガ塀のみが残っており、炭鉱華やかな頃の遺構を今に伝えている。

（長弘雄次）

直方市石炭記念館遠景と平成筑豊鉄道

4

直方市石炭記念館

①直方市大字直方六九二―四
②一九七一年（昭和四六）
③筑豊石炭鉱業組合
④直方市指定文化財（本館）、近代化産業遺産（経産省）

巻頭地図3

直方市石炭記念館は、かつて日本の主要石炭産地であった福岡県の筑豊炭田の中心的位置に立地している。

明治時代以前から一世紀を超え、筑豊炭田から膨大な量の石炭が掘り出された。記録によれば、明治時代初期から一九七六年（昭和五一）までの約一〇〇年間におよそ八億トンもの石炭が掘り出された。すべての炭鉱が閉山した今日、石炭で代表されるこの筑豊の地に「石炭の歴史」を後世に伝える構想のもと、石炭協会九州支部より直方市に寄贈を受けて、一九七一年（昭和四六）七月に開館した。石炭記念館の本館は、一九一〇年（明治四三）に筑豊石炭鉱業組合（炭鉱経営者の組合）の直方会議所として建てられた、洋風木造建築で、約一〇〇年の歴史をもち、直方市の文化財に指定（昭和六三年三月指定）されている。

当館は本館、別館、化学館の三館で構成され、内部には日本一大きな石炭塊（重さ約二トン）や直方市出身の泉　要介氏が発明したという日本で一番古い形の人力車、貴重な石炭関係資料や炭鉱で使用された機材、炭鉱内の採掘写真など約四〇〇〇点が展示されている。

また、敷地内には蒸気機関車二台（C11―131号、コッペル32号）や、電気機関車（明治末年に輸入機関車として坑外の石炭運搬用として使用した）、坑内用の石炭運搬機関車（エアーロコとディゼル機関車）、炭鉱で使用した大型機械（ジブカッター・

大正初期の炭鉱経営者（本館前）

直方市石炭記念館本館

日本一の石炭塊

館内の展示物

石渡信太郎像　炭鉱爆発防止並びに救護についての功労で昭和 29 年藍綬褒章を下賜（次項参照）

ロードヘッター）など貴重な展示物がある。本館の裏手には、一九一二年（明治四五）に建設された、救護訓練坑道（逐次整備されて一九六八年〈昭和四三〉まで炭鉱災害に対処する救護隊員の訓練を行った。全長一一七㍍）が九五年の歴史を刻んでいる。

また坑道のすぐ近くには、石炭の原木（メタセコイヤ）が生息しており、まさに石炭の歴史を体感できる記念館である。

記念館の場所は、直方駅から歩いて一〇分、多賀神社の裏側で、市民球場のバックネットの横から入れるようになっている。直方市体育館の近くにある。

（坂田耕作）

救護隊練習坑道の全景

5

救護隊練習坑道

①直方市大字直方六九二―四
②一九一二年（明治四五）建設、一九二五年（大正一四）改築
③筑豊石炭鉱業組合（後に筑豊石炭鉱業連盟）

巻頭地図3

炭鉱救護隊練習所の沿革

直方市石炭記念館入口には、直方救護隊練習所之跡の碑が建っており、その横にその沿革を示す碑があわせ建っている。

一九一〇年（明治四三）八月、筑豊石炭鉱業組合直方会議所がこの地に建設され、炭鉱災害発生時の罹災者救出並びに復旧作業を行うための共同救護の目的で、石渡信太郎氏等の提案により、独、英の救命器を購入し備え付け、傘下各炭鉱から派遣された救護隊員にその使用練習を行った。その間、合同訓練の必要性が認められ、一九一二年（明治四五）七月、第一回の練習会を行った。

その後、一九二二年（大正一一）四月筑豊石炭鉱業組合救護隊練習所と呼称し、実践即応の救命器使用訓練を実施するに到った。一九五二年（昭和二七）七月、九州炭鉱救護隊連盟の設立を契機として、九州炭鉱救護隊連盟直方救護練習所と呼称し益々訓練も強化されたが、この間基礎訓練修了者は作業隊員九六八二名、整備員四八〇名の多きに達し、炭鉱の災害発生の度毎に勇敢にその使命を果たした。一九六九年（昭和四四）一月、九州鉱山保安センター開設に当たり、業務一切をこれに引継ぎ一九六八年（昭和四三）一二月二〇日をもって閉所した。

この練習坑道は救護隊員の養成訓練並びに隊員の練習指導のため、一九一二

館内に展示されている救護隊服

練習坑道と記念館本館

煉瓦作りの水平坑道と焚口

コンクリート傾斜坑道（20度）

年（明治四五）に建設された。

■練習坑道の経緯

当初は約一一平方㍍の坑道であったが訓練を更に効果的に行うため、一九二五年（大正一四）に傾斜四〇度と二〇度の斜坑と水平坑道を設け練習坑道は、延長一一七㍍もあり、コンクリートの二〇度傾斜坑道とレンガ造りの水平坑道とあって、この坑道に煙や蒸気を通して実戦さながらの訓練を行った。救護隊員となる練習生は、各炭鉱から選ばれ、記念館内に展示している訓練服、救命器を背負って一週間ほど訓練を受けた。終了後は事故の度に招集され、他の炭鉱の事故のときにも応援に駆けつけその成果を発揮した。

■今後の保存活用

筑豊に炭鉱がなくなって三〇余年、筑豊炭田の石炭近代化遺産が少なくなった現在、特に炭鉱の坑道は埋められて残っていない状況にあるとき、当時の人たちの労苦に思いをはせて、極めて貴重な近代化遺産として後世に残して、積極的に活用していきたい。

（坂田耕作・長弘雄次）

三菱方城炭礦坑務工作室

6

三菱方城炭礦坑務工作室
（九州日立マクセル赤煉瓦記念館）

①田川郡福智町大字伊方四六八〇
②一九〇四年（明治三七）頃／煉瓦造
④国登録文化財、近代化産業遺産（経産省）

巻頭地図5

■モダンな赤レンガ炭鉱

ツタが覆う赤煉瓦の炭鉱。旧三菱方城炭礦の建物群は、西欧の炭鉱をモデルとしたモダンな炭鉱であり、筑豊では数少ない炭鉱関連施設として、一九九七（平成九）年、旧坑務工作室が国登録有形文化財（建造物）となった。

坑務工作室は二階建で、一部三階建に見えるのが特徴。建設当初はこの部分に送風機が設置され、坑内へ通気用の風が送られていた。現在では、現所有者の九州日立マクセルにより一階が同社の製品展示室、二階が商談室（喫茶室等）として使用され、「赤煉瓦記念館」と呼称されている。内部には当時の鉄骨の梁がそのまま残されている。建物の設計はドイツ人技師と言われており、赤煉瓦による装飾や半円形の窓など、西欧の色彩が濃い造りとなっている。

坑務工作室の他、機械工作室・圧気室・繰込浴場（坑内風呂）が現存している（旧本事務所の建物は、平成一八年度に解体）。筑豊で閉山後数十年を経て、竪坑を中心として設計建築された主要建造物の幾つかが残っているのは例がない。これらは全て赤煉瓦の重厚な建物で、筑豊の炭鉱では異色である。

■日本三大竪坑・三菱方城炭礦

三菱の筑豊進出は一八八九年（明治二二）、撰定鉱区の新入・中山・植木の三鉱区合計一二三万余坪を取得したことに始まる。一八九五年（明治二八）に上

現存する鉄骨の梁

繰込浴場（坑内風呂）

送風機が設置された部分

山田・糒の各鉱区を獲得した折、当初、大木良直の名義で購入した糒鉱区五〇余万坪を隣接鉱区と合わせて三菱が買収、以後方城炭礦と呼称した。

方城炭礦は当初より、大竪坑による開発が決定されていた。そのため、三菱鯰田炭礦支配人松田武一郎・同技士能見愛太郎が新技術を導入するため欧米に派遣された。二年以上にわたる慎重な試錘の後、一九〇二年（明治三五）より第一・第二竪坑の開削に着手。両坑とも円形の煉瓦捲きで、第一竪坑は直径四・四㍍、深長ともに二七〇㍍。二坑は一九〇八年（明治四一）、一坑は一九一〇年（明治四三）に完成した。当時、製鉄二瀬中央竪坑および三井田川伊田竪坑とともに日本三大竪坑といわれ、筑豊の深竪坑時代の端緒を開いた竪坑であった。

方城は当初から欧米の最新技術をもって計画された炭鉱で、当時三井三池万田坑と並びわが国炭鉱中屈指の機械化炭鉱であった。一九〇四年（明治三七）、運炭のための九州鉄道引込線が完成し、一九一二年（大正元）には発電所が完成。捲揚げ・扇風機を始めとする動力電化を行い、順調に発展したかに見えた。

史上最大の炭鉱災害

一九一四年（大正三）十二月十五日、三菱方城炭礦で大地が裂けたような凄まじい爆破音とともに黒い粉雪が舞った。いわゆる「方城大非常」と呼ばれる坑内爆発事故は、六七一名もの犠牲者を数える日本最大の炭鉱災害となった。坑底では炭車やレール、坑木などが爆風によって四散し、落盤やガスが充満する想像を絶する光景だったという。

爆発事故後は炭塵対策を強化し、一九一六年には早くも災害前の水準に復帰。その後の経営は順調で三菱の筑豊における有力炭鉱となったが、一九六二年（昭和三七）年エネルギー革命により閉山した。

（福本寛）

正門跡の記念碑

7

製鉄（日鉄）二瀬炭鉱正門と八幡製鐵

①飯塚市枝国
②一九一一年（明治四四）／煉瓦造
③製鉄二瀬出張所

巻頭地図4

「鉄は国家なり」といわれ、日本が世界の一等国に伍していくには鉄の自給生産体制の確立が急務であり、また近代国家樹立の絶対条件として大規模製鉄所建設は、維新以来明治政府の多年の悲願であった。しかし、単独で製鉄所を建設できる大財閥はまだなく、一八九一年（明治二四）以降、政府は官営製鉄所設立案を再三にわたって帝国議会に提議、日清戦争に勝利した翌年一八九六年（明治二九）、ついに「製鉄所官制」の公布をみるに至った。

十数に及ぶ全国各地の設置候補の中から、最終的に遠賀郡八幡村が選ばれたのは、その後背地に日本最大の筑豊炭田があったからである。戸数四〇〇、人口一二〇〇の蘆荻茂る半農半漁の一寒村は一九〇一年（明治三四）の操業開始以降、みるみる鉄の町として拡大発展し、一九一七年（大正六）には大牟田とともに市制を施行している。

鉄鋼の生産には膨大な熱エネルギーを必要とする。当時の技術では鉄一トンを生産するには石炭六トンを要したとされる。官営製鉄所は原料炭を確保するため炭鉱を直営するという当初からの方針に基づいて、安川敬一郎、松本潜、伊藤伝右衛門、中野徳次郎らが開発操業していた当時の嘉穂郡大谷村、二瀬村、鎮西村の諸炭鉱を買収、官制による「製鉄所二瀬出張所」を置き、高雄一坑、同二坑、中央坑、潤野坑などの坑所を設置、一九一〇年（明治四三）には稲築村

製鉄(日鉄)二瀬炭鉱正門

日鉄鉱業高雄二坑

にも稲築坑を開いた。

開発は順調に進み、一九〇七年（明治四〇）の出炭は約二二万トン、一九一〇年（明治四三）には三井田川、三菱方城とともに筑豊の三大竪坑といわれた中央坑の竪坑を完成、地域唯一の官営炭鉱としての誇りのもとに、生産技術や労務管理面でも筑豊全山のリーダー的役割を果たし続けた。

従業員の福利厚生にも意を用いたが、スポーツ面では現在も東京ドームで毎年開催されている全国都市対抗野球の出場常連チームを抱え、優勝こそしなかったものの、決勝戦に二度駒を進め「福岡県二瀬町」の名を全国に知らしめた。

一九三四年（昭和九）に製鉄所は民営に移管されて日本製鉄㈱（現在の新日本製鉄㈱）となり、一九三九年（昭和一四）に至って鉱山部門が独立、日鉄鉱業㈱の発足となった。

戦後も中央・潤野・高雄一・二坑・稲築坑の五坑による原料炭主体の生産を続け、昭和三十年代まで年産四十万トン程度を維持した。しかし石炭の傾陽化、エネルギー革命の進行の中で坑内諸条件や生産設備の老朽化が進み、一九五七年（昭和三二）稲築坑を渡辺鉱業に譲渡、次いで一九六八年（昭和三六）に潤野坑を閉山、翌々三八年には最後の中央・高雄一・二坑を閉山、従業員のほぼ半数が第二会社高雄炭鉱に引き継がれた。その高雄炭鉱も一九六六年（昭和四一）に閉山、官営製鉄所二瀬出張所設置以来七十年にわたる歴史の幕を閉じた。

二〇〇七年（平成一九）から一般公開された旧伊藤伝右衛門邸は、一九六三年（昭和三八）幸袋工作所が日鉄鉱業の子会社となった際、伊藤家から土地家屋すべてを譲渡、同社の倶楽部に使用され、二〇〇五年（平成一七）飯塚市に買い上げられた。また、一九八七年（昭和六二）に開学した九州工業大学情報工学部のキャンパスは、旧高雄二坑のボタ山跡に展開している。

（深町純亮）

8

住友忠隈・三井田川六坑ボタ山

▽住友忠隈ボタ山①飯塚市忠隈②昭和時代
▽三井田川六坑ボタ山①田川市夏吉②一九四五年（昭和二〇）開削着手*、一九四八年（昭和二三）選炭開始*

巻頭地図46

住友忠隈炭砿のボタ山

■住友忠隈炭砿のボタ山

ボタとは炭鉱で掘り出された石炭以外の石や岩などの総称である。それを高く円錐形に積み上げたのがボタ山である。日本独自のものではなく、西欧のフランス・ベルギー・イギリスなどの炭鉱にも発達し、その技術がわが国にも導入された。炭鉱全盛期には筑豊には約三〇〇のボタ山がそびえ筑豊の風物の象徴とされた。炭鉱全盛期を故郷で暮らした人々の心には、その姿が深く刻まれているが、現在ほとんどなくなり、若い世代にはその生成の歴史すら判らなくなっている。

このボタ山は三つの峰からなり、高さ約一一三～一四一㍍、周囲二㌔、総容量六七七万立方㍍の巨大な人工のヤマで、その形が良いので「筑豊富士」の呼び名で人々に親しまれてきた。

忠隈炭砿は一八八五年（明治一八）に麻生太吉によって開かれ、一八九四年（同二七）に住友が買収して大手炭鉱になったが、石炭から石油に替わるエネルギー革命により一九六五年（昭和四〇）に閉山した。

明治・大正時代にはボタは丘陵の谷間を埋めるように捨てられていたので円錐形のボタ山は見られない。昭和になると採炭・運搬に機械化が進み出炭量が急増する。同時にボタ山を作る技術が西欧から導入され、

1956年（昭和31）の忠隈炭砿ボタ山
（鶴崎初市氏撮影）

1962年（昭和37）の忠隈炭砿ボタ山（平田和幸氏撮影）

周辺部に農村が広がる筑豊や常磐（茨城・福島県）では、農家との問題を生じさせないために、ボタは丘陵上の谷間に廃棄され、さらに、埋め立てられた谷間の上に円錐形のボタ山が発達した。

一九二九年（昭和四）に忠隈炭砿でスキップ式捲揚装置やその他の機械設備が整えられ出炭量が急増しボタの量も増え、一九三一年（昭和六）頃から円錐形のボタ山が出現し始めたといわれている。一九五五年（昭和三〇）頃になると嘉穂盆地の中央に三連円錐形の巨大な「筑豊富士」が誕生した。

一九三三年（昭和八）製作の飯塚市鳥瞰図には、忠隈炭砿や上三緒炭鉱に円錐形のボタ山が、山内炭鉱や日鉄二瀬炭鉱には台形状のボタ山が描かれている。この頃から多くのボタ山が出現したようだ。

炭鉱が盛んな頃には、黒くて天を突き刺すように尖った形にそびえていたが、現在は、頂が丸くなり全山が緑で覆われ優しい姿になっている。ボタ山は日本の近代化をエネルギー供給という点から支えた筑豊炭田の貴重な記念碑といえる。

（嶋田光一）

三井田川六坑ボタ山

飯塚市の住友忠隈炭砿ボタ山とともに、筑豊炭田の象徴としてありし日の炭鉱の面影を現在に伝えているのが、田川市夏吉に聳える三井田川炭鉱六坑のボタ山（高さ六〇メートルほどの三連の山）である。三井田川六坑は、二本煙突と伊田竪坑櫓（ともに国登録文化財）で名高い三井田川鉱業所が、一九四五年（昭和二〇）一月に開鑿を始め、一九四八年七月に選炭を開始した炭鉱である。田川市石炭・歴史博物館二階バルコニーからは、香春岳の裾野に広がる六坑ボタ山を眺めることができる。

三井田川六坑のボタ山

一九六四年（昭和三九）の閉山からすでに四〇年余の年月を経て、鋭角に尖っていたボタ山も風雨にさらされてしだいに頂上部が丸くなり、かつての茶褐色の山肌は草木によって緑色を呈するなど、炭鉱を知らない人には、地下から掘り出されたボタによって出来上がった山とはわかりづらくなっている。筑豊炭田全盛期には約三〇〇を数え、産炭地の象徴ともいうべき存在であったボタ山も、埋め立てや道路の路盤材料に使用されたり、整地されて工場団地、住宅団地、グラウンドなどに生まれ変わっている。

地名から夏吉坑ボタ山とも呼ばれるこの六坑ボタ山は、明治・大正・昭和にかけてわが国の近代化を支えた石炭産業、炭鉱があったということを後世に伝える証である。一九六〇年頃のボタ山頂上からの風景が、「九州工業大学情報工学部筑豊歴史ギャラリー」のホームページに掲載されている。

＊三井田川六坑開削及び選炭開始年月は、『筑豊石炭鑛業史年表』による

（森本弘行）

石炭輸送

（水運・陸運・海運）

飯塚駅付近（諸藤浩之・画）

折尾高等学校の川艜

9

遠賀川水運と川艜

▽川艜①北九州市八幡西区大膳　折尾高校内（長さ一二・二㍍、幅二・一㍍、高さ〇・五四㍍）①芦屋町中ノ浜　中央公民館内（長さ一三・八㍍、幅二・四六㍍、高さ一・四五㍍）④どちらも県指定文化財、近代化産業遺産（経産省）

巻頭地図 1 2

古代の遠賀川水運

遠賀川水運の歴史は古い。国の重要文化財である飯塚市立岩遺跡の弥生時代中期の出土品の中に一〇面の前漢鏡（飯塚市歴史資料館所蔵）がある。今から二〇〇〇年前、これだけの中国製銅鏡をどのようにして運んだのだろうかと考えると、古代ロマンが広がってくる。九州に着くと山を越えて運んだのか、遠賀川を船で運んだのか。いずれにしろ、この鏡を中国から入手できるのは相当の財力を持った王といえる人物であろう。この王のもとには、遠賀川を利用して貢ぎ物が運ばれたはずである。立岩の地は遠賀川河岸にある。

遠賀川水運が文献にでるのは平安時代のことである。西海道随一といわれた大宰府観世音寺所領四封の二つが遠賀川流域にあり、嘉麻市碓井と宮若市金生《かのお》である。観世音寺は百済救援のため西下して六六一年筑紫の地で亡くなった母帝斉明天皇の菩提を弔うため、天智天皇が建立を勅願した寺院である。これほどの寺院もやがて衰え、一一二〇年（保安元）奈良東大寺の末寺になった。碓井・金生の年貢は船で遠賀川を下り、さらに東大寺に送られた。そのときの送料明細書が残っており、東大寺図書館所蔵の写しが嘉麻市琴平文化館の郷土資料館に展示されている。

その文書で最も古い一一三〇年（大治五）は、年貢五〇石を送っているが、

芦屋町中央公民館の川艜

送料の中に「平駄賃料一石五斗」とある。平駄は底の浅い船の艜（ひらた・ひらたぶね）のことで、後に石炭を運ぶ船は五平太という人が発明したと言い伝えられたが、平駄を音読すればヘイダ・ヘイタになる。

■江戸時代の遠賀川水運

遠賀川本流の水路は、江戸時代初期まで鞍手町小牧《おまき》の曲手《かねのて》から西に曲がり今の西川に流れていた。一六二三年（元和九）藩主黒田長政が没すると、進んでいた堀川掘削工事が中止になり、曲手から水流を直線的に響灘に流す工事が始まり一六二八年（寛永五）に完成した。これが、今の遠賀川本流の原型である。遠賀川はその後も直線化が行われ、曲手の西川への水流が完全に閉鎖されたのは、一七四六年（延享三）あるいは一七四八年（寛延元）とされる。

水運に関しては、藩が最も重視したのが年貢運搬である。藩は福岡藩最大の遠賀川流域の年貢運搬を統制し、川筋に船場を置き艜数と船頭数を決め、船才判や船庄屋を置いて管理した。貝原益軒の『筑前國續風土記』（一七〇三年＝元禄一六年藩主に献上）に「川筋丸木船数」として、遠賀川川筋の船場と艜数をあげている（拙稿解説表1参照）。これを、幕末の一八五七年（安政四）は、船場は戸畑は消え鯰田（飯塚市）が増えて変らず、船数は輸送量の増加だろう二五艘増加している。船頭は船着き場近くに住み、指定された村の年貢を運んだ。船頭が神々に奉納した石像物が、旧船場などに残っている。

船場の組織を飯塚市川島に見ると、一八一五年（文化一二）・一八六五年（元治二）・一八六六年（慶応二）の史料（川島村面役根帳）によれば、一六歳から六〇歳以下の男子三五人（元治・慶応は三四人）を庄屋組・組頭組二組の三組に分け、それぞれに頭取船頭がいた。その他、一八一五年には御米見ケ〆役・船才判が一人ずついて、他の年は船庄屋が一人いた。安政の船数が三六艘だから、

1977年の一番橋

古い時代の一番橋風景

船頭数とほぼ合致する。川島には「船頭」と彫った狛犬・鳥居などがある。

江戸時代後期になると、藩は財政困難のためハゼ・石炭・卵を専売制にして大坂などで販売した。船頭は年貢だけでなくこうした品物も運送している。

■江戸時代から明治初期の石炭・炭坑

明治時代の遠賀川水運は、年貢に替わって石炭が花形になる。この石炭のことは、江戸時代をさかのぼる必要がある。石炭について貝原益軒は『筑前國續風土記』土産考に、「燃え石」として遠賀・鞍手・嘉麻・穂波・宗像各郡所々の山野にある。村民がこれを掘って薪の代用にし、遠賀・鞍手はことに多い。煙が多くて悪臭がするが、よく燃えて長く続き「民用に便あり」と記している。一七〇〇年のころすでに石炭が使われていた。当時は石炭のことを燃石といい、後に焚石で統一される。蒸し焼きしたガラのことを石炭と呼んでいた。

石炭はその有用性が知れ渡ると、民用だけでなく商品として重要なものになった。まず、瀬戸内海の塩田で製塩用の薪に代わって使われるようになったので、福岡藩は一八一六年（文化一三）には遠賀・鞍手両郡に焚石旅売仕組を定め、芦屋・山鹿・若松に焚石会所を設立した。旅売りは播磨国など他国に売ること、仕組とは藩の管理下にあることをいう。これが、一八三七年（天保八）従来の仕組み制度を整理し、三〇項目の焚石会所作法を定め、これにより遠賀・鞍手・嘉麻・穂波四郡の仕組制度が確立し、藩が生産・流通を一括支配できるようにした。

幕末のころの炭坑を知る資料を一つあげよう。宮若市磯光の天照神社境内に、遠賀・鞍手両郡炭坑関係者が一八六一年（万延二）に奉納した常夜灯がある。その銘中の総責任者は「遠賀鞍手両郡御仕組焚石山元見ケ〆役磯光鶴田両村庄屋」で、「船割役」は直方町の人である。以下現場責任者（炭坑主）である山元をあ

折尾村陣ノ原通舟景――列をなして下る川艜。３艘目は帆を掛げている

げると遠賀郡は折尾・楠橋・吉田・香月・杁《えぶり》・馬場山の六村各一名、鞍手郡は勝野三人・四郎丸三人・新多二人・長井鶴二人・赤地（以下一名）・下境・芹田・宮田・鶴田・新延の一〇村である。これを見ると、藩の仕組制度下においてどのあたりで石炭採掘が行われたがわかる。

藩の支配から開放されるのは、一八六九年（明治二）のいわゆる「鉱山開放」の布告で、私的な鉱山開発と鉱物販売が認められた。しかし、当時政府が重視していたのは金銀銅であり、石炭は注目されていなかったので、旧来の慣行が続いていた。しかし、布告以後は鉱山の乱開発をきたし、汚水・土砂流出など今でいう鉱害が続発した。そこで、政府は廃藩置県後の一八七二年（明治五）に地表面は地主の所有であっても、地表・地下の鉱物は国有とする「鉱山心得」を示した。さらに翌年、日本初めての成文鉱業法である「日本鉱法」を発布し、開鉱者の試掘・借区などの手続きを決めた。

明治時代以後の遠賀川水運と川艜

明治時代の遠賀川水運は石炭運搬が主流になり、炭鉱の発展とともに石炭輸送量も川艜数も増えていった。農村の資産家は艜船を買い船頭を雇って石炭運搬をする人もでてきて、船頭の収入も「嫁に行くなら川船船頭、一度下れば繻《しゅ》子《す》（高級絹織物）の帯」といわれるほど良かった。川艜は一艘に船頭一人で見習いが付くことはあった。運送するときは五艘ぐらいの組を作り、下るときは水流に乗るが、上りは数艘を繋ぎ、その先頭に船頭一人が乗って操り、他の船頭は綱を肩にして船を引いた。

鞍手郡御徳炭坑の運送をした船頭の話によれば、運送日数は芦屋から小竹町御徳まで追い風があれば一日かからず、向かい風は二日かかり、下りも水の量によって違った。水の量により積荷を調整するが、普通は石炭一万斤（六トン）

堀川吉田切貫（明治時代）（直方市石炭記念館提供）

以上積んだ。上りも材木・焼物・塩などを運んでいる。遠賀川本流の船頭は、「本川船頭」と呼ばれ「堀川船頭」より格上であったといわれた。一八九七年（明治三〇）ごろの川艜運賃（『筑豊炭礦誌』による）は、御徳から若松まで一万斤で五円、坑夫一日の平均賃金は四四銭であった。

繁栄した遠賀川水運も、一八九一年（明治二四）八月三〇日筑豊興業鉄道若松－直方間が開通し、石炭列車が直方から若松に向けて発車すると、水運が陸運に押される状況になる。しかし、水運の最盛期は二〇世紀初頭のころである。その理由は、日清戦争により石炭需要が大幅に伸びて炭坑も拡大したので、その運送に鉄道が追いつけなかったのである。また、川に近いところでは、鉄道運賃より水運が安くついた。当時の川艜数八千艘ともいわれ、河口の芦屋と山鹿を往来するとき、停泊している川艜を次々に渡って行けたという。

やがて、川艜は上流から姿を消していき、大正時代になると嘉穂郡では商品は運んだだろうが、石炭はなかつたのではないかと思う。ただ、飯塚市宮町の曩祖八幡宮境内に、境内社の志賀宮に奉納した一対の常夜灯があり、「大正四年七月　飯塚方面川艜組合中」とあるのが気にかかる。

川艜運送の終末は戦争がもたらした。石炭輸送を鉄道に奪われても、川艜は石炭以外の物を積んで生きていた。例えば、堀川沿岸の中間では瓦製造が盛んで、その原料や製品を運搬していた。芦屋で元船頭（前記とは別人）を訪ねたとき、川砂を八幡製鐵所に運んでいたが、アメリカ軍飛行機の空襲が始まったので止めたといい、「昭和一八（一九四三）年だった」と話してくれた。（香月靖晴）

吉田切貫の水路（1977年9月）

10

遠賀川と堀川

▽堀川運河①北九州市八幡西区・中間市・水巻町②（文中参照）④近代化産業遺産（経産省）

巻頭地図2

堀川の歴史

八幡西区楠橋の寿命唐戸《からと》（水門のこと）から洞海湾までの水路で、上流から堀川・新堀川・新新堀川と呼ばれている。この名称とは逆に一番古いのが新新堀川である。さらに、その前に工事途中で中断になったものがある。古いものから、その年号を表題にして話を進めよう。

一　元和の堀川

一六〇〇年（慶長五）筑前に入国した黒田長政は、穀倉地の遠賀川流域に注目し、特に下流域の開発を重視し現地視察を行っている。一六二一年（元和七）になると、水害防止と灌漑を目的にして上底井野村下から掘り始め、岩瀬村を経て吉田村上を通り、折尾村から洞海湾に入る計画であった。工事が進んで吉田村から折尾村にかけての所で、土砂が滑り落ちて堀が埋まる難工事に突き当たっているとき、一六二三年（元和九）に藩主長政が京都で急死した。このため、堀川掘削工事は中止になった。

現在、中間市・水巻町境で堀川を渡る橋を「大膳橋」と呼んでいる。この工事の最高責任者であった福岡藩士栗山大膳の名を取ってつけたといわれる。

二　宝暦の堀川

堀川掘削の前に若松のことを述べねばなるまい。中世、若松は芦屋とともに

寿命の唐戸

中間の唐戸

博多津と赤間関（下関）の間の重要な港であった。近世になると、唐津街道の宿駅にもなった。一七二〇年（享保五）福岡藩御蔵元の芦屋町太田家は米蔵を芦屋から修多羅《すたら》に移し、遠賀・鞍手・嘉麻・穂波四郡と宗像郡東部九か村の年貢をここに収蔵し、若松港から大坂港に送った。このころは遠賀川河口は浅くなって港の機能が低下していた。

堀川の工事開始は一七五一年（寛延四、この年一〇月二七日宝暦と改元）一月である。水路は元和工事の北側に取り、吉田村車返しから掘り進むことにした。この工事は固い岩盤をノミで切り抜く難工事で「トヒ切」「吉田切貫《きりぬき》」などといわれた。公役だけでなく専門の石工を多数投入しての工事だったが長年月を要し、拡張工事まで終えたのが一七五九年であった。今も岩壁に残るノミの跡に先人の辛苦がしのばれる。切貫近くには河守神社を創建して堀川鎮守とした。

次の課題は水門の設置であった。水門を中間村中島に二度仮設置し通水したが、水勢に耐えることができなかった。そのとき、備前国吉井川に優れた水門があるとの情報で、郡奉行嶋村市太夫と工事の役夫頭一田《いちだ》久作が現地調査を行い、一七六二年堅い岩盤の現在地に写真のような今の形の水門を造った。これを中間唐戸といい、表戸と裏戸の二つの水門を一つの建物に取り込む構造である。唐戸の維持は藩から任命された世襲の唐戸番三人が、そばに居宅を構えて大水に対処していた。

三　文化の堀川

中間唐戸の取水は遠賀川に井堰を築いて流入しやすいようにした。ところが、大水のときに唐戸を閉じるので、上流の各郡から水が滞留して被害が大きいと苦情が出るようになった。また、川が逆流して被害がでる所もあった。

これを解決するため、藩役人は村人の意見も聞き、一八〇四年（文化元）遠

小林藤次郎之碑

疏水碑

折尾の舫石《もやいいし》

賀郡楠橋村寿命に遠賀川からの水の取り入れ口と中間と同じ水門を造った。これを寿命唐戸という。この工事は途中から笹尾川を利用して中間唐戸につないだので、一年で終った。川艜はここから堀川に出入りするようになった。

■石碑・遺物・資料館

寿命唐戸から遠賀川河岸に出てすぐ上流の左側に、「小林藤次郎之碑」の高い石碑が見える。小林藤次郎は明治時代寿命唐戸の通船支配人（船捌《ふねさばき》）・唐戸番人を勤めた人で、堀川に出入りする舟に対し土手に立ち大声で指示をしていたといわれる。石碑は一九〇八年（明治四一）に遠賀・鞍手・嘉麻・穂波・田川五郡の船頭衆が感謝の念をこめて立てたものである。

さらなる大石碑が折尾駅六・七番ホーム裏側にある。炭鉱有志が建てたもので「侯爵黒田長成撰並書」の堀川の由来と功績をたたえる長文の銘がある。かつては石碑の下方を堀川が流れ、川艜が行き交っていたのである。

堀川は当時の技術の粋を集めたもので、水下一六か村に農業用水を分配する井堰を配置し、また曲川と交差する所を伏越《ふせこし》という堀川の下を曲川がくぐる方法をとった。残念ながら今は取り壊されている。

川岸に船を繋ぐ舫石《もやいいし》もわずかながら残っている。飯塚市歴史資料館常設資料室内と吉田切貫の下流筑豊本線を過ぎてまもなくの右岸に三個残っている。また、遠賀川を上下する船頭の目印になった植木（直方市）の花の木井堰や木屋瀬（八幡西区）の大イチョウも、現存する遺産である。

川艜に関する資料館は、中間市歴史民俗資料館に唐戸の模型や堰板の現物などがある。折尾高等学校内には堀川を顕彰する「堀川ものがたり館」があり、船箪笥《ふなだんす》・船徳利など船頭の生活具もある。

（香月靖晴）

11

遠賀川改修と環境保全事跡

遠賀川改修工事（神山久雄氏撮影）

遠賀川改修記念碑

■遠賀川の改修と保全

遠賀川流域の石炭採掘は、明治二〇年以降に生産が増加していったが、二四・三八年に大洪水に見舞われ、田畑の冠水、炭鉱坑口の浸水、鉄道の被害など甚大な損害を蒙った。そのため直方町で鞍手・田川・嘉穂・遠賀の四郡による「遠賀川改修工事同盟」が結成され、一九〇五年（明治三八）に活動を開始した。

推進力になったのは貝島太助をはじめ、衆議院議員であった伊藤伝右衛門は議会に積極的に改修工事の早期実現を訴え、一九〇六年（明治三九）三月改修工事計画が議会通過、国営工事として一〇年間の継続工事にこぎつけた。

工事は一九〇八年（明治四一）から着工、河床の浚渫、護岸工事、流路の大幅変更、農地の整理などの工事を進め、第一期工事完了は一九一六年（大正五）で、翌年改修工事記念碑が直方市中島公園に建立された。引き続き第二期工事に入り一九一九年に全工事が完成した。工事には、四〇トン掘削機三台、二〇トン機関車四台、五トン機関車三台、浚渫船二艘など先端の土木機械が投入された。

その後大きな水害はなくなり一時県営で管理を続けたが、昭和に入り石炭採掘の影響もあって堤防の沈下などにより水害の被害が出てきたので、昭和二〇年以降国の直轄により改修が行われ、昭和二八・平成一五年に洪水に見舞われたものの、今も河川本来の機能による自然環境を重視した改修が行われている。

鮭の稚魚を放流の小学生たち

20年目を迎えたI love 遠賀川

2009年3月完工を目指す原寸川ひらた製作
（西日本新聞提供）

洞海湾到着の川ひらた2003年10月19日
（西日本新聞提供）

自然環境保全と川ひらたの復元

石炭産業が無くなって三〇余年の今日、地域住民の上水道、農業・工業用水の恩恵を受けている遠賀川を、往時の清流に戻す「I LOVE遠賀川」の住民の清掃運動が始まって二〇年、現在は上流の水源確保の植林運動から遠賀川全域に亘る「遠賀川流域住民の会」へと発展した。

また清流が甦る祈りをこめて、鮭が戻るよう毎年鮭の稚魚を放流するなど、環境保全の運動の輪が広がっている。

一方石炭産業遺産が見直されて地域の活性化に役立てようとする動きとあいまって川船製作研究会が設立され、わが国の近代化に貢献した遠賀川の石炭輸送の川ひらた復元を進めている。

飯塚市の観光名所となった旧伊藤伝右衛門邸と嘉穂劇場を結ぶ観光船として地域活性化に繋ごうと、二〇〇九年（平成二一）三月完工を目指して芦屋町保存の原寸川ひらた復元製作が進められており、石炭産業遺産に誇りを持って後世に伝える努力が続けられている。

（窪山邦彦）

12

遠賀川鉄橋と冷水トンネル
（JR筑豊本線遠賀川橋梁・冷水トンネル）

▽遠賀川鉄橋①JR筑豊本線・中間〜筑前垣生間②一八九一年（明治二四）／煉瓦橋脚
▽冷水トンネル①JR筑豊本線・筑前内野〜筑前山家間②一九二九年（昭和四）／三二六〇メートル

巻頭地図27

遠賀川鉄橋

■遠賀川鉄橋

鉄道でも道路でも、鉄橋とトンネルの工事が最大の難関で、長崎街道沿いに敷設された現在の筑豊本線完成の成否は、遠賀川の渡河と冷水峠の克服であった。大規模な鉄橋は北から中間駅南、鯰田駅北、新飯塚駅南などにあり、資材や技術の乏しかった当時では想像を絶する大プロジェクトだった。なお、鉄道においての鉄橋とは〝鉄道橋〟の略であり、鉄に限らず、木材や煉瓦でも、鉄道のための橋なら鉄橋と称している。

筑豊の中心部をほぼ南北に貫く遠賀川は、石炭を輸送する川艜が有名で、遠賀川のイメージとして定着している。明治中期の最盛期には筑豊艜業組合登録分だけでも五五〇〇艘といわれた。しかし、大部分は小型船で約四トン、大型船でも約六トンしか積むことが出来ない。また、人力による積み下ろしや悪天候での運行不能など、驚異的に増大する出炭量に対処できなくなり、水運に代わる陸運、つまり鉄道輸送の重要性が急速に高まってきた。

明治二一年八月一五日、九州鉄道設立。同年には筑豊興業鉄道が資本金一〇〇万円で創立され、明治二三年八月より若松〜直方間の工事が始まる。しかし、利権を奪われる川艜側と鉄道敷設工事関係者との紛争が各地で頻発。終戦後映画化された、岩下俊作の「竜虎伝」に描かれているストーリーそのもので、現

堀川と鉄道（中間市）

冷水トンネル山家側扇風機（1994 年）

実世界でも遠賀川橋梁の橋脚爆破計画が取りざたされたという。数々の困難を克服して、一八九一年（明治二四）八月三〇日に開通した。ちなみに開通翌年は水運六九万トン、鉄道一万八千トンが六年後には水運八〇万トン、鉄道一六〇万トンと、大量輸送機関としての特性を遺憾なく発揮した。

■冷水トンネル

冷水トンネルは、一九二九年（昭和四）の開通時においては、九州一の長さを誇る長大トンネルだった。トンネルの前後には二五パーミル（一〇〇〇メートル進むごとに二五メートルの勾配）が控え、急勾配が苦手な蒸気機関車にとっては最大の難所であり、多くの旅客と貨物列車が冷水越えに挑んだ。

当時の苦闘を物語るのが排煙装置で、筑前山家側のトンネル上に直径三メートルのファンを備えた機械室が昭和二四年に設置された。山家側から上って来た列車がある地点に達するとファンが始動して、煙を内野側に追い出す仕組みである。内野からきた列車はトンネル内部の構造上、自然と排出され強制排出の必要はない。蒸気機関車廃止後は不要となり、完全に跡形のみとなっている。

冷水トンネルは九州の鉄道史において特筆される、継ぎ目のない長大レールの実験区間となったことがある。レールは通常二五メートルで枕木に固定してつなぐので、この継ぎ目に車輪が通り、〝がたんごとん〟と音がする。継ぎ目がなければ不快な音もなく、車輪やレールの傷みも飛躍的に軽減される。

しかし、鉄製レールは温度により伸縮するため長大化は不可能とされていたが、数々の実験の末に実用化の見通しがつき、列車本数が少なくトンネル中の温度差が小さな冷水トンネルが実験区間として選ばれた。昭和三三年、二五メートルレールを現地で四〇本溶接して一〇〇〇メートルの一本のレールに仕上げ、九州におけるロングレール第一号となった。

（桃坂豊）

13

伊田線・糸田線・嘉麻川橋梁 後藤寺線・入水トンネル

①直方〜伊田、金田〜田川後藤寺
②明治二六〜三二年
③筑豊興業鉄道・九州鉄道・豊州鉄道

巻頭地図34

〈右〉旧伊田線（平成筑豊鉄道糒駅の列車）

嘉麻川橋梁

伊田線・糸田線・嘉麻川橋梁

明治二六年、遠賀川沿いの若松〜飯塚間の鉄道が筑豊興業鉄道の手により開通して、水運に代わり短時間に大量の石炭を鉄道で運ぶことができるようになった。しかし、近い将来の飛躍的な貨物の増加に対し、安心できる体制ではなく、田川地方の石炭を効率よく運ぶネットワークの構築が急務であった。

筑豊興業鉄道は明治二六年には支線を金田に延ばし、金田〜伊田間は九州鉄道によって明治三二年に敷設された。行橋〜伊田間は豊州鉄道によって明治二八年に開通し、ここに門司・小倉を頂点として若松〜直方・飯塚〜田川〜行橋と筑豊を大きく一周する環状ルートが完成し、筑豊の鉄道網の礎ができた。

直方側から見ると明治三一年に開業した中泉からは日焼、大城第一への区間、明治三七年に信号所として完成した赤池からは赤池炭坑、さらには金田からは堀川、方城、金田炭坑への各貨物線、また後藤寺方面には糸田経由で明治三〇年に豊州鉄道が開通、糸田からは豊国への貨物線が分岐した。また、直方基点二キロの地点には本洞信号所が明治四一年から大正一一年まで設置されている。

現在では跡形もないが、平成筑豊鉄道の距離程を見てみると、二・四キロ地点にあかぢ駅があるが、この近くに信号所があり、嘉麻川橋梁を渡る手前付近で筑豊線との列車の調整をしていたのだろう。

入水トンネルに入る後藤寺線の列車

〈左上〉船尾駅構内とセメント工場
〈左〉旧伊田線（平成筑豊鉄道）を走っていたセメント列車

後藤寺線・入水トンネル

今では想像もできないが、当時は長大な列車が昼夜をたがわず行き来し、活況を呈していたことだろう。筑豊の地下資源はなにも石炭だけではない。石炭が黒ダイヤなら、セメントの原材料である石灰岩は白ダイヤと呼ばれている。石灰岩、あるいは製品であるセメント輸送に活躍したのが後藤寺線である。元々、筑豊の鉄道事情の通り、石炭輸送路線として計画され、新飯塚～上三緒間は九州鉄道の手により明治三五年六月一五日に開通した歴史ある路線だ。

明治四〇年の国有化後は九州線、同四二年には筑豊本線貨物支線、その後漆生線、その後に後藤寺線と名称変更が行われている。上三緒～下鴨生、下鴨生～起行、起行～後藤寺間もそれぞれの変遷を遂げ、僅か一三・三キロの路線ではあるが、複雑な歴史を持つ路線である。この路線の特徴の一つに鉄道がもっとも苦手とする急勾配の山越えがある。

その構造上急勾配は特殊な場合を除いて三三・三パーミルと上限が定められている。これは千分率で一〇〇〇メートル進むごとに三三・三メートルの上下があるわけだ。後藤寺線には頂上の入水トンネルの前後を挟み二五パーミルの連続勾配と僅かな区間ではあるが、国内最大級の急坂である三三・三パーミルも一箇所ある。石炭輸送目的で敷設された路線ではあるが、列車単位が大きくなるとどうしても山越えの路線は貨物には敬遠される。後藤寺線に比較的貨物列車が走らなかった理由の一つに、急勾配が考えられる。

しかし、船尾駅横にはセメント工場があり、船尾～田川後藤寺間は山越えの必要がない為、船尾～田川後藤寺～田川伊田～油須原～苅田というセメント輸送ルートが活躍した。だが、そのルートもトラック輸送に変わり、往年のセメント列車は昔話になってしまった。（桃坂豊）

14

石坂トンネルと内田三連橋

①田川郡赤村
②一八九五年（明治二八）
③豊州鉄道
④国登録文化財、近代化産業遺産（経産省）（内田三連橋のみ）

石坂トンネルと内田三連橋梁は、歴史的価値が認められ平成一三年、国の登録有形文化財となった。指定理由は単に古いのみならず、この鉄道の持つ特殊な事情と、当時の社会情勢が反映されているからである。石坂トンネルは九州における鉄道トンネル第一号で、文化財的価値は充分だが、同時に指定された内田三連橋梁との密接な関係が、大きな理由となった。

石坂トンネルの見た目の大きな特徴は、専門語で複線断面サイズの大きなトンネルである。片や内田三連橋梁は「ゲタ歯」といわれる片面だけに凸凹構造の特異な形状である。この両者に共通点を見出すことに不可解を感じる方は多いだろうが、最近謎が解明され、学術的にも証明されつつある。

それは、長いこと煉瓦橋に意図的に施された〝模様〟が、現在では複線化未完成の遺物という解釈が一般的となったからである。つまり、複線断面を持つ石坂トンネルやその近くある今川橋梁の橋脚を見ると、将来の複線化を前提にし、工事が大変なトンネルや鉄橋の工事を最低限行っておく、先行投資の跡ということが容易に理解できる。トンネルは線路を敷設すれば良いし、複線の橋脚が完成していれば、橋桁を載せるだけの工事で、鉄橋は完成する。

内田三連橋梁に代表されるレンガ橋も同様で、複線化未完成の産物であり、複線化工事の際に拡幅する場合、レンガの特性を考慮すれば平面にレンガを継

巻頭地図6

〈上〉複線を計画して掘られた石坂トンネル
〈左上〉工事中の石坂トンネル（明治 27 年頃）
〈左〉工事途中の今川橋梁（明治 27 年頃）

〈右頁上〉複線化未完成の内田三連橋
〈右頁下〉内田三連橋完成面

ぎ足すより凸凹面にレンガを差込み、拡幅したほうが強度の点ではるかに優れたものができる。つまり工事未完成の部分なのに、その構造が持つ美しさゆえ、意図的な模様と勘違いされてきたのだろう。

ではなぜ、今のような形として残ったのか。その謎解きのヒントは、やはり〝トンネル〟と当時の社会情勢にある。激増する筑豊炭田からの石炭輸送に対処するため、かつての遠賀川水運に代わって筑豊本線を整備したが、田川地方の石炭や筑豊本線で運びきれない貨物に対しての不安があった。既存の筑豊本線と平行して、南北のもう1本のルートを通し、それを東西につなぐことによって、石炭輸送のネットワークが完璧なものとなる。

田川と北九州を結ぶには、現在の日田彦山線のルートが当然考えられたが、田川と小倉南区の境を成す金辺峠を貫くトンネル掘削が立ちはだかり、困難を極めた。次善の策として、直方から田川を通り、行橋まで鉄路を延ばせば、行橋まで南下してきている豊州鉄道線とつなぐことができる。

早速工事を進めたのが、現在の平成筑豊鉄道の直方~行橋間だった。平坦部の直方~伊田間は工事が容易で最初から複線で完成、急峻な渓谷を跨ぐ鉄橋やトンネルが介在する山岳部分の伊田~行橋間は近い将来の複線化を念頭に置き、とりあえず単線で開業させることになった。しかし、その後、現在の日田彦山線の前身である小倉鉄道が開通し、また、筑豊本線の一部複々線化や機関車の性能が飛躍的に向上して輸送力がアップしたため、遠回りで山を越える田川線ルートを莫大な投資の複線化は必要がなくなったと考えられている。

鉄道は国の動脈で、エネルギー輸送は国家の死活問題だった。それゆえ、時代に翻弄されることも珍しくない。鉄道史上における筑豊の鉄路の歴史は、即ち当時の国家と時代の縮図であった。

（桃坂豊）

15

小倉鉄道線

（日田彦山線鉄道遺産群）

①北九州市小倉南区～田川郡添田町※詳細は巻末一覧表参照

②一九一五年（大正五）※第四彦山川橋梁は一九三八年（昭和一三）、釈迦岳トンネルは一九五五年（昭和三〇）

③金辺鉄道・小倉鉄道・国鉄

巻頭地図 5 8

小倉鉄道によって建設された採銅所駅付近

■小倉鉄道線

福岡県北九州市と大分県日田市を結ぶ日田彦山線は、数奇な運命を辿った路線である。日田彦山線北部分、城野（開通時は東小倉）から添田までは、金辺鉄道株式会社を経て、小倉鉄道株式会社の手により完成した。当初は小倉駅には直接乗り入れはできず、田川地方中心の伊田・後藤寺の両駅にも、香春から添田まで南下し、さらに日田線を北上しないと列車では着けない路線であった。

しかし、昭和三一年一一月一九日に城野～石田間の短絡線開通で日豊本線に乗入れが出来、小倉駅へ直通可能となった。昭和三二年十月一日には、香春～伊田間の短絡線完成により、現在のルートが完成し列車は小倉から田川を通り、添田方面に直通、日田彦山線の利用価値が大いに高まった。その後、当時は日田線と呼ばれていた路線名が昭和三五年四月一日に日田彦山線と改称され、香春～添田間は添田線と呼ばれたが、昭和六〇年三月三一日に廃止された。

■金辺トンネル

小倉鉄道時代の路線を訪ねると、様々な鉄道建築物に遭遇する。まず紹介するのが、金辺トンネルであろう。金辺鉄道によって明治三〇年に掘削を開始した全長一四四四㍍の長大トンネルで、小倉鉄道乙式という扁平三心円を用いた独特の断面を有していた。なお、着工時における複線断面トンネルとしては、

〈上〉採銅所側出口は呼野側と異なる金辺トンネル
〈左上〉複線断面という特徴を持つ金辺トンネル　呼野側
〈左〉小倉鉄道時代の面影を残す採銅所駅舎

わが国最長であった。しかし、金辺鉄道の経営悪化から、明治三三年には工事が放棄され、鉄道会社の免許そのものが失効するに至った。

明治三六年、後を引継いだ小倉鉄道が工事を継承、明治四五年には工事が再開され、大正四年に完成。工事再開の際には、採銅所側の勾配が変更され緩和されたと同時に、断面も小倉鉄道甲式に改められ、出入口が異なる珍しい構造トンネルとなった。内部には断面変更点がくっきりと確認できるが、一部にはこれがトンネル掘削時のズレと誤解されている。

なお、建設中の大正二年一一月三〇日、落盤事故を起こし五名の女性を含む六二名がトンネル内に閉じ込められた。必死の救助活動により一二月一日午後七時頃、五六名は無事救出されたが一名は遺体で発見、五名は行方不明のままであったという。現場は採銅所側より約八チェーン（一六〇㍍強）の所で、長年の工事中断の風化、前夜の大雨で地山の緩み等が重なったと報告されている。

採銅所駅・第二金辺川橋梁

金辺トンネルを抜けた列車は、やがて採銅所という山間の駅に到着する。駅前の小山には式内社・古宮八幡神社が鎮座し、香春岳から採掘された銅、さらには精錬され銅鏡となり、宇佐神宮に奉納された歴史を今に伝える歴史ある土地である。この玄関口である採銅所駅舎は、大正四年の開業時の姿を今に伝える貴重な建築物だ。多少の改造をされているが、小倉鉄道時代の完全な姿で現存する駅舎は当駅のみで、今後の保存および活用が必要な建築物である。列車は香春方面に進むと、金辺トンネルと同じ複線断面を有する採銅所トンネルを抜け、香春三の岳の山麓に沿って進む。古宮トンネルを通過すると金辺川に架かる大鉄橋・第二金辺川橋梁、通称〝六〇尺〟を渡る。六〇尺は約一八㍍で、川面までの高さとほぼ同じであり、当時の最新技術を集めて架橋された大鉄橋

“60尺”と親しまれている第二金辺川橋梁

〈左上〉欅坂橋梁
〈左〉ねじりまんぽ

に親しみと誇りを込めて呼ばれたのだろう。地元では現在でも六〇尺と呼び親しまれている第二金辺川橋梁の特徴の一つに、幅広い橋脚が挙げられる。これは、金辺・採銅所・古宮の各トンネルが複線断面を有するが鉄橋も同じで、近い将来の複線化を考慮しての先行投資の跡である。香春以北は当初から複線化が計画され、用地買収はもちろん、複線化の際に手間と工事費のかかるトンネルや鉄橋を予め複線サイズで建設されていた名残である。

■欅坂橋梁

地味ではあるものの、鉄道構造物上、第二金辺川橋梁に勝るとも劣らない鉄橋が隣に位置する欅坂橋梁である。道路を跨ぐレンガ造りの鉄橋である欅坂橋梁は、〝ねじりまんぽ〟といわれる独特の構造を持つ。〝まんぽ〟とは、トンネルを示す北陸から東北地方などの方言といわれているが、レンガを斜めに積む特殊な構造には美しさがある。しかし、装飾等のための技法ではなく、地盤軟弱なところに建設されたトンネルや、線路を斜めに横断するアーチ橋に用いられた構造で、アーチ部分に掛かる重量を分散させる効力がある。現在国内には約三〇箇所ねじりまんぽがあるといわれているが、その中においても欅坂橋梁は最大級のアーチを持つ構造物である。先人の知恵で工夫されたねじりまんぽは、貴重な財産であると同時に、美的にも素晴らしいものである。今後の研究・保存活用が最も熱望される鉄道建築物のひとつである。

■香春駅

列車はやがて香春駅に到着する。香春は小倉鉄道中、最も重要な駅であり、造りも門司港駅を思わせる重厚かつ優美であったが、惜しいことに近年の不審火で全焼してしまった。香春駅からは当時の日本セメントからセメント専用列車が運行され、活気を呈していたが、今は昔話となってしまった。なお、日田

釈迦岳トンネル内部

D 51のひくセメント列車
（昭和40年代、鶴我盛仁氏撮影）

彦山線においては、香春以北のみ貨物機関車の代表であるD51が活躍していた。重量級の大型機関車に耐えられるよう、路盤を強固にした結果で、力持ちのD51が長い貨物列車を牽引して勾配に挑む雄姿は全国の鉄道ファンを魅了した。

第四彦山川橋梁・釈迦岳トンネル

田川伊田、田川後藤寺や豊前川崎、添田などの各駅をすぎると、急坂を一登りして彦山駅に到着する。彦山を発車した列車は第四彦山川橋梁を通り次第に山深い谷間を縫うように進み、やがて釈迦岳の下を貫くトンネルに吸い込まれる。この釈迦岳トンネルは全長四三八七メートルという長大トンネルだ。

北九州と中九州、特に日田を中心とした地方を結ぶ現在の日田彦山線が計画されたとき、立ちはだかった難関がこのトンネルだった。四キロ以上という長さに加え、軟弱な地盤に湧水が予測され、難工事は必至であった。昭和一二年、日田側の筑前岩屋駅から着工され、九州一の大トンネルが掘り進められたが、難工事の連続で、丹那トンネルになぞらえ工事関係者から〝第二丹那〟と呼ばれるほどであった。しかし、工事は続けられたが、戦況悪化により昭和一八年頃から工事が中断した。この間、約一・八キロメートル工事が進んでいたという。

戦後の昭和二七年より工事が再開され、順調なペースで掘り進んだものの、翌二八年三月一九日午後九時頃、突然崩落し、死者二一名を出す大惨事となった。原因は突然の湧水と工事中断中の地盤風化などが重なったといわれている。このような不幸な出来事を経て、昭和三〇年二月には釈迦岳トンネルは完成した。翌昭和三一年三月一五日には日田線（現在の日田彦山線）が全通し、日田地方の人にとって待望であった北九州直通ルートが完成した。だが、その後の自動車社会への移り変わりに伴い、利用者は少ない。

（桃坂豊）

16

筑豊田川の三代の橋

①香春町大字中津原地先
▽明治の橋②一八九五年（明治二八）頃／三連煉瓦アーチ橋③豊州鉄道
▽大正の橋②一九一五年（大正四）頃／鉄桁橋（石積み橋台のみ現存）③小倉鉄道
▽昭和の橋②一九五七年（昭和三二）頃／コンクリート桁橋③国鉄

巻頭地図6

「明治の橋」（中津原橋梁）

田川伊田駅から東に向うと、上伊田駅の先で線路は平成筑豊鉄道とJR日田彦山線に別れる。それぞれの線路には、直ぐに農業用水路を飛び越える鉄道橋が架かっている。また、よく見るとその間にもう一本の鉄道橋跡もある。これらは、それぞれ赤レンガ、御影石、鉄筋コンクリートという異なる土木材料で造られている。三本の橋の構造の違いは、実は橋を架けた鉄道事業者の特徴が反映されたものなのである。

筑豊の鉄道の端緒となったのは、一八九一年（明治二四）に若松～直方に開通した筑豊興業鉄道である。この後、石炭を積出港まで搬出する目的で、鉄道網は筑豊一円に急速に拡がった。この頃は、民間資本が鉄道会社を設立し、線路建設と早期開業を競っていた時代である。田川の最初の鉄道は、一八九五年（明治二八）に開通した小倉～行橋～伊田の豊州鉄道だった。これが、三本の橋のうちの一番南側のものである。なお、路線は一九〇三年（明治三六）に添田まで延伸された。

筑豊興業鉄道、豊州鉄道に並んでもう一つ、小倉と田川を結ぶ鉄道計画があった。金辺鉄道である。金辺峠に複線鉄道トンネルを掘ろうと挑むが失敗し、会社は解散してしまう。しかし鉄道熱は冷めやらず、事業を引き継いだ小倉鉄道が、一九一五年（大正四）、東小倉～上添田の開業にこぎつけた。三本の橋の

「昭和の橋」

「大正の橋」

うち橋台のみが残るのは、小倉鉄道の橋である。なお、後発の小倉鉄道は、豊州鉄道と立体交差するように設計されている。その遺構も、石積みの橋台を見ることができる。

筑豊の鉄道は、多くの会社が敷設したものであるが、その経営は九州鉄道に統合されていく。さらに太平洋戦争を経て、一九四九年（昭和二四）、日本国有鉄道に一本化された。すると二本の路線が並行する田川郡域では、事業の効率化が図られることになった。そのため、一九五七年（昭和三二）、香春〜伊田短絡線が新設され、旧小倉鉄道は現在の上伊田駅付近で旧豊州鉄道に並行するように付け替えられる。この時に新設されたのが、三本の橋の北側のものである。立体交差解消のため、線路の勾配が小さく、旧橋よりも一段低い位置に架けられている。また、旧小倉鉄道の添田方面の跡地は県道として再整備されている。

このように三本の橋は、架けられた年代が異なり、それぞれ「明治の橋」、「大正の橋」、「昭和の橋」と言ってよい。その違いは、年代の違いに応じた土木材料に現れている。

ここで、鉄道の土木構造物に用いられた材料を見てみると、明治20年代の主力はレンガであった。レンガ構造物は鉄道先進国の英国でも多く建設されている。レンガの特徴は、粘土を焼き固めて作るものなので、粘土を採取できる河川周辺であれば、どこでも生産できることである。また、手のひら大に作ることで、小分けして運搬することができ、一つひとつ人力で積み込むことができる。新たに鉄道建設が始まった筑豊地域でもレンガが多用されており、現存しているものは筑豊らしさを演出する役割も担っている。「明治の橋」もその代表的な構造物の一つである。

明治時代から数多く使われた、もう一つの土木材料は石材である。石材は頑

鉄道立体交差

丈である代わりに大きく重たいため、生産地から大量輸送できる場所でなければ使用できない。その点、東小倉で港に直結する小倉鉄道は有利であった。船で海路運ばれた石材を、敷設済みの軌道を使って建設現場まで運ぶことができたからである。小倉鉄道（現在のＪＲ日田彦山線城野～香春）の構造物は、ほとんどが御影石でできているが、これらは瀬戸内海の花崗岩地帯から運ばれてきたものと考えられる。筑豊田川の「大正の橋」は、既に桁が撤去されているが、御影石造りの立派な橋台が残され、小倉鉄道の個性を今に伝えている。

レンガや石材は耐久性に優れた土木材料だが、施工の容易さや早さにおいては、コンクリートの方が有利である。コンクリートは、鉄道建設には明治の末頃から使用され始め、安価にして堅牢との高い評価を得た。大正期にはコンクリートの使用が次第に増加し、昭和以降は大規模な構造物のほとんどがコンクリート造りになっていった。筑豊田川の「昭和の橋」も例外ではない。高度経済成長期にかけられたこの橋は、橋台、橋桁ともにコンクリート製である。レンガや石材に比べてシンプルでスマートではあるが、何か無表情な印象である。

筑豊地域では、石炭の時代に、当時最先端の技術が導入され、数多くの土木構造物が造られた。その大半は、改築や取り壊しが行われ残っていないが、的確な計画、施工、管理がなされたものは現存し、かつ、現役のインフラストラクチャーとして活躍している。身の回りに、百年前の土木を目にし、触れることができるのも、筑豊らしさの一つである。

（松木洋忠）

直方駅全景

17

明治の駅舎

▽JR直方駅（旧国鉄直方駅）①直方市山部二二六−二②一九一〇年（明治四三）三月一日③不明
▽平成筑豊鉄道油須原駅①田川郡赤村大字赤字油須原ノ出口四六八五−二②不明（明治二八年か）③不明

巻頭地図36

直方《のおがた》駅

直方市は明治以降、筑豊炭田の石炭を集荷・輸送する拠点として発展し、直方駅はその中核として機能した。

石炭積出し港の若松と直方をむすぶ筑豊興業鉄道が開通したのは、一八九一年（明治二四）八月。これは国内の鉄道としてはきわめて早い時期に属する。

この時の直方停車場は、一九〇〇年（明治三三）測量の二万分一地図によれば、現在の直方駅のやや南方であり、『直方市史』ではこれを「古町15−42白石商店前」とする。現状に即せば「御館橋陸橋」のやや北側にあたる。したがって、現在の直方駅はこののち北に位置をかえて建設されたことになる。

駅舎は近年の改修で内外観をやや損ねているが、写真などを参考に当初の形状を推測することはできる。全体的な意匠は明治から昭和初期にかけての木造駅舎に広く見られるスティック・スタイルを基調としている。

建物は鉄道に平行して南北に桁行きを置く木造平屋寄棟の瓦葺建築で、平面の四周に屋根端部を切妻とした雨除け下屋をポーチとして巡らせ、これを列柱で支えている。

本屋東側正面の中央に、ポーチ屋根を割り込むかたちで切妻の玄関車寄せを配する。車寄せ前面両側には、腰高の基壇上に三本一対の支柱を立て、重厚感

を出している。柱の上部は四角形柱頭を介して円弧状の持送りとなり、車寄せ正面の三角形破風を支える。破風の妻飾りはアールヌーボー風の円弧を描くスティック（棒状材）と縦羽目板・斜め羽目板で構成している。また当初は本屋の数カ所に小振りで装飾的な煙突を持っていた。

このような外観は、引き続き建てられた佐賀・鳥栖・上熊本などの駅舎に先行・共通する。したがって、直方駅は当時の鉄道院が全国的に展開した駅舎建築の典型であると同時に、残存する数少ない現役の明治期駅舎建築としてきわめて貴重な存在といえる。

現在、直方駅周辺は駅舎の撤去を前提とした再開発の計画が進行している。歴史的に貴重な建築であると同時に、地域の発展を担ってきたランドマークとしての意味も大きい。旧状に復元し、後世に引き継ぎたい建物といえる。

油《ゆ》須《す》原《ばる》駅

油須原駅は、一八九五年（明治二八）八月十五日に開通した豊州鉄道会社線の駅として開業した。一九〇一年（明治三四）に合併によって九州鉄道株式会社の管轄下にはいり、一九〇七年（明治四〇）の国有化によって官設鉄道の駅となった。

戦後は一九四九年（昭和二四）に日本国有鉄道、一九八七年（昭和六二）九州旅客鉄道をへて、一九八九年（平成元）に平成筑豊鉄道田川線の駅となった。

駅舎は鉄道に平行する木造平屋切妻の瓦葺建築で、南面の右

油須原駅正面

〈前頁右上〉直方駅車寄せ
〈前頁左上〉直方駅支柱
〈前頁右下〉直方駅車寄せ支柱

〈右下〉油須原駅東側面
〈左下〉油須原駅内

寄りに玄関を開く。西面をのぞく平面の三面に切妻の雨除け下屋をポーチとして巡らせ、これを二間×四間の列柱で支える。柱の上部は四角形頭柱を介して頬杖をもつ。本屋は小規模であるにもかかわらず、下屋と列柱によって、ひとまわり大きな外観をしめす。

　列柱の外側には、駅舎の基壇外縁をふちどって赤煉瓦を埋め込む。壁面は板張り、白ペンキ塗りであり、基壇の赤煉瓦と対照的な配色効果を示す。

東西の妻部には鎧戸をもつ小窓があり、壁面のアクセントになっている。本屋東西壁面におのおの一対の窓があるが、待合室側の東面が大きめの窓を左右対称に作るのに対し、事務所側の西面は小振りの窓を北側に寄せて開く。

　以上を概観すると、油須原駅は駅舎の正面から東南面の外観を意識した建物といえる。これは玄関や待合室が駅舎の東に寄っているため、乗客からみた視覚効果を考慮した結果と思われる。一方、事務的機能をもつ西半部分は下屋の省略や窓の大きさなどに簡略化が見られる。

　しかしその中でも妻部の小窓・白壁と赤煉瓦の対比・頬杖をもつ列柱など、小規模ながら意匠をこらした駅舎であり、設計者の工夫の跡がうかがえる。駅舎の建設年代・施行主体などについては不明な点が多い。いずれにせよ、明治の面影を残す数少ない駅舎であり、修復・保存が望まれる。

（牛嶋英俊）

油須原線跡を利用した赤村トロッコ

18

廃線跡を歩く

■廃線跡ウオッチング

鉄道趣味の世界には、様々な分野がある。写真撮影や旅の実践、あるいは切符などの収集、鉄道で実際に使用されていた廃棄品を集め、インテリアとして使用するなど、まさに百花繚乱の感がある。

その中において最近注目されている鉄道の楽しみ方に〝廃線跡ウオッチング〟が静かなブームを呼んでいる。廃線跡といえども立派な〝鉄道〟であり、そこを辿ることにより、今は列車に乗れなくても旅した雰囲気になれる。

また、地図等の読解力が必要で、駅のホームや付属物等の思わぬ発見があり、オリエンテーリングの要素や郷土史の分野も楽しめる。これは鉄道ファンのみならず一般にも受入れ易く、全国鉄道跡の専門書はベストセラーになっている。

■筑豊の廃線跡

筑豊地方は石炭輸送のために網の目のように鉄道が敷設されていた。しかし、石炭産業も衰退すると鉄道は次々と廃止された。主な路線跡をあげると、香月線・宮田線・幸袋線・上山田線・漆生線・添田線・室木線・油須原線などがある。幸袋線、添田線など、道路跡となっているところも多いが、香月線の一部、中間駅構内からの分岐した一部区間は、屋根の無い博物館と命名された遊歩道が続く。ここにはモアイ像などの石造りのミニチュアが並び、廃線跡の特殊な

添田線最終列車

〈右上〉鴨生駅跡に整備された公園
〈右下〉サイクリングロードに姿を変えた上山田線跡（川崎町）

使われ方といえる。漆生線の鴨生駅跡は鴨生駅跡公園という鉄道公園に生まれ変わっている。駅名票をまねた説明版や踏み切り警報機、列車の車輪など鉄道の雰囲気満点で、かつて駅があったことが一目瞭然である。大部分が道路に生まれ変わった上山田線だが、一部には線路の跡、また道路の切り通し箇所には、鉄道が走り、トンネルがあったことを示す説明版がある。旧上山田駅から熊ヶ畑駅跡付近には線路部分が奇跡的に残り、毎年秋にはトロッコ列車を走らせるイベントも開かれている。全国に鉄道跡は数多いが、ここや油須原線跡のトロッコのように活用されている廃線跡は非常に珍しく、関係者から注目を浴びている。熊ヶ畑駅～真崎駅区間にはトンネルも残り、かつて旧山田市が活用のアイディアを公募して、トンネル内を銀河鉄道のイメージにし、トロッコ列車を走らせるという案が特賞となったが、実現されていない。川崎町の一部は最近サイクリングロードとして整備されたが、まだ認知度は低い。未成線の油須原線では、赤村部分にトロッコ列車が運行され、赤村の観光地として多くの人を集めている。大任町には、油須原線最大の〝遺跡〟のコンクリート橋が県道と彦山川を跨いで放置されている。ユニークな活用方法がないものだろうか。

■地図で廃線跡を訪ねる

このように、現地を訪ねる廃線跡探訪も楽しいが、地図上でも辿ることができる。市街地では、鉄道が存在していたときは番地がなかったものの、廃止後に更地となり番地がつけられているため、細長い番地の土地が連続していて一目瞭然で判別できる。また、駅跡は土地が膨らみ、かつての駅跡が明確である。また、行政区の境になっているところもあり、鉄道が描く独特のカーブで町内の境がなされている。かつて存在していた鉄道に思いを馳せ、このような鉄道跡探訪も、なかなか面白いものがあり興味が尽きない。

（桃坂豊）

貨物機関車の代表機D 51

19

くろがねの鉄馬たち
―筑豊を駆けた蒸気機関車

■我が国の蒸気機関車

明治の鉄道開業以来、最近までの約一〇〇年間、鉄道の主役は蒸気機関車であった。筑豊地方にも多くの機関車が常駐し、長大な石炭列車の先頭に立ち、日夜輸送に活躍した。蒸気機関車は明治の頃は技術不足のため、全て輸入に頼っていた。大正時代から次第に優秀な機関車の国産が可能となり、短期間に狭軌では世界最高の性能を持つ蒸気機関車を造れるまでに成長した。その代表がデコイチ（D51型）である。一二八〇馬力を発揮し、最高速度も八五キロという俊足の万能機関車で、一〇〇〇両以上が製造された日本の代表機関車である。

■筑豊の蒸気機関車

筑豊には比較的馴染が薄いが実際D51が活躍したのは、日田彦山線香春以北と筑豊本線のみである。これは、大型機関車ゆえに重量が重いためである。どこも同じように見える線路も、線路の太さ、枕木の本数、バラストの厚さなどの違いにより、入線できる機関車が制限される。

また、機関車自体の自重と共に、一番大切なのは軸重といわれる、各車輪にかかる重量が重要となる。明治の鉄道黎明期に整備された筑豊の各路線は、脆弱な路盤に加え、急カーブが多い。機関車の大型化と重量増加に耐えられない場合もあり、折角の新型高性能機関車も活躍できない路線も多かった。田川線

田川市石炭・歴史博物館の蒸気機関車59684

日田彦山線を中心に活躍したＣ 11（鶴我盛仁氏撮影）

（現在の平成筑豊鉄道）もその例で、大正生まれの九六〇〇型（キューロク）が貨物の先頭に立った。最大出力は八七〇馬力しかなくD51に比べ力不足で、長い貨物列車牽引には二台（重連）三台（三重連）の機関車を必要とした。

だが、晩年には格好の被写体となり、全国から鉄道ファンを集めた。幹線である筑豊本線には様々な機関車が活躍し、見本市のような状況であった。貨物機では、D51の前スタイルのD50型や、従輪を追加し軸重を軽くしたD60型、旅客機ではC55型や、短期間だったが現在山口線で活躍している貴婦人の愛称を持つC57型、短距離用では、バック運転に有利なC11型（シーのチョンチョン）が大活躍した。特に、C11型は日田彦山線の旅客全般に活躍し、小型ながら八五㌔のスピードと力を兼ね備え、親しまれた機関車だ。本線では花形として高速列車の牽引をしたC55や57に比べ、地味な下働きだったC11にとって華やかな舞台が与えられた。

それは昭和二六年八月から運転をはじめた、後藤寺～伊田～直方～原田～博多間の快速列車、通称〝ボタ山快速〟といわれた旅客を牽引したことである。当時は現在の篠栗線はなく、博多方面は全て冷水越えで、六～八両の客車の前後に二～三台の機関車がつき冷水峠に挑んだ。二等車（現グリーン車）も連結した優等列車で、田川地方と博多を直通する花形列車であった。

三〇年代後半からは炭鉱閉山が進み、貨物も激減した。直方機関区では三九年七月からディーゼル機関車も配置され、四八年一〇月のダイヤ改正時に蒸気機関車は姿を消し、四九年一二月の記念列車を最後に引退した。

筑豊では田川市石炭・歴史博物館（５９６８４）、直方市石炭記念館（C11、コッペル32）、宮若市石炭記念館（アルコ22）、小竹町（アルコ23）、飯塚市勝盛公園（D60）、直方市いこいの村（D51）などが保存されている。

（桃坂豊）

アルコ22号機関車　宮若市石炭記念館

20

貝島炭礦充填汽車と宮若市石炭記念館

▽充填汽車①宮若市上大隈五七三（石炭記念館敷地内）②一九一九年（大正八）／蒸気機関車③貝島炭礦／アメリカアルコ社／三井物産④宮若市指定文化財
▽宮若市石炭記念館①宮若市上大隈五七三②一九七七年（昭和五二）③貝島炭礦

巻頭地図3

■充填汽車アルコ二二号の保存

貝島炭礦では、石炭採掘後の地盤沈下防止の為、山砂（真砂土）を採掘跡に水力充填をし、隣接鉱区の古河目尾炭鉱と共に実施した事で知られ、技術的に高く評価された。

充填用土砂採取用地として、一九一八年（大正七）に飯塚市庄司（現陸上自衛隊飯塚駐屯地付近）に確保し、専用鉄道を開通して、一九二〇年（大正九）から各坑の土砂充填を開始した。

現在、充填汽車アルコ二二号が、宮若市石炭記念館に保存され、また、兄弟のアルコ二三号が、小竹町中央公民館に保存されている。

一八八五年（明治一八）に開坑し、最盛期には約一万人の従業員を抱えた貝島炭礦は、専用鉄道が延べ一八・六キロメートルもあって、三台のアルコや二台のコッペル（ドイツ製機関車）で、各坑口と採砂場間を土砂運搬したので、充填汽車と呼ばれた。

一九一九年（大正八）アメリカ・アルコ社で製造され、両側に水タンクを配置していたので「弁当箱」の愛称で、従業員に親しまれていた。

長さ八・二メートルの小型機関車を二万四五〇〇円（現在価格二億六八〇〇万円）で購入し、一九七六年（昭和五一）の炭鉱閉山まで走り続けた。

採砂場で山砂採取、積込み

操業中のアルコ22号　筑前宮田駅付近

六坑選炭場で待機中のアルコ、コッペル

旧五坑付近の橋梁運行中の充填列車
（絵ハガキ、宮若市石炭記念館所蔵）

充填汽車の操業中の活躍

操業当時の山砂の採砂場で、山砂をスティームショベルで採取の状況と積込待機の充填汽車の迫力ある場面。高い橋梁を力強く運行する充填汽車。採炭場で山砂採取、積込みする状況。六坑選炭場で待機中のアルコ・コッペルの写真など、当時の活気ある時代を思い出させる。

充填ポケットに入った山砂は、水と混合して、ポンプで坑口から、石炭採掘現場まで敷設されたパイプで、採掘跡に流し込み充填した。

両機関車共に山砂運搬、資材運搬の他に六坑、七坑からの石炭を、国鉄筑前宮田駅まで運搬していた。

現在コッペル三二号は直方市石炭記念館に保存されている。

筑豊の各線で石炭輸送に活躍した蒸気機関車と異なり、貝島炭礦の専用鉄道で活躍した蒸気機関車は、炭鉱マンに愛され、わが国の近代化に関わった貴重な遺産として、後世に語り伝えたい。

貝島私学発祥之地

宮若市石炭記念館全景

■宮若市石炭記念館の概要

宮若市（旧宮田町）の基幹産業であった貝島炭礦が一九七六年（昭和五一）八月に閉山し、九一年の歴史を閉じた。その翌年の六月に貝島炭礦の資料を収集して開館し、三〇年の歳月が流れた。

入館者は年間三千〜四千名あり、トヨタ自動車との関連で、県内小学校五年生が社会見学に訪れる。また、県教委の人権学習副読本『かがやき』に小学校三年生教材の「炭鉱って何？」や中学二年生教材の「復権の塔」があり、旧鞍手郡内の小・中学校からの社会見学があり、入館者は漸次増加している。

■貝島私学（小学校）発祥の地

石炭記念館の前身は、一八八八年（明治二一）創業者の貝島太助が、従業員の子弟に「読み、書き、そろばん」を教授しなければという意気込みで、「二間に五間」の広さの教室から始めたものである。

ここ石炭記念館は貝島私学の発祥の地であり、また、一八八五年（明治一八）開坑した竪坑のすぐ近くでもあり、歴史的に意義のある場所である。

学校沿革の旧文書の中に「…蓋し全国を通じて鉱業界に国民教育の機関を設立せられし嚆矢なり…」とある（その後、四小学校を開校した）。

主なイベントとして、「貝島炭礦の思い出」というタイトルで作文募集や写真展を隔年ごとに行い、それを通して当時の様子を知り、また、宮若市のあるべき姿を求めている。

その他、学校週五日制事業として「石炭拾って燃やそうや」（実際にボタ山に連れて行き、石炭拾いをさせ、石炭記念館で各班毎に七輪で石炭を燃やす）というタイトルで、小学生を対象に体験学習を二〇〇三年（平成一五）から実施している。

東洋一の竪坑の坑内説明図

1トンの石炭（山張層）

貝島私学の教室

坑内火災と救護隊（絵画）

子供達に大変好評である。

館内のみどころ

石炭記念館の玄関を入ると、目の前の一トンの石炭に驚かれる。この「山張層」の石炭は、石炭とボタの層がよく分かり、ボタ山の意味も理解できる。

一九五三年（昭和二八）に完成した「東洋一の竪坑」といわれた新菅牟田坑竪坑ビルの写真と坑内説明図で、規模の大きさを伺い知る事ができる。

次の展示室へ進むと、貝島炭礦の重役と社員（二人とも画家でもある）が描いた採炭現場の油絵は圧巻である。

その先の「八軒長屋」の模型は、当時の炭坑労働者の生活の様子がよく分かる。

二階には「炭坑器機展示室」や「炭坑写真展示室」があり、その次の「炭坑絵画展示室」では、坑内火災の救護隊の活動とカナリアの使命や、大正時代の坑内馬の様子がよく描かれている。

最後の「私学の教室」では昔の教室の机、腰掛を配置し、そこに座ると「小学校時代にタイムスリップした様に感じる」と皆さんは感慨無量である。

（榎田崇）

待機の機帆船、汽船（わかちく史料館提供）

21

若松の石炭集結、海上輸送施設群

▽洞海湾築港①北九州市若松区②一八九七年（明治三〇）～一九五九年（昭和三四）③福岡県／若松築港会社
▽わかちく史料館①北九州市若松区浜町一－四－七②一九九七年（平成九）／鉄筋コンクリート③若築建設㈱

巻頭地図1

■筑豊の玄関・若松港

この埋立工事は明治三〇年～昭和三四年の永きにわたり、若松築港会社が中心となって進められた。石炭業の盛況と八幡製鐵所を中心とした北九州重工業の発展に伴い洞海湾の拡張は続く。同湾（明治期には若松港とも呼ばれていた）は、若松村（現、北九州市若松区）に面しており、当時は東西二〇キロメートル、南北が二キロメートルから一〇〇メートルという細長い湾で、水深はわずか一・五メートルしかなかった。地方の一村落に過ぎなかった同地が、水運の拠点として大きな役割を担うのは、遠賀川上流一帯で産出される石炭の積出港となってからである。

■若松築港会社の設立

輸送設備の整備が急務となり、石野寛平らの浚疏会社の設立上申は、こうした状況に基づくものであった。すでに明治二〇年前後から、鉄道敷設計画に合わせて洞海湾の築港開発を推進しようという動きは始まっていて、筑豊石炭鉱業組合（明治一八年設立）の総長を務めていた石野が職を辞して加わり、筑豊興業鉄道の設立を待って、ようやく創立事務所設立にこぎつけた。

新会社（資本金六〇万円）は、内務技師石黒五十二と内務技師長長崎桂の意見と指示に基づき、若松港の築港設計に着手し、明治二二年福岡県に築港嘆願書を提出した。嘆願書では、護岸防波堤石垣として洞海湾内の石材を無償で使用

戸畑一文字防波堤（昔）（わかちく史料館提供）

戸畑一文字防波堤（今）

八幡村護岸工事（昔）（わかちく史料館提供）

スペースワールド（今）

すること、沿岸を浚渫土砂で埋立造成したものは無償で払い下げを願う、さらに入港船舶から入港銭を徴収したいという内容であった。翌二三年五月に許可がおりて九月より着工したが、当初は資金難のためなかなか苦境は打破出来ず、工事計画を変更して財閥の三菱等に資金援助を受け、苦境を乗り越えた。

■筑豊興業鉄道会社の設立

当時、筑豊の石炭は川ひらた船によって若松に運ばれていた。明治五年頃には一五〇隻強に過ぎなかった川ひらた船は、石炭自由販売になってから常時三〇〇隻を越えるまでになり、最盛期の明治二〇年代前半には七，〇〇〇隻以上に及んだ。このため、輸送設備の整備が急務となり、産業界からの強い要望によって、明治二一年六月に筑豊興業鉄道が設立された。同二四年八月、若松－直方間が開通すると、筑豊の石炭はほとんどこの鉄道で運搬されるようになった。同鉄道は、折尾で九州鉄道とも接続しており、若松駅は筑豊の石炭のみならず、九州北部生産物の大集散地になってきたのである。

■八幡製鐵所の設立

日清戦争後の我が国は大規模な軍事拡張政策を中心に、重工業の発達に力を入れた。そのため、基礎資材である鉄の需要が高まり、明治三〇年に背後に筑豊炭田を控えた洞海湾沿いの八幡村に、官営製鉄所が設置された。この影響を受けて、第一次拡張工事（明治三二年四月二十一日着手）・第二次拡張工事（明治三三年十一月五日着手）等で浚渫、埋立、護岸整備はされ、第三次拡張工事（大正二年一月二十日着手）まで行った。戦後になって戸畑沿岸改修と葛島周辺埋立工事が許可されて、更に若松も急激に変化していった。

■わかちく史料館――若松で唯一の歴史資料館

若松において洞海湾の開発の歴史資料を展示している史料館は他にない。戸

史料館内観

史料館外観

畑から若戸渡船に乗り若松側の渡船場を降りて若戸大橋の橋脚を目指して歩くこと三分その先に赤煉瓦の鉄筋コンクリート造りの建物がある。その三Fにわかちく史料館はある。若松築港会社が一八九〇年（明治二三）に産声をあげ、若松洞海湾の開発事業を中心とした北九州若松の歴史と、人々の暮らしとのかかわりをテーマとした史料館。館内には地域の皆様から寄せられた貴重な資料や映像、模型などを多数展示している。

■地域貢献・交流の場に

若築建設（株）の前身である若松築港会社が一八九〇年（明治二三）に、筑豊地方から入ってくる石炭を若松港から阪神・山陽地方に積出港としての洞海湾を修築するために設立された。明治・大正・昭和と長きに渡る歴史において、多くの資料が残り、その資料の一部とジオラマと模型を展示することにより、史料館は地域貢献・交流を行っている。資料のなかには堀川を行き来する川ひらたの写真と明治三〇年代の洞海湾の大パノラマ写真等も掲示している。他にも若松の昔の暮らしぶりや若松駅・構内の繁栄ぶりを伝えているのも興味深い。資料展示により洞海湾のなりたち、若松の歴史を後世に伝えたいという願いを込めて開館致している。史料館の見学は可。入場は無料。

■附近の遺構

若松には石炭で繁栄した昔の遺構がある。史料館の傍には「港船収入所船舶見張所」があり、往時を偲ばしてくれる。他にも「栃木ビル」・「三菱合資若松支店（上野ビル）」・「旧古河鉱業ビル」・「若松石炭商同業組合（石炭会館）」・「住友銀行若松支店」・「料亭金鍋」等々と我が国の近代化に大きく貢献した筑豊石炭産業の影響を受け、繁栄の名残を留めているこれらの遺構を後世に伝えてゆくのも我々の使命でもある。

（白石泰隆）

石炭建造物

嘉穂劇場（諸藤浩之・画）

22

飯塚市歴史資料館

①飯塚市柏の森九五九－一
②一九八一年（昭和五六）
③飯塚市

巻頭地図4

飯塚市歴史資料館

沿革

郷土の歴史・文化財に対する市民の理解と認識を深め、市民の文化活動、生涯学習に寄与するため、一九八一年（昭和五六）十一月十日に開館。二〇〇六年（平成一八）には開館二十五周年を迎えている。

展示資料

国の重要文化財に指定された立岩遺跡の出土品をはじめとする古代～近世の考古資料、中国西安市との深い友好関係を示す資料や、歴史・民俗・石炭関係資料など約一五〇〇点を展示している。

そのうち、常設展示室には「くらしと文化」をテーマとして、飯塚地方の近世から近代までを「農村のくらし」、「石炭の時代」に分けて展示している。

「石炭の時代」では、川舟から鉄道に替わる石炭輸送の変化を、川艜模型・舫石・船頭寄進物・鉄道関係資料などで紹介するとともに、石炭の採掘について、手掘り時代の実物大ジオラマ・山本作兵衛炭鉱絵画・炭鉱で使用された道具などを展示し紹介している。

また、伊藤伝右衛門と歌人柳原白蓮のコーナーを設置し、当時の炭鉱経営者たちの生活の一端を紹介している。

伊藤伝右衛門は筑豊御三家と呼ばれた麻生太吉、貝島太助、安川敬一郎に次

「石炭の時代」コーナー

立岩遺跡出土前漢鏡（国指定重要文化財）

「石炭の時代」コーナー

石炭採掘実物大ジオラマ

ぐ有力な炭鉱経営者であり、その豪勢な邸宅が今も飯塚の地に残っている。伝右衛門ゆかりの品としては孫に贈った檜兜や端午の節句飾り、旧伊藤邸で使われた生活用品などを展示している。

　柳原白蓮は大正天皇のいとこに当たり、伝右衛門に嫁いで十年余りを飯塚の地で過ごした。「筑紫の女王」と呼ばれ、歌集『踏絵』をはじめ文学作品を次々に発表し、福岡及び別府の別邸には多くの文化人が訪れた。白蓮ゆかりの品としては愛用の着物や筆記具の他、歌集『踏絵』などの書籍、直筆の短冊・色紙・掛軸などを展示している。

（樋口嘉彦）

岡の銅御殿から移築された長屋門（伊藤邸の保存を願う会発行の絵ハガキから）

23

伊藤伝右衛門邸

①飯塚市幸袋
②一八九七年（明治三〇）代以降
③飯塚市指定文化財、近代化産業遺産（経産省）

伊藤伝右衛門は一八六〇年（万延元）現飯塚市幸袋に出生。艱難辛苦の幼少時代をすごしたが、父伝六ともども石炭に対する独特のカンとひらめきを有し、安川・松本家の庇護と協力を得つつ相田、牟田炭坑の開発に成功して以来みるみる頭角をあらわし始め、終生の本城となった現中間市の中鶴炭砿を中心に鞍手町、宝珠山村、千手村にも事業所を展開、筑豊御三家に比肩する石炭王となった。まさに「川筋男」を代表する一代の風雲児であった。

その伊藤伝右衛門の旧邸が当時のたたずまいのまま、飯塚市幸袋本町に残されている。この道筋は旧長崎街道であり、当時の建物は残っていないものの、往時を偲ばせるたたずまいの家並みである。この土地建物は伝右衛門が創立した㈱幸袋工作所の親会社日鉄鉱業㈱に一九六三年（昭和三八）伊藤家から引き渡され、以来工作所及び日鉄鉱業の倶楽部として使用されてきたが、二〇〇五年（平成一七）飯塚市の所有となり、大幅な補修補強工事を行って翌々一九年のゴールデンウィークから一般に公開された。

近代和風建築を代表する豪邸と回遊式庭園の見事さもさることながら、大正ロマン、世紀の恋のヒロイン柳原白蓮が丁度十年間ここで生活したという文学史的な輝きも加わって、当初市が予想した年間入場者一万五千人は公開後僅か一週間で完破され、一年間で約二五万人に達するほどの、すさまじいというほ

巻頭地図4

左端二階部分が白蓮の居室

かない人気の観光スポットとなっている。

伝右衛門が白蓮のために絢爛豪華な大改装を施した福岡市天神の別邸（銅御殿）が一九二七年（昭和二）漏電によって全焼した際、唯一焼け残った門が幸袋の本邸に移築され、別府にもあった銅御殿（現在は跡形もない）の両御殿の栄華を物語る貴重な遺構となっている。「長屋門」といわれる造りで「乳」と称される装飾鋲を配した門扉はケヤキ板の一枚造りで贅を凝らしたものである。

明治三十年代に旧居跡に新築が始まり、三度の増改築を経て今日の姿になったとされる。玄関の上り框は低い造りとなっており、当時は和装姿が主であり、裾の乱れを気にしないようにとの愛妻への心づかいによるものとされる。全体の間取りは玄関を入ってすぐの両側に応接間と書斎（事務室）があり、書斎の裏側に続く東側が長い廊下をもつ座敷や仏間、日常の居室となっている。総平屋建ての建物の中で最東端のみが二階建てとなっているが、これは明治末年白蓮がお輿入れをした際、その居室として増築されたもので、ここから見おろす庭園の眺めは格別で、遠賀川もすぐ近く、まだ川艜が運航されていたころは伊藤家の家紋をつけた舟が帰ってくるのがよく見えたということである。

西側部分は食堂と台所、使用人の部屋や浴室となっているが、建物の中央を貫く廊下はすべてタタミ敷きとなっている。これは大きな集会場やホテルなどがなかった当時、新年会や園遊会などで多数の家の子郎党が集まった宴会の際、多人数を廊下にまで配したためであろうと思われるが、これは麻生邸も同様である。

玄関を入って左の応接間は本格的な洋風の間で、明治・大正期の豪邸のいわばステータスシンボルであったといえる。窓の欄間にダイヤ模様のステンドグラス、マントルピースにはアール・ヌーボー風のビクトリアンタイルが貼られ、

食堂

廊下の天井（つくりは平面だが、目の錯覚で立体的に見える）

英国調の格調高い香りを放っている。石炭を入れる箱も家紋が入った漆塗りの豪華なもので、中央にさがるシャンデリアや長椅子などは昔のままである。

玄関右の書斎は寄木貼りの床に飾り書棚を設けただけの簡素なものだが、伝右衛門は寺子屋にも通わなかった〝文盲〟で、書斎というよりか個人経営時代の執事用事務室であったと思われる。数枚の板戸にはとりどりの花の絵が描かれているが、これは鞍手郡出身の帝展画家安部春峰の手になるもので、部屋の壁には名古屋帯を寸断した布地が塗りこめられた仕上げとなっている。

メインの座敷は一五畳の大広間で、一二畳の次の間があり、正面には二間の本床が設けられ、黒檀の床柱と書院窓、違い棚がある書院造りである。床の間の壁面には霞が棚引く金色模様の唐紙が貼られ、部屋のフスマには遠賀川を象徴する青色をバックに、帆かけ船の形をした取手金具がはめこまれている。床の間に掛けられた二幅の書は江戸初期、黄檗宗を開き、宇治に萬福寺を創建した隠元禅師の筆で、長押には日本海海戦でロシア艦隊を殲滅した東郷平八郎元帥の扁額「有一誠」が掲げられている。書といえば正面玄関の扁額は戦前の百円札の「百圓」の文字を書いた高田忠周の篆書で一九三六年（昭和一一）に書かれたものである。

庭園を見はるかす食堂もシックなセピア色の木造部屋で、窓の大きなガラスはドイツ製、一枚一枚に微妙な歪みがあって、いいようのない味わいを出している。白蓮は幸袋に来て早々、朝食はパンでないとイヤだと言い出し、現在でこそ朝のパン食は普通になっているが、当時筑豊にはパン屋は一軒もなく、外国船が入る門司のベーカリーまで行ってパンを求めたという。伝右衛門も初めてパンの味に接して自らの朝食もこれに切り替え、同じく白蓮はトイレも水洗式に変えさせたのだが、明治末年全九州に水洗トイレは一切なく、職人も材料

主人居間の床の間

2階白蓮居間の廊下から庭園を見る

もすべて関西に求めたというから、白蓮のいうことは何でも唯々諾々と聞き入れられたその女王様ぶりがうかがわれる話である。

建物の総建坪は約三〇〇坪だが、この中に前記の廊下の分を含めて六三枚のタタミが敷かれ、中廊下の天井は人の目には傾斜したように見えるが、これは目の錯覚で実際は平面であるという貼り方がしてあり、また白蓮の居室の床の間の天井も精妙な竹細工の組み合わせとなっていて、他人がまったく覗くことのない所にまで贅を尽くし、いわば「かくし味」ともいうべき趣向を建物の随所に凝らしているところに伝右衛門の建築道楽とこれに伴う趣味のよさがうかがえるというのは、建築の専門家たちが口を揃えることである。

約一五〇〇坪の回遊式日本庭園もみごとというほかはない。園内には大小とりまぜて一九基の石灯篭があるが、竜が巻きのぼる彫刻をほどこした一番大きな灯篭は白蓮のお輿入れの際の嫁入り道具のひとつとして持ち込まれたもので、あまり重かったため、載せてきた貨車のシャフトが折れたという話が残されている。座敷の縁側にある踏石や手水鉢も巨大な石材で、運搬機械類の乏しかった当時、どうして運びこまれたのかと不思議に思われるほどである。

また、庭内には二段になった泉水があり、この間に小さな滝がかかり、樹齢三〇〇年と推定される天蓋松がその上を覆っていたが、飯塚市が伊藤邸を入手したときには松食虫によって凋渇していたため、その大部分は伐採されてしまっている。芝生も往年のみどり豊かさが失われ、二つの池には雨水がたまっている状況であり、現在は殺到する多数の見学者の応待で手いっぱいの状況であるが、早めの修復工事が切望されている。見学者の数が頭打ちになることは当然予測されるが、建物の恒久的な使用方法について、官民一体となった具体策の案出もまた急務である。

（深町純亮）

麻生本家

24

石炭坑主建物

▽麻生本家①飯塚市柏の森二一四②一九〇九年（明治四二）／木造▽麻生大浦荘①飯塚市立岩一〇六〇②大正末期／木造▽堀三太郎邸①直方市新町一―六六六―一②一八九八年（明治三一）※平成十年改築④近代化産業遺産（経産省）▽貝島邸（百合野山荘）①宮若市龍徳▽蔵内家住宅①築上町大字上深野三九六②一八八七年（明治二〇）／木造④県指定文化財（答申済）、近代化産業遺産（経産省）

巻頭地図3 4

麻生本家

飯塚市柏の森の一角三万坪の広大な敷地内に麻生本家、麻生大浦荘、麻生家累代の墓地、社員社宅や寮などが点在する。敷地内のほとんどは鬱蒼たる樹林である。

明治初年から石炭事業に着手して成功、その後、銀行、鉄道、セメント、電力、機械工作事業等に業域を拡大し、今日の麻生グループの基盤を形成したのが、筑豊御三家の一人麻生太吉である。麻生家は江戸期から嘉麻・穂波二郡四十数カ村を差配する大庄屋であり、地域の名望家、素封家であった。

一九〇九年（明治四二）太吉の次男太郎（現太郎代議士の同名の祖父）が上総一宮の旧藩主加納子爵家から妻を迎えた際に新築され、その後数次の増改築を加えられてきたのが現在の麻生本家である。純和風入母屋造りで延床面積八八〇坪。現に人が居住する木造家屋としてはわが国最大のものと思われる。

住宅の造りは民家の趣と堅い意匠の書院造りが混然一体となった格調高いものので、居住部は玄関から西側のほぼ中央部分にあり、事務室に続いて居間、食堂、台所がある。食堂の壁面には中国の故事に因んだモザイクが貼られ、寄木貼りの床、折上格天井となっている。台所は広々として黒光りする食器棚類が昔のまま残され、北側奥座敷に至る入口の執務室（現在は家族用食堂）があり、

麻生大浦荘

麻生太吉（『麻生太吉伝』より）

その扉には蔣介石総統から贈られた朱ウルシの六胡風の彫刻が施され、太吉が制定した家訓「程度大切油断大敵」の扁額も入口の廊下に掲げられている。

豪華なのは北側にある貴賓室で、床は寄木貼、華麗なシャンデリアが下がり、マントルピースも大きく、ＶＩＰをもてなすゲストルームや舞踏室に使われたもののようである。その西側には文庫蔵が置かれ、明治期以来の稀覯《きこう》本が多く収蔵されている。すべての建物を取り巻く庭には格別の趣向が凝らされ、一番奥の広々とした芝生の庭と合わせて、麻生本家の奥深さを強く印象づけている。また裏庭の一角には稲荷大明社の祠、祖霊を祀る貝立八幡の分社のほか、社内殉職者の慰霊塔「無量義塔」が高々と聳える。

麻生大浦荘

麻生大浦荘は大正末年、太吉の長男太右衛門のために建てられた個人住宅で、「大浦」は旧立岩村の小字名である。

昭和四十年代のはじめ、麻生本社（芳雄町にあったが平成二年に全面取壊し）の前にあった和風二階建ての倶楽部が本社別館建築のため撤去され、その代わりとして大浦荘が麻生会社の倶楽部となり、今日に至っている。日ごろは来客の接待、社内外の各種会合、謡曲、茶会、俳句会などの文化行事の会場として、高い頻度で利用されている。

建物材料には桧、杉材が主として使用され、柱はすべて「四方柾《しほうまさ》」、欄間にも高級材に精緻な細工がなされて贅を尽くしたものである。玄関を入ってすぐ右側に応接間としての洋広間があるが、このような書院造りを基調とした洋広間は明治・大正期の大邸宅のいわばステータス・シンボルであった。玄関前の車寄せがこんもりとした寄木となっているのは麻生系住宅の特徴で、大浦荘のものはやまもものの木を寄せたものである。

堀三太郎邸（直方歳時館）

これまで不特定多数の部外者に開放されることはなかったが、数年前から「筑前いいづか雛のまつり」の期間中、十日ほど一般公開され、毎回多数の見学者の列が陸続として絶えない。

堀三太郎邸

筑豊石炭史の中に遠く埋没していた炭鉱事業家の名が俄かに蘇ったのは、その旧邸が一九九九年（平成一一）に直方市の生涯学習施設として解体復旧された「歳時館」オープンの時である。歳時館は「筑豊の五大炭鉱王」のひとり堀三太郎が一九四一年（昭和一六）に同市新町の自邸を維持費付きで直方市に寄贈したものであり、当初の「堀クラブ」から「直方市会館」と呼称が変わり、一九五二年（昭和二七）から三十年近く中央公民館として利用された。その間、ナイトスクールの会場や三千組を超える結婚式などに使用され、広く市民に親しまれ続けた。老朽化のため解体され、敷地面積一〇八八坪、木造平屋延べ床面積一五〇坪の純和風建物の再生復活となったわけである。

堀三太郎は一八六六年（慶応二）現直方市に出生、二三歳のときから石炭事業に着手、勝野、宮田、権現堂、本洞、篠栗に次々に開坑して事業は軌道に乗り、一九一一年（明治四四）に海軍御徳炭鉱の払下げを受けて堀鉱業㈱を設立、確固たる経営基盤を築いた。その後田川郡の中津原炭坑を手に入れたのをはじめ、長崎県の東松島炭鉱や崎戸炭鉱の経営にも参加する一方、銅山や金山の開発にも手を拡げていった。このほか県内外にわたって十数社の経営陣に名を連ね、一代で巨万の富を得た。また筑豊石炭鉱業組合常議員、直方商工会会長などを長期間つとめている。

地元各界から衆議院出馬を薦められたものの生来の政治嫌いからこれを固辞し、選挙期間中姿をくらましていたという。しかし貝島一族の後押しなどで本

蔵内家住宅（築上町）

貝島太助

人不在のまま当選、一期だけはしぶしぶ代議士をつとめたが、二期目は頑として再出馬を拒否している。

一九二〇年（大正九）に御徳炭鉱を譲渡して筑豊の炭鉱経営から手を引いていき、一九三八年（昭和一三）七二歳のときから傘下事業の整理を開始し「財産は子孫に残さない」との信念を貫き通した。一九四一年（昭和一六）宗像郡福間町（現福津市）に隠棲、一九五八年（昭和三三）この地でひそやかに九一歳の生涯を閉じた。

貝島邸

「貝島王国」を築いた貝島太助をはじめとする貝島一族の邸宅のほとんどが筑豊から姿を消している。現直方市殿町の三階建ての豪邸が井上馨侯爵の目にとまったことからその知遇を得、明治末には三井鉱山に次ぐ出炭量を誇る大会社となったが、その大厦高楼跡は現多賀町公園となっていて、羽織袴姿の貝島太助の銅像がその中に建てられ、往年の栄華を偲ぶ僅かなよすがとなっている。百合野山荘と呼ばれた太助の弟六太郎の住宅（宮若市龍徳）の観光活用計画が進められており、同じく弟の嘉蔵邸は福岡市に移築され、太助の長男太市の邸宅は下関市長府に残る。

蔵内家住宅

築上郡城井村に出生、新天地を田川の地に求めた蔵内次郎作は大峰、峰地の両鉱をはじめ優秀なヤマを次々に開いて大成した。その旧邸は築上郡築上町にあって、延床面積三七七坪、一八八七年（明治二〇）に建てられ、大正時代に増改築を繰り返した近代和風建築。炭鉱主の住宅としては初の国登録文化財に二〇〇一年（平成一三）に登録された。

（深町純亮）

産業ふれあい館（田川市石炭・歴史博物館）

25

炭鉱住宅（産業ふれあい館）

▽炭鉱住宅（復元）〔産業ふれあい館〕①田川市大字伊田二七三四－一（田川市石炭・歴史博物館内）②一九〇八年（明治四一）、一九一八年（大正七）、一九三五年（昭和一〇）を復元、一九九五年（平成七）竣工④近代化産業遺産（経産省）

巻頭地図6

産業ふれあい館は全国で唯一の炭鉱住宅を復元したもので、A棟（昭和期）、B棟（明治・大正期）の二棟に共同便所、共同洗濯場を付設している。

一九九三年（平成五）、田川市石炭資料館（現田川市石炭・歴史博物館）に隣接する旧三井田川伊田坑元町社宅が、改良工事によって平成六年度中に取り壊されるということが決定。これを機に炭鉱住宅の復元保存問題が具体化され、炭住保存委員四名を選任して資料の調査・収集に取りかかった。翌年、炭鉱住宅保存計画策定専門委員会発足。平成七年度、通産省の「産業再配置促進施設整備費補助金」により竣工をみたものである。

昭和棟は四軒長屋で、一戸には生活用品等を展示して炭住の生活空間を再現した。残りの三戸のうち一戸は展示室に、二戸は内部を仕切ることなく研修室にした。明治・大正棟は明治期二戸、大正期四戸の六軒長屋に共同便所を配し、明治期二戸と大正期二戸はそれぞれ一対になった鉱夫社宅（明治期は鉱夫納屋）を復元。残る大正期の二戸は内部に仕切りを設けずに展示室としている。

三井鉱山が田川採炭組を買収して三井田川鉱業所を設立したのが一九〇〇年（明治三三）のことで、この頃は炭鉱住宅のことを納屋と呼んでおり、所帯を持っている人が生活する小納屋と独身者が主として住む大納屋とがあった。小納屋の基本的な状況は一棟の長さ十五間のものを一間ずつに割った十五軒長屋

三井元町炭鉱住宅

昭和期炭鉱住宅（産業ふれあい館）

で、半坪の土間を炊事場と物置に使い、三畳一間、押入れはなく裏口に突上げ窓があるだけであったといわれている。三井が譲り受けた当時のものは、柱も坑木そっくりの丸太柱で、屋根は瓦葺きと藁葺きを取り混ぜたもの、天井板はなかったという。納屋数は四一棟で、三畳敷き二二三舎、四畳半敷き四六舎であった。

大納屋は小納屋の間仕切りを取り、五畳から二五畳のものが一九種類あった。三井が最初に建築したものは、一部に藁葺きを残しながらも主として瓦葺き、三畳間に押入れの付いた八間長屋で後藤寺一坑に数棟建てられている。四畳半に押入れなしのものもあったが、一九〇四年（明治三七）の日露戦争以後は押入れが付くようになっていった。屋内は荒壁、天井板はなしで窓は突上げ窓であった。一九一〇年（明治四三）に伊田竪坑が開鑿されてから、瓦葺きで四畳半に押入れ付きが主流となり、窓も従来の突上げ窓から無双窓、入口の外に軒を出して台所設備（外炊事場）を設けるようになった。

大正期に入ると第一次世界大戦の影響で炭鉱も未曾有の活況を呈し、三井でも三畳一間式のもの二戸を六畳敷一戸に改造した三一四戸を含む一間式社宅一千戸を増築している。六畳敷が主体となり、押入れと濡れ縁が付いた一棟七戸〜八戸建てであった。タタキなしの土間で、初めて屋内に炊事場が設けられている。一九一八年（大正七）からは「優等社宅」と称して、永年勤続鉱夫で家族数の多い人のために、二階建て及び二間式のものが現れている。そして、この頃から鉱夫納屋を「鉱夫社宅」「職工社宅」と呼ぶようになり、総称して「従業員社宅」と言うようになった。一般鉱夫に対する二間式のものは、大正十年頃に六畳と二畳、押入れ、戸棚付きの六戸建てが設けられた。壁も荒壁から中塗りとなり、障子がついて土間もコンクリートのタタキとなったが、天井板は

坑夫の住宅（山本作兵衛炭坑記録画）

銭代坊社宅（嘉麻市稲築）

ないままであったので、張り渡した針金に新聞紙を貼り付けて冬の寒さをしのいだという。これ以後は二間式が定着し、一九二七年（昭和二）に第二次、一九三七年（昭和一二）から三九年にかけて第三次と漸次改良されてきた。昭和二年に初めて天井板が張られ、壁が白壁となり、台所の流しの前に出窓が設けられた。部屋は六畳と三畳、押入れ、戸棚のほかに板張りの箪笥置場が出来て、部屋の外の表と裏に濡れ縁が付いた。第三次になると六畳と四畳半、戸棚も二つ、床の間が初めて設けられている。また、この時期には少数ながらも二階建て三間式の社宅も出現している。

一九三五年（昭和一〇）一一月一五日号の三井山野機関紙・新聞「やま野」の記事のなかから一文を紹介しよう。三井山野炭鉱は一八九八年（明治三一）二月、三井鉱山が稲築の口春に坑口を開いたのに始まる。新築された銭代坊社宅の各戸は、玄関と勝手口が別で、六畳・四畳半の二間、六畳の座敷には一間の本床がある。三尺五寸の内縁に硝子、雨戸の二重戸が設けられていることや各戸に便所が設けられていることなどは、従来の社宅にはなかった構造である。しかも、夏季の臭気を考慮して内務省式改良便所に更に臭気抜き筒も備え付けられている。

このように炭鉱住宅も納屋と呼ばれた頃から時代とともに改良され、事務所を中心に様々な作業所が設置されるなど生活環境も整っていったのである。

現在でも、飯塚市潁田の明治炭鉱、飯塚市忠隈炭砿、その他に炭鉱住宅が息づいている。

（森本弘行）

26

住友忠隈炭砿会館（穂波幼稚園）

①飯塚市忠隈
②一九三九年（昭和一四）
③住友忠隈炭砿／不詳／不詳

巻頭地図4

住友忠隈炭砿会館（現穂波幼稚園）

従業員と家族の福利厚生の施設として、一九三九年（昭和一四）に劇場と体育館を兼ねて建設された会館である。

一階はステージとフロア、二階は手すりで仕切られた三方の観覧席と映写室があり、地下室を設ける。当時映画や芝居見物は飯塚市に行く外なかったので、会館建設後は中央から一流の浪曲師や役者などを招いて様々な興行を行っていた。また従業員の演芸大会やのど自慢なども催していた。一階では剣道部、地下室では柔道部などが利用し、会社関係の集会なども行われていた。戦時中は徴用で働いていた人たちの寮としても利用されていたこともある。

昭和一〇年代頃から戦後の二四、五年にかけて、当地の楽市小学校の児童数が四千人程に増えた。そのため戦時中空襲の激しい頃、下級生が会館を利用して分散授業を行っていた。戦後には学芸会を村組と炭鉱組に分けて行っていた。

一九六五年（昭和四〇）三月忠隈炭砿閉山後、常楽寺（浄土真宗天道）が会館を譲り受け、穂波幼稚園を経営し現在に至っている。常楽寺は忠隈炭砿従業員の檀家も多く、災害による殉職者や無縁仏などを弔ってきた。寺院の後方には炭砿が建立した「集魂之碑」がある。ボタ山裾野の会館・集魂之碑・山の神跡の三つの光景は、炭鉱の歩みと鎮魂の姿をそのまま表している。

（檜和田數俊）

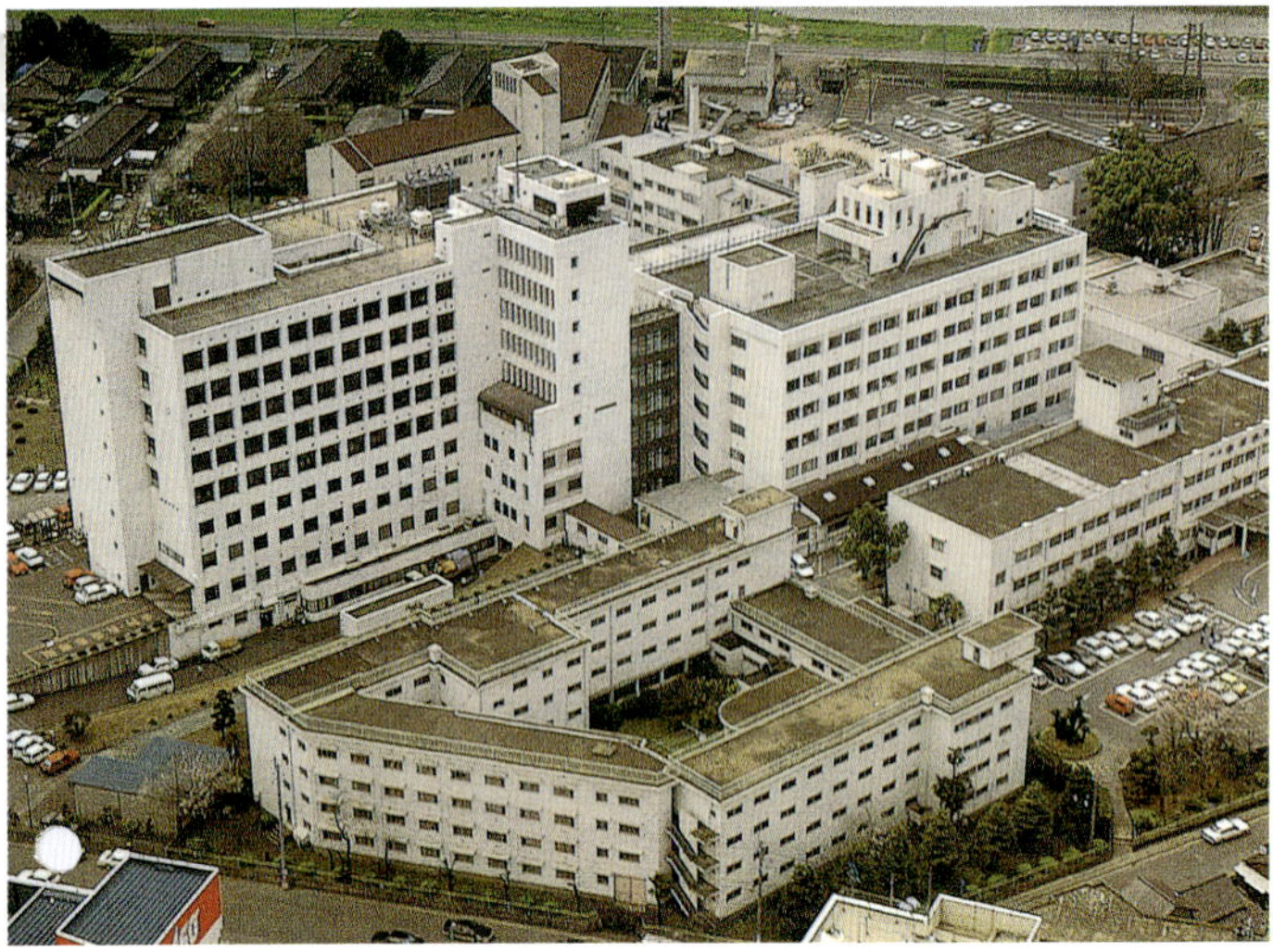

飯塚病院全景

27

炭鉱病院

▽麻生飯塚病院①飯塚市芳雄三‐八三②一九〇九年（明治四二）／コンクリート造
▽旧古河下山田炭鉱病院①嘉麻市下山田五五四‐二②一九二二年（大正一一）／木造

もともと炭鉱は交通不便の僻地に開坑されることが多く、従ってそれぞれの炭鉱は従業員数に応じて大なり小なりの医療機関を有していたが、その大多数は小規模の診療所に過ぎなかった。しかし明治二十年代以降、中央資本が続々と進出してくるにつれて、筑豊の主要大手炭鉱には中央診療所的な機能をもった総合病院に匹敵する病院が次々に開設されていった。その主なものに貝島炭礦病院、製鉄所二瀬中央病院、三菱飯塚炭礦病院、住友忠隈炭砿病院、古河下山田炭鉱病院、三井田川鉱業所病院、三井山野鉱業所病院、嘉穂鉱業所病院、日本炭礦中央病院、麻生飯塚病院などがあった。

これらの病院は何れも完備された施設とスタッフを有し、炭鉱の従業員や家族はもちろん、周辺地域の住民にも利用された。しかし筑豊炭田のヤマの灯が残らず消え去った今日、炭鉱病院はことごとくヤマを運命を共にして消滅してしまっている。

その中にあって麻生飯塚病院一つだけが生き残ったのは、当初から飯塚の市街地に立地していたこと、母胎である石炭産業はなくなっても、引き続きセメント部門を主流とする「麻生」の名を冠した会社に病院経営が引き継がれたことが主因だが、現在日本でも屈指の大病院に成長し、地域医療の中核となって広く一般住民の信頼と期待を集めつつ日々発展を続けていることは驚異という

三井田川病院跡

旧古河下山田炭鉱病院（古河下山田炭鉱発行の絵ハガキより）

ほかはなく、石炭がこの地に残した最大の文化遺産とも言えよう。

その源流を辿ると、一九〇九年（明治四二）麻生太吉が郡立病院に代るものとして現在地に総合病院を開設したのに始まる。完成後から地元医師会の猛反対があって新築の病院を十年間閉鎖、一九一八年（大正七）に至って麻生炭鉱病院となって診療開始、翌々九年には一般市民にも診療を開放、各施設と病床数を拡大しつつ戦後に入り、昭和三〇年代に入って、ついに病床数一千を越す九州はもちろん全国でも屈指の大病院をなった。

昭和四〇年代に入ると、日本経済は毎年成長率が二ケタを越える高度成長を経て、世界第二位の経済大国となっていったが、飯塚病院はベット数こそ群を抜いているものの施設設備は明治・大正の旧遺構をなお多く抱え、ために医療スタッフ、とくに医師の確保は困難を極めた。高度成長の時代に合った病院の一大改装が当面の急務となったわけである。オーナーである麻生社内でも賛否両論が渦巻き、熱心な協議が重ねられたが、一九七二年（昭和四七）に至ってついに病院大改装の第一歩が踏み出されることとなった。

第一次オイルショックによる建設資材の高騰などの逆風を克服して、着々と施設の一新を重ね、十年を出ずして飯塚病院は昔日の面影が全く消え去るまでの改装、変貌を成し遂げた。特筆すべきは、救命救急センターの院内開設である。昭和四〇年代後半、厚生省は全国に約九〇のセンター設置を企画、福岡県では北九州、福岡、筑後、筑豊の四ヶ所に開設することとなった。北九州、福岡、筑後の三地区にはそれぞれ受け入れ可能な公的病院があって問題はないが、筑豊は高度医療水準をもつ公的病院がなく、全国唯一の例外として私的病院の飯塚病院がその任に就く。近年救急センターを含むハイケア棟が新設され、飯塚病院は益々公的性格を高めつつ内容外観の充実を重ねている。

（深町純亮）

石戸産業の石垣

28

松岩建造物群

▽松岩石垣①宮若市磯光②昭和三〇～四〇年代
▽松岩排水路①飯塚市大分

松岩とは炭鉱用語である。炭層の中に混じっている石炭になりきれなかった石（硅化木《けいかぼく》）で、たいへん堅くて重く大小ある。採炭するとき特に注意し、ともかくやっかいな物で別名ゲッテン（手に負えない）石といわれた。筑豊炭田には松岩が多いので、採炭するのに「機械化がむつかしい」といわれていた。

松岩石垣

松岩石垣は筑豊各地に見られ、乗用車を走らせているとこんな所にもあるのかと驚かされる。これが、ゲッテンを手なずける筑豊の特徴といえる。

その圧巻は、鞍手郡小竹町新多《にいだ》から宮若市磯光へ抜ける道路の、磯光側坂道を下った所右側約二〇〇㍍の石戸産業株式会社の石垣である。石は大きくそれを豪快に積み上げているので、圧倒される感がある。セメントで固めている所は少ない。この松岩は貝島大之浦炭礦が露天掘りしていたころ、捨てていたものをもらいうけ、会社のクレーンで積み上げた。松岩は炭礦側にとって捨てるのに金がかかる厄介物だから、もちろんただである。社長は「道楽ですたい」と笑われるが、豪快なリサイクルである。他の所でも、「ただでいいけん、何ぼでも持っていきない」といわれたと何度も聞いた。石は硬くて割れにくいので、うまく積み上げれば長持ちするであろう。

松岩の排水路

松岩の庭園（飯塚市平塚梶島秀夫さん宅）

■松岩庭園

松岩で庭園を作った人もいる。これは長期計画がいったようで、収集から完成まで10年以上を要したという。庭園用には川・河川敷にあるものが良く、長年風水にさらされて丸みを帯びた石を探し、それを決めた場所に保存した。その間、石の柔らかい部分を少しずつハツリ（削り取り）、その後これらの石を組み合わせて形を整えた。庭園にするには、さらに草木を配し華やかにせねばならなかったといわれる。

■松岩排水路

松岩もこんな使い道があるのかと思ったのが下水・雨水の排水路である。もちろん、コンクリートで固めているが、コンクリートの量は少ない。写真の場所は飯塚市日鉄嘉穂鉱業所跡の住宅地で、炭鉱の人だから思いつくことだと感じた。

■松岩関連の話

宮若市石炭記念館の主要道路からの入口に、「貝島炭鉱創業之地」の石碑がある。この石は卵形の大きな松岩で、こんなに大きな物もあるものだと感じた。松岩を横に切って磨き上げると、黒光りする実に奇麗な面が出てくる。切るのが大変な作業だと思うが。

飯塚市忠隈の宝満宮境内に「住友忠隈炭坑ボタ石」として、松岩でまとめた石碑がある。その黒色でまとめた造形は、この地に栄えた忠隈炭坑を顕彰する強い気持ちの現われであろう。

松岩は墓標にもなった。炭坑は災害が多い職場でもあつた。病気や事故で亡くなった人の中に、身寄りが分からない人もあった。この無縁仏の盛り土の上に松岩が置かれることもあったのである。

（香月靖晴）

29

嘉穂劇場

①飯塚市飯塚五－二三
②一九三一年（昭和六）開場／木造二階建入母屋造り
③伊藤隆
④国登録文化財、近代化産業遺産（経産省）

巻頭地図4

外観

江戸の伝統を引き継ぐ芝居小屋

飯塚市の中心市街地、穂波川が遠賀川と合流するあたり、飯塚橋を通り過ぎた川土手からトタン葺きの大屋根が頭を覗かせる。かつて炭鉱景気に沸いた頃、この土手から真っ赤に塗られた櫓を目指して芝居見物の客が列をなしたという。JR飯塚駅と新飯塚にそれぞれ一キロメートル余り、西鉄バスセンターにほど近い市街地に時代から取り残されたように建設当時の姿で佇んでいる。

嘉穂劇場の前身は「株式会社中座」で一九二二年（大正一〇）に建設された木造三階建で二千人を収容したといわれる。当時の石炭王、筑豊御三家と呼ばれた麻生家や町の有志が出資し、大阪道頓堀の中座を模して建設されたと伝えられる。筑豊を流れ玄界灘にいたる遠賀川流域に建てられた明治末期からの五〇にも及ぶ芝居小屋の中でも最大規模であった。この株式会社中座は昭和三年火災による全焼と昭和五年大型台風による倒壊で解散する。当時劇場を取り仕切っていた伊藤隆が独力で再建に取り組み、高さを二階建てに縮小して翌、昭和六年開場した。当時の地名は嘉穂郡飯塚町であり嘉穂劇場と命名される。このときより家族経営となり、炭鉱閉山後次々に姿を消す筑豊の芝居小屋の中で綿々と営業を続けてきた。炭鉱最盛期から昭和中頃までは毎日のように芝居がかかっていたが次第に少なくなり昭和五〇年頃より年間三〇～四〇日程度公演

花道

二階客席から舞台

が行われてきた。消防法の改正による設備費用の負担などで存続を危ぶむ声もあった一九七九年（昭和五四）、かつて筑豊の芝居小屋で育った大衆演劇の劇団座長が集い、芝居の公演で劇場の存続を訴えた。この頃興行を続ける芝居小屋は全国にも例がなく、以後毎年行われるこの座長大会が嘉穂劇場の名物公演として全国に知れ渡るようになった。東京大阪から大歌舞伎を招いて興行するには大規模な劇場が必要であったが、大歌舞伎も年に数日程度で大衆演劇の殿堂と呼ばれるにふさわしい多種多様な演芸が行われてきた。

■劇場の構造

江戸享保期（一七一六〜一七三五）に全蓋式の劇場が許可されて以来、変遷を重ねながらも引き継がれてきた芝居小屋の様式をとどめている。一階客席は中央の桝席を挟む二本の花道とその外側に位置する上手・下手の両桟敷席、客席後方の高場で構成される。舞台に向かって左側、下手の本花道は一・二㍍幅で迫り（スッポン）を備える。花道から登場する役者は舞台後方から奈落に降りこの花道の下を進んで客席奥の鳥屋（とや）に上がり出番を待つ。上手花道は本花道の半分ほどの大きさで迫りなどの機構は備えていない。二階は上手・下手の桟敷席と後方の向こう桟敷からなる。舞台は廻り舞台・迫り機構を備え、舞台上手の義太夫を語るチョボ床、下手の三味線、笛、太鼓などのお囃子が入る囃子部屋（黒御簾）など歌舞伎様式の小屋の特徴を備える。

現存芝居小屋では最大規模で開業当時の定員は一二三六人である。舞台と一階の桝席の奥行きはほぼ同じで舞台は当時の大掛かりな歌舞伎を上演するための広さで、また舞台の全体を占める直径一五・八メートルの廻り舞台は芝居小屋では他に例を見ない大きさである。一七五八年道頓堀角座に初めて設置の廻り舞台をはじめ、迫り上げ機構など現存する芝居小屋でもすべて人力操作で、

二階から花道

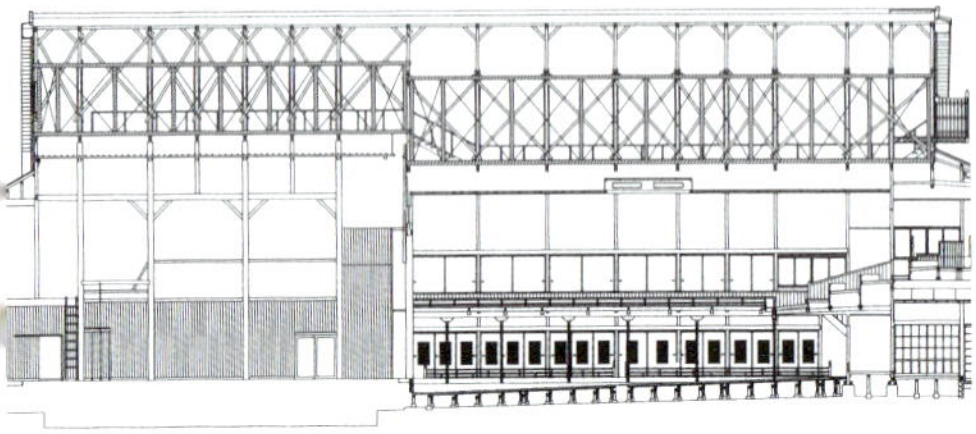

断面図

他の小屋では通常五、六人で回すが嘉穂劇場は一二本の力棒が設置されこれを押して回す。舞台迫りは前方と後方二箇所でこれも八人がかりで上げ下げする。

大規模な芝居小屋でありながら柱が細く広々とした空間を構成する。明治末期の芝居小屋に見られるようになったトラス形式の小屋組みを採用し、さらに屋根は大波トタン葺きで重量を軽くする。前身の中座はスレート葺きであった。

平成の大修理

平成一五年七月の集中豪雨で遠賀川水系支流の水があふれ舞台上一㍍余りまで浸水した。一階の客席と廻り舞台は土台から、また花道も折れ曲がり浮き上がった。この壊滅的な被害状況が全国に発信されるとすぐに芸能界をはじめ各界から復興の声が上がり募金活動なども行われた。これに応え県・市・地元企業や団体からなる復旧委員会を発足させるとともに、劇場側もＮＰＯ法人の設立を申請し助成金や募金の受け入れ態勢を整えた。復旧工事は全国芝居小屋会議の技術支援を仰ぎ、復原工事とあわせて耐風耐震補強工事も行われた。

復旧工事は歴史的・文化的な価値を損なわないよう破損や腐朽した部分を繕い可能な限り古材が再使用された。新材を使用する場合は取替える前の仕様に倣うことを原則とした。二階最後部や一階客席左右にある廊下の天井などは新建材で補修されていたが、古い写真を基に復元した。また　奈落（舞台下）は常時浸水していた時期があり舞台迫りや花道のスッポンは撤去されていたが痕跡を基に復元を行った。廻り舞台についても補強の仮設部材で支えることにより、再度使用が可能となった。復旧時の調査では廻り舞台を支える床組みや土台部にまたトラスの主要部材など米松が使用されていた。当時炭坑で使用のため米松を輸入しており入手し易かったと思われる。また基礎部分のトレンチ調査では三層の異なるレンガが使われており前身の中座の規模が推測される。昭

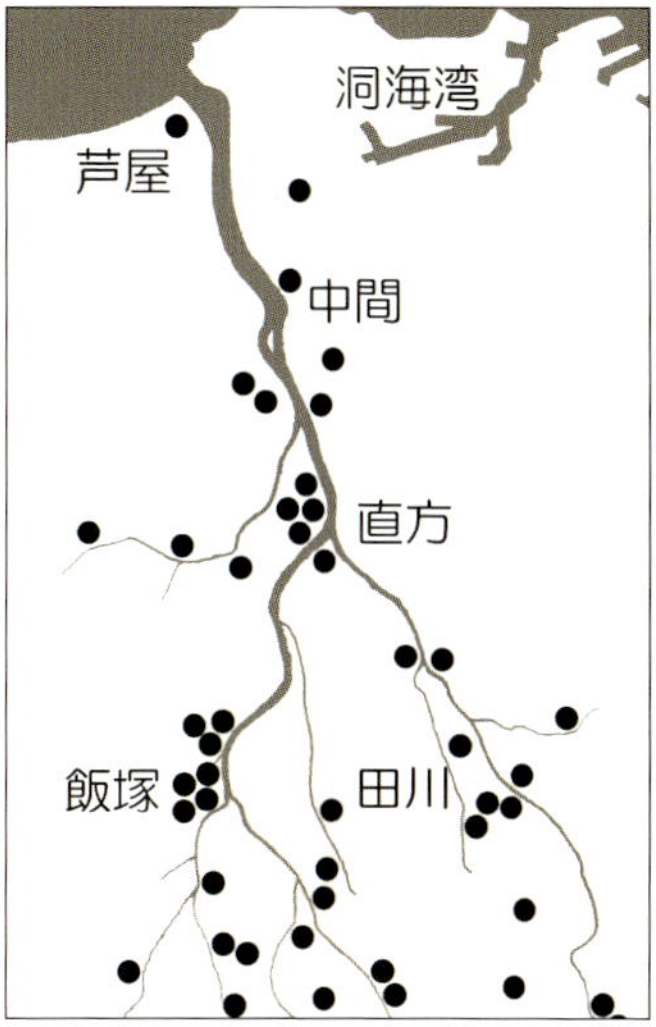

筑豊の芝居小屋分布

奈落

和五年の台風で倒壊し、その転用古材が各所に使用されている。

遠賀川流域の芝居小屋

明治末頃から昭和初期にかけて次々と芝居小屋が建てられ、地元炭鉱主などが中心となり千人を超す大型劇場も直方(日若座)や飯塚(栄座)に建設される。遠賀川流域に五〇近い小屋があり劇団公演を巡り争いも多く、一九三六年(昭和一一)、三三の劇場が参加して組合を結成し興行上の紛争に対処した。

芝居小屋は炭鉱で働く人々の慰安の場でもあったが、各炭鉱の会館(講堂)などでも坑夫のために芝居や演芸が行われた。当時の人気劇団が来演すると人々が列をなして向かったという。炭坑の発展により全国にも例を見ない密度で小屋が建てられたが、炭坑の閉山とともにその姿を消して、筑豊育ちの劇団も九州一円、関東、関西へとその活躍の場を求めて去っていった。

現存する全国の芝居小屋

全国各地に現存する最古の小屋は香川県琴平山の麓にある旧金毘羅大芝居(金丸座 一八三五 天保六)で、明治末期の熊本県・八千代座(一九一〇、明治四三)、秋田県・康楽館(一九一〇、明治四三)、大正期の愛媛県・内子座(一九一六、大正五)、群馬県・ながめ余興場(一九三七、昭和一二)などとともに復興されふたたび芝居小屋として使用されている。岐阜県に地区所有であった四百人程度収容する地芝居(農村歌舞伎)の小屋もいくつかある。現在、特定非営利活動法人が所有運営する嘉穂劇場を除き、他はすべて各自治体が管理している。

観劇と劇場の見学

各種公演日数は年間四〇日程度。休館日と公演日およびその前後を除き劇場内は有料で見学できる。〔問合せ先〕嘉穂劇場、電話〇九四八-二二-〇二六六

ホームページ http://www.kahogekijyo.com

(伊藤英昭)

30

松喜醤油屋

①飯塚市勢田七三〇－一
②幕末から明治初期／近代和風住宅
③不詳／不詳／不詳
④飯塚市指定文化財

巻頭地図3

松喜醤油屋

飯塚市頴田支所の近くにある多賀神社前の道を左に約一〇〇メートル行くと白壁造りの家並みが続く。落ち着いた明治の面影を残す商家の一つが旧松喜醤油屋である。

敷地面積一一二七・二三平方メートル。建築面積三七五・〇二平方メートル。現在残っているのは母屋と離れで、醤油製造関係の倉庫などは残っていない。

母屋の一階は土間、帳場とその他八部屋がある。土間には販売用の醤油などを陳列し、帳場は販売の事務を執る場所である。建築年代は不明であるが、大黒柱には一八七三年（明治六）の筑前竹槍一揆の際に受けた傷跡が残っていることから、幕末から明治時代初期に建てられたと推定される。二階へ上がる階段は美しい透かしのある赤漆塗りの箱階段であり、箪笥としても使用された。二階は二部屋あり、次間の天井は船底状につくられた湾曲した美しい天井であり、座敷との間には曳船の絵柄を透かし彫りにした欄間が洒落ている。

母屋と離れの間には両側をガラスで仕切った板敷きの廊下があり、その西側には中庭がある。離れには中庭に向かって「月見台」がある。十五夜などの月を眺める優雅な贅沢な施設で他の民家には見られないものである。醤油醸造で財を成した富豪の生活が偲ばれる。離れは三部屋あり廊下が廻る書院造である。冬は襖、夏はよしずが取り付けられていた。

大黒柱に残るきずあと

船底状の天井

旧松喜醤油屋の先祖は、江戸時代の初めに宗像郡から嘉麻郡勢田村（飯塚市勢田）に移住し、農業を営みながら庄屋や組頭など行政にも携わり財産を蓄積した。一七五四年（宝暦四）から呉服・荒物・塩などの小売を始め屋号を「松屋」といい、一八九五年（明治二八）まで営業した。一八八〇年（明治一三）に喜兵衛の代に醤油醸造を始め、屋号の松屋の松と喜兵衛の喜をとって、松喜醤油と名づけ、一九六五（昭和四〇年）代まで続いた。

一八七七年（明治一〇）～一八八七年（同二〇）代の地券によれば、勢田村に一〇町余、鹿毛馬村に三町六反余、佐与村に二町余、口原村に一町余の土地があった。一九〇二年（明治三五）の「小作人帳」によれば、勢田、口原、佐与、鹿毛馬村に約二七町歩の小作地があり、小作米は七三〇俵あった。その後、大正期の「小作請証」によれば、小作地は八七町歩に増加して「寄生地主」として土地の集積を行っている。一九〇二年（明治三五）～一九一九年（大正八）の史料によれば、三五《パーセント》が醤油売上代金、一一《パーセント》が小作米売却代金、四〇《パーセント》が銀行よりの受取金となっている。

勢田村は一八八七年（明治二〇）代に、近くに筑豊で二、三位の出炭量を誇る明治炭鉱ができたため、多くの従業員と石炭輸送の川船の船頭が集まり、米屋、呉服屋、魚屋、質屋、宿屋、飲食店、鍛冶屋、酒屋などが軒を連ねた町並みが形成されて一九〇七年（明治四〇）頃に最も栄えた。近くにある酒屋の玄関上部の白壁には立派な鏝絵が残っている。

明治時代の初めまで醤油は自家製であったが、その後家内工業的な生産へ発展した。旧松喜醤油屋は明治初期の醤油屋の建築様式を残し、また、石炭と共に繁栄した勢田村の歴史を伝える貴重な歴史的建築物といえる。（嶋田光一）

31

飯塚の近代化遺産群

▽十七銀行飯塚支店①飯塚市本町八－二四②大正時代／煉瓦造
▽幸袋小学校講堂①飯塚市中八一五②昭和時代／鉄筋コンクリート造③不詳／不詳／大林組
▽中村印刷所（旧飯塚郵便局）①飯塚市宮町二－八②明治時代／木造二階建

巻頭地図4

福岡銀行飯塚本町支店

十七銀行飯塚支店

現在、福岡銀行飯塚本町支店として、本町商店街の通りに面して建つ現役の銀行である。十七銀行飯塚支店は一九一三年（大正二）に設立されたが、一九四五年（昭和二〇）に十七銀行、筑邦銀行、嘉穂銀行、福岡貯蓄銀行の合併により福岡銀行が設立された。

当建物は一九二四年（大正一三）に建設され、入口は通りに面した西面中央と南面中央の二か所にあり、それぞれ両脇に装飾を施した柱を建て、その上面は湾曲して突出する。一・二階とも上下式の窓を設け、タイル貼りの壁面頂部は南面の中央部に卵鏃模様と雷文、西面と南面西端部にはデンティルと縦溝を連続模様として装飾する。その他、抽象的な紋様で装飾されており、他の銀行建築には見られない独特なものである。

屋根はアーケード側を緩勾配の寄棟とし他は陸屋根である。当初は客溜と営業室は吹き抜けで、寄棟屋根の下の天井には漆喰装飾がある。また、四本のドリス式円柱が陸屋根を支える鉄筋コンクリート造の梁を支えている。南と西の壁沿いには階上廊がある。これらの構造は、現在の新しい天井に隠れて見られない。大正期の銀行建築としては貴重な建物である。

幸袋小学校講堂

中村印刷所（旧飯塚郵便局）

幸袋小学校講堂

1937年（昭和12）の幸袋小学校講堂
（大屋和夫氏提供）

幸袋小学校は一八九六年（明治二九）三軒家に設置の大谷村立大谷尋常小学校に始まる。一九〇八年（同四一）現地に移転、大谷尋常高等小学校、幸袋尋常高等小学校、幸袋国民学校、幸袋小学校、飯塚市立幸袋小学校と改称した。

講堂は一九二二年（昭和一二）に伊藤傳右ヱ門が五万円を寄付して建設された。南側に低い位置に建てられ南側からは二階建てになる。階下に部屋があり、一八九五年（同二八）には幸袋幼稚園が開園した。

正面から八スパンは鉄筋コンクリート造で、それより奥は木造である。切妻間の大きい妻には尖頭アーチ窓をあけ、正面には四本の柱型を上部まで通す。アリーナは八スパンあり、東端の一スパンにはステージがあり、その上の両端には溝彫のある柱を建て、柱間にはアカンサスのレリーフのある額縁で上部を弓形にする。天井は弓形で、梁には型圧し金属板を張る。鉄筋コンクリート造の講堂は昭和前期の建物としては市内では珍しく、伊藤傳右ヱ門の社会貢献を示す実物資料として貴重な建物である。

■中村印刷所（旧飯塚郵便局）

この建物は一九〇四年（明治三七）に飯塚郵便局として建設された。東側は旧長崎街道に面し南側に曩祖《のうそ》八幡宮境内が接する。一九二〇年（大正九）に郵便局が新川町へ移転するまで使用された。その後、内科医院を経て、一九四〇年（昭和一五）頃、印刷所兼住居に転用された。建物は総二階建ての寄棟造、桟瓦葺。一階を印刷所として使用し二階を住居として使用した。

当初は正面に庇が取り付けられ、外壁はドイツ式下見板張りペンキ仕上げ。一階の北側面には煉瓦壁を築く。正面中央部は柱に線彫りを施し最も装飾的な部屋で客溜と考えられる。二階は意匠的な階段があり局長室・応接室があったと推測。大きな改造があるが明治期の公共建築で貴重な建物である。（嶋田光一）

奥野医院（現直方谷尾美術館）

32

奥野医院・十七銀行直方支店

▽奥野医院（直方谷尾美術館）①直方市殿町一〇－三五②一九一七（大正六）（再建）／煉瓦造二階建③不詳／鴻池組④近代化産業遺産（経産省）
▽十七銀行直方支店（アートスペース谷尾）①直方市古町②一九一三年（大正二）④近代化産業遺産（経産省）

巻頭地図3

明治期に鉄道が敷設され貝島鉱業本社が置かれるなど、直方が筑豊炭田の中心都市として発達すると、近代的な医療機関も多くなった。大正二年、奥野医院はこの地で皮膚科を開院。大正六年には火災により元の建物が焼失し再建された。この奥野医院の建物は二代目である。大正・昭和の長きにわたって地域医療に貢献したが、平成二年、院長の死去にともない閉院した。

現在のデザインは建造当初に比べ大きく改修されているが、正面には中央部の脇に独立柱と装飾帯を配した大きな庇が置かれ、軸状に配置された一・二階の窓は縦線を強調している。一方、横方向に配された長いタイルの外装は水平線の強調となっている。また、新館に隠れて外観を見ることはできないが、裏側には大正期を特徴付ける円筒状の平面を持つ突出部がある。大正モダニズムを象徴するようなデザインと言える。道路に面した病院建築は洋風建築だが、敷地中央から奥側の住居部分は和風建築で、茶室も併設している。

一方、明治一〇年、福岡市で開業した十七銀行は、明治二九年に石炭産業で興隆をきわめていた当時の直方町に支店を置いた。さらに、大正二年古町に支店を建設した。それがこの建物である。しかし、大正時代の金融恐慌が原因で、同一一年に福岡銀行を合併、この建物は十七銀行直方古町出張所となる。終戦直前の昭和二〇年四月には、十七銀行、嘉穂銀行、筑邦銀行、福岡貯蓄銀行が

壁面の装飾

十七銀行直方支店（現アートスペース谷尾）

合併して福岡銀行となり、この建物は直方南支店となった。戦後、長きにわたって酒店をはさんで隣接する同じ煉瓦造の西日本銀行直方支店（旧報徳銀行直方支店）とともに市民に親しまれたが、西日本銀行は平成五年に建て替えられ、平成九年には福岡銀行直方南支店は閉店した。

この建物の設計者は不詳。煉瓦造であるが表面はタイル張りがなされている。東京駅などを設計した著名な建築家、辰野金吾に由来する辰野式に属する赤茶色タイルと白い石の組み合わせが鮮やかである。かつては、二面の道路の角（東南）において平面が八角形の一・二階の上にドームを戴き、パラペット（低い手すり状壁）が軒回りにあった華やかな印象の建物であった。軒下の柱頂部の装飾や、二階床レベルに位置する装飾が特徴的である。

いずれの建物も明治屋産業株式会社の社長、故谷尾欽也氏が購入し私設美術館に改装して自己のコレクションを公開した。旧奥野医院は、平成四年に改装。「谷尾美術館」として、絵画、陶芸など所蔵品を公開し、平成一〇年には新館を増築した。旧十七銀行直方支店建物は平成九年に改装。ガラス工芸品の展示施設「アートスペース谷尾」として公開し、館内には、チェコ・ドイツ・フランス・中国などのエングレーブ（彫刻）、ゴブレット（飾り瓶）など約三〇〇点を展示した。平成一二年谷尾欽也氏が死去し、建物と美術品は遺族より直方市に寄贈された。旧奥野医院は平成一三年に「直方市美術館（直方谷尾美術館）」となり、旧十七銀行直方支店は一五年四月「直方市美術館別館（通称アートスペース谷尾）」として開館した。

（田村悟）

33

直方の近代化遺産群

▽江浦耳鼻咽喉科医院①直方市殿町一〇-三八②一九〇一年(明治三四)③江浦栄斉▽讃井小児科医院①直方市殿町一二-一九②一九二二年(大正一一)③讃井源次郎／大崎某▽(名)石原商店本社①直方市殿町一二-一二②一九二六年(大正一五)③石原務／不明／田代為吉▽(株)前田園本店殿町店①直方市殿町一二-一三②昭和初年(大正一一年頃から三年間)③前田長吉▽円徳寺①直方市古町②一九〇九年(明治四二)③栗山聞誓／九世　伊藤平左衛門

巻頭地図3

江浦医院全景

江浦医院受付室

■江浦耳鼻咽喉科医院

西面する木造瓦葺き建物で、二階建の本館・旧病棟と、平屋の付属建築からなる。全体的には和洋折衷の建築様式であり、内外観全体に建設当初の面影をよく留めている。建物外壁はドイツ下見板張りのペンキ塗りである。

玄関車寄せ部分は切妻屋根の張出しで、破風の妻飾りは放射状に羽目板を配置する。懸魚風の板飾りは二重に折り上げるなど、高い装飾性をしめす。二階との境は胴蛇腹が水平に廻り、広い外壁面を引き締めている。窓は縦長で上下式であり、上部に雨よけの窓飾りがある。

本館内部はバロック風羽目板をもつ受付窓やアールヌーボー調のステンドグラス・板張りの天井など、旧態をよく残す。本館北側部分の小屋組は洋風のトラス構造、南側部分は在来工法による東立構造であり、和洋の工法が混在している。

当医院が建設された明治三〇年代は直方の町が急成長をとげた時代であり、その意味で時代を象徴する建物であ

弦書房

出版案内

2024年 春

『小さきものの近代 2 』より
絵・中村賢次

弦書房

〒810-0041　福岡市中央区大名2-2-43-301
電話　092(726)9885　FAX　092(726)9886
URL　http://genshobo.com/　E-mail　books@genshobo.com

◆表示価格はすべて税別です
◆送料無料（ただし、1000円未満の場合は送料 250円を申し受けます）
◆図書目録請求呈

新刊

渡辺京二×武田修志・博幸往復書簡集

名著『逝きし世の面影』を刊行した頃(68歳)から二〇二二年12月に逝去される直前(92歳)までの書簡220通を収録。その素顔と多様な作品世界が伝わる。

2200円

風船ことはじめ

松尾龍之介

一八〇四年、長崎で揚がった日本初の熱気球=風船が、なぜ秋田の山中に伝わっているのか。伝えたのは、平賀源内か、オランダ通詞・馬場為八郎か。

2200円

新聞からみた1918《大正期再考》

長野浩典　一九一八年は「歴史的な一大転機」の年。第一次世界大戦、米騒動、シベリア出兵、スペインかぜ。同時代の人々は、この時代をどう生きたのか。
2200円

近現代史

◆熊本日日新聞連載「小さきものの近代」

小さきものの近代 1

渡辺京二最期の本格長編　維新革命以後、鮮やかに浮かびあがる名もなき人々の壮大な物語。
3000円

小さきものの近代 2

国家や権力と関係なく〈自分〉を実現しようと考え

話題の本

生きた言語とは何か 思考停止への警鐘

大嶋仁　言語には「死んだ言語」と「生きた言語」がある。言語が私たちの現実感覚から大きく離れ、多用されるとき、私たちの思考は麻痺する。
1900円

生き直す 免田栄という軌跡

高峰武　獄中34年、再審無罪釈放後38年、人として生き直した稀有な95年の生涯をたどる。釈放後の免田氏が真に求めたものは何か。冤罪事件はなぜくり返されるのか。
2000円

◆第44回熊日出版文化賞ジャーナリズム賞受賞

◆橋川文三 没後41年

三島由紀夫と橋川文三

宮嶋繁明　二人の思想と文学を読み解き、生き方の同質性をあぶり出す力作評論。
2200円

橋川文三 日本浪曼派の精神

宮嶋繁明　『日本浪曼派批判序説』が刊行されるまで(一九六〇年)の前半生。
2300円

橋川文三 野戦攻城の思想

宮嶋繁明　『日本浪曼派批判序説』刊行(一九六〇年)後から晩年まで。

党解党」で絶筆・未完。　3000円

◆渡辺京二の本◆

【新装版】黒船前夜　ロシア・アイヌ・日本の三国志

◆甦る18世紀のロシアと日本　ペリー来航以前、ロシアはどのようにして日本の北辺を騒がせるようになったのか。　2200円

肩書のない人生　渡辺京二発言集2

昭和5年生れの独学者の視角は限りなく広い。一九七〇年10月～12月の日記も初収録。　渡辺史学の源を初めて開示。　2000円

◆石牟礼道子の本◆

石牟礼道子全歌集　海と空のあいだに

解説・前山光則　一九四三～二〇一五年に詠まれた未発表短歌を含む六七〇余首を集成。　2600円

石牟礼道子〈句・画〉集　色のない虹

解説・岩岡中正　未発表を含む52句。句作とほぼ同じときに描いた15点の絵（水彩画と鉛筆画）も収録。　1900円

【新装版】ヤポネシアの海辺から

対談　島尾ミホ・石牟礼道子　南島の豊かな世界を海辺育ちのふたりが静かに深く語り合う。　2000円

◆水俣病公式確認6

日本における メチル水銀中毒事件研究2020

水俣病研究会　4つのテーマで最前線を報告。これまでとはまったく違った日本の〈水俣病〉の姿が見えてくる。　2000円

死民と日常　私の水俣病闘争

渡辺京二　著者初の水俣病闘争論集。市民運動とは一線を画した〈闘争〉の本質を語る注目の一冊。　2300円

8のテーマで読む水俣病　【2刷】

高峰武　水俣病と向き合って生きている人たちの声に学ぶ、これから知りたい人のための入門書。学びの手がかりを「8のテーマ」で語る。　2000円

◎FUKUOKA *U* ブックレット◎

❾かくれキリシタンとは何か　オラショを巡る旅　【3刷】

中園成生　四〇〇年間変わらなかった、現在も続く信仰の真の姿。　680円

㉑日本の映画作家と中国　小津・溝口・黒澤から宮崎駿・北野武・岩井俊二・是枝裕和まで

劉文兵　日本映画は中国でどのように愛されたか。　900円

㉒中国はどこへ向かうのか　国際関係から読み解く

毛里和子・編者　不可解な中国と、日本はどう対峙していくのか。　800円

㉓アジア経済はどこに向かうか　コロナ危機と米中対立の中で

末廣昭・伊藤亜聖　コロナ禍によりどのような影響を受けたのか。　800円

近代化遺産シリーズ

北九州の近代化遺産
北九州市地域史遺産研究会編　日本の近代化遺産の密集地・北九州市を門司・小倉・若松・八幡・戸畑5地域に分けて紹介。　2200円

産業遺産巡礼《日本編》
市原猛志　全国津々浦々20年におよぶ調査の中から、選りすぐりの212か所を掲載。写真六〇〇点以上。その遺産はなぜそこにあるのか。　2200円

九州遺産《近現代遺産編101》
砂田光紀
世界遺産「明治日本の産業革命遺産」の九州内の主要な遺産群を収録。八幡製鐵所、三池炭鉱、集成館、軍艦島、三菱長崎造船所など101施設を紹介。**【好評10刷】**　2000円

熊本の近代化遺産 上 下
熊本産業遺産研究会・熊本まちなみトラスト
熊本県下の遺産を全2巻で紹介。世界遺産推薦の「三角港」「万田坑」を含む貴重な遺産を収録。　各1900円

筑豊の近代化遺産
筑豊近代遺産研究会
日本の近代化に貢献した石炭産業の密集地に現存する遺産群を集成。巻末に300の近代化遺産一覧表と年表。　2200円

◆出版承ります
歴史書、画文集、句歌集、詩集、随筆集など様々な分野の本作りを行っています。ぜひお気軽にご連絡ください。
☎092（726）9885
e-mail books@genshobo.com

考える旅

農泊のススメ
宮田静一　農村を救うことは都市生活を健全にする。「長い休暇を楽しむために働く社会」にしませんか。　1700円

不謹慎な旅　負の記憶を巡る「ダークツーリズム」
写真・文／木村聡　「光」を観るか「影」を観るか。40項目の場所と地域をご案内。写真165点余と渾身のルポ。　2000円

イタリアの街角から　スローシティを歩く
陣内秀信　イタリアの建築史、都市史の研究家として活躍する著者が、都市の魅力を再発見。甦る都市の秘密に迫る。　2100円

近刊
＊タイトルは刊行時に変わることがあります

平島大事典　鹿児島の南洋・トカラ列島の博物誌　稲垣尚友【2月刊】

満腹の惑星　木村　聡【2月刊】

福祉社会学、再考　安立清史【4月刊】

讃井医院ベランダ

讃井医院

讃井医院の玄関

讃井医院の生け垣の十字架

る。内外観ともに当初の姿を良好に残す端正な姿は、地域の代表的な明治期建築として貴重である。

■讃井《さぬい》小児科医院

設立当初は、内科・胃腸科・歯科をそなえた総合病院として発足、一時期洋裁学校に使用されたが、その後小児科医院となる。平成八年に閉院した。

木造モルタル造り二階建の近代ルネサンス式の疑洋風建物で、北東角に塔屋をもつ。塔屋に接して建物正面の右寄りに玄関があり、上部はバルコニーとなっている。屋上周囲にはパラペットが巡り、縁取りをもつ方形の装飾が付く。

縦長の窓は上下式であり、建築当時の写真では塔屋の窓から張出して手すりが設けてあった。全体的な外観は、大正五年に福岡県庁向かいに竣工した商品陳列所（昭和七年に福岡県産業奨励館と改称）と意匠的に共通する。建物は総じて高さを強調した格式高い外観をしめす。設立以来、内外装とも大きな改変がない。景観を形成する建物であり、今後の利活用が望まれる。

■(名)石原商店本社

本屋は木造二階建て切妻の瓦葺建築である。瓦葺の軒上はガラス窓、その上部に銅板張りの庇がある。二階前壁のほぼ全面に木枠のガラス戸があり、周囲を銅板で額縁状に囲む。戸袋や外扉の痕跡はない。二階軒下は垂木を露

石原商店（右）、前田園（左）

〈左上〉前田園正面
〈左下〉石原商店工場側面

出させず、四段にせり出して銅板で包む。

店内の一階左寄りは土間、その他は畳敷きであった。四周には手すりのある回廊状の吊棚がめぐる。軒上のガラス窓は、吊棚部の採光として有効である。二階は田の字形に部屋を配し、床の間・仏壇をもつ座敷となっている。

本屋の西側には木造二階建と半地下室をもつ三階建の長大な瓦葺き建物があり、かつては建物全体で装粧品の製造をおこなっていた。内部は作業室だけでなく材料の染色場・鍛冶場まで完備しており、屋内で一貫した生産がなされていたことがわかる。現存の建物は店舗のみならず、大正・昭和初期におけるマニュファクチュア（工場制手工業）の施設が良好な形でのこる貴重な例である。

（株）前田園本店殿町店

本屋は木造二階建て切妻の瓦葺建築で、屋号入りの石州瓦を葺く。一階前面は吹抜けの開放的な造りである。かつては板戸であり、北端に戸袋があった。敷居上部にもガラス窓があり、店内の採光となっている。

二階前壁は黒漆喰で、腰と窓枠に銅板を張る。窓はデザイン化した草花模様ガラスが入り、戸袋や外扉は設けられていない。二階軒下には装飾的な軒受け材が突出し、垂木と同様に先端部を銅板で包む。

店内は八寸角の大黒柱のほか柱が少なく、天井の高いこととあわせて、きわめて広い内部空間を形成している。中

〈右上〉円徳寺
〈左上〉円徳寺内部

円徳寺寄付額

円徳寺正面

央部の天井は、もとは吹抜けであった。

敷地の奥には木造瓦葺総二階の大規模な倉庫がある。商品の茶を保管した蔵で、小屋組はトラス構造である。倉庫の建造も本屋と同時期と伝える。

並立する石原商店・前田園の店舗建築は、大正期の直方の経済力を如実に示す格式ある建物であり、景観的にも貴重な存在である。

円徳寺

浄土真宗本願寺派。現在の直方市街地に黒田藩の支藩・東蓮寺藩の城下町が築かれた際、一六二四年（寛永元）に鞍手郡植木町から移転した。現本堂の再建工事は、石炭鉱業で財をなした貝島家の発起による。堂内に掲げられた「当山保存金寄付者芳名」額からも、最盛期の貝島家が一族をあげて援助したことがわかる。

本堂は東面する木造入母屋造本瓦葺で、向拝三間の総ケヤキ造。本堂外面の彫刻は尾張藩の御用彫物師末裔の早瀬長兵衛、内陣彫刻は博多聖福寺とゆかりの深い仏師高田又四郎の手になる。本建築は名工として知られる帝室技芸員伊藤平左衛門の設計施工であり、建築内外の装飾も当時の一流彫刻師の手になる。地方の寺院建築としては、稀にみる高水準の建築といえよう。

（牛嶋英俊）

林田春次郎旧邸全景

34

田川の近代化遺産群

▽林田春次郎旧邸（料亭あをぎり）①田川市新町二一－二八②一九三四年（昭和九）

巻頭地図6

■林田春次郎旧邸（料亭あをぎり）

田川市新町の一際高い石垣の上に、銅板の色が緑青を帯びた大きな屋根の邸宅が見える。土地の人々が「銅《あかがね》御殿」と呼んでいた林田春次郎の旧邸である。建物は、築一五〇年経過の旧庄屋の居宅を改造した二階建ての「本館」と小階段で接続した別館の「銅御殿」で成り立つ。「銅御殿」は春次郎が昭和九年に新築した木造総二階建、入母屋造、銅板葺で、建物の設計施工は宮大工技術者が関わった。なお、現在は子孫の方が料亭「あをぎり」を営んでいる。

二階大広間の床の間より奥の書院の間は最上段の空間として仕立てられ、素晴らしい展望である。春次郎は客人をもてなす場所として、この銅御殿を使い、郷土田川の発展と建設に邁進したのである。炭鉱都市田川の近代化は、この春次郎の存在を抜きにして成り立たないと言える。

また、同屋敷と敷地を連ねた小公園に「林田翁頌徳碑」が建てられている。昭和一二年六二歳の年、林田春次郎の銅像の除幕式が行われた。実に堂々たる体躯に力がみなぎった像である（基台高さ約三・六メートル、銅像高さ約三・三メートル）。残念なことに、太平洋戦争の激化と軍需品不足により、このブロンズ像も供出されて消滅した。台座の表には当時の銅像の名盤、裏面には碑文がそのまま残っているが、昭和二八年になり、銅像の台座の上に頌徳碑が建てられた。

林田春次郎像（昭和 12 年）

あをぎり二階の廊下

林田春次郎は、明治八年一一月十一日、現在の田川市伊加利で生まれた。地元の伊田尋常小学校（現鎮西小学校）を経て豊津中学校に入学したが、一六歳の時病気で退学し、自宅で療養生活をした。病気平癒の後、農業に従事していたが、明治三四年、二六歳で伊田村々会議員に当選した。明治四二年、三四歳で伊田村長当選、明治四五年田川郡会議員当選、大正三年伊田町制施行町長就任以後累任、大正五年県会議員当選、昭和三年県会議長（昭和十年満期退任）、昭和一八年田川市初代市長（昭和二一年、公職追放直前に辞職）。村長・町長・市長として、三八年間、地域の発展一筋に尽くした稀有の地方政治家である。

以上の地方自治界の略歴だけでも、その生き方がうかがえる。伊田村長就任の挨拶の時「三つの誓い」を述べ、生涯にわたり実践している。「その第一は、神さまを中心として国民精神を作興し、村の向上発展を期し、和にして質実剛健の村是の確立。第二は、将来名実ともに日本一の理想郷にしたい。このためあらゆる機会を捉えて教育、文化、交通、産業、経済その他諸般にわたり、全力を傾注する。第三、百年後の伊田村の在り方を常に研究題目とし、一面あの旭日昇天の如き三井鉱山といえども、必ず寿命のあることを忘れてはならぬ。なお、現在伊田村の面している客観情勢は、三井鉱山と共存共栄の立場で進まねばならない」。くしくも、この伊田村長就任の時は、三井伊田坑の竪坑櫓が完成し、本格的に出炭が始まった段階である。その時に、既に炭鉱閉山を予測して、閉山を前提にした地域造りを考えているのである。また、春次郎が常に先頭に立った三井との数々の折衝や具体的な施策（例えば、今日の東鷹高校の前身田川実業女学校の設立）などを追ってみると、一寒村から炭鉱開発に伴なう伊田町の発展の諸問題を克服しつつ、時に必要なら巨万の私費を惜しみなくつぎ込みながら乗り切っている。「三つの誓い」に徹底する姿が見える。

（安蘓龍生）

35

筑豊の鉄工業建造物

中村鉄工場を創った中村清七の墓
（直方市・随専寺内）

■初期の鉄工所

一八六九年（明治二）鉱山解放令が出され、石炭採掘の権利が一般に開放され、コール・ラッシュが起こった。筑豊の各地にも、数人から数十人規模の、数百の小炭坑が生まれたといわれる。筑豊炭田の夜明けであった。

石炭を掘るには、さし当り掻き板・鶴嘴、運搬のためのトロッコなどが必要である。初めの頃は、直方町でも数軒の小さな鍛冶屋が対応していたが、間もなく群小炭坑が淘汰され、炭坑の規模が大きくなるにつれて、捲揚機・揚水ポンプなどの鉱山機械の需要が増大し、これに対応できる鉄工所が生まれて来た。直方での最初の鉄工所は、一八七九年（明治一二）に加藤政吉が下境の日焼に作った加藤鉄工所であった。

■本格的な鉄工所の出現

一八八七年（明治二〇）には本格的な鉄工所・中村鉄工場が出来ている。工場主・中村清七は長崎の人で、幕府が開いた長崎製鉄所で機械製作を学び、貝島太助の大之浦炭坑の機械監督を経て、直方に七〇人の工員を持つ本格的な工場を開いたのである。直方市山部の随専寺にある清七の墓の碑文には、「二十年鉄工業ヲ直方ニ於テ創始ス、此レ実ニ筑豊鉄工業ノ嚆矢也。筑豊炭業ヲシテ今日ノ盛ニ致ラセシ所以ハ先生ノ有力ニ与カルナリ」と書かれている。

明治三四年に創立された直方鉄工同業組合の規約謄本

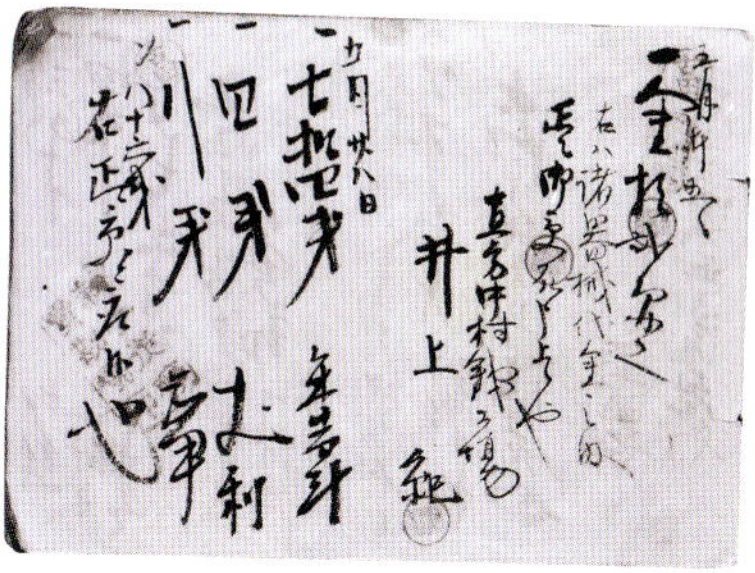

中村鉄工場の領収証
（明治二六年の新手炭坑の判取帳より）

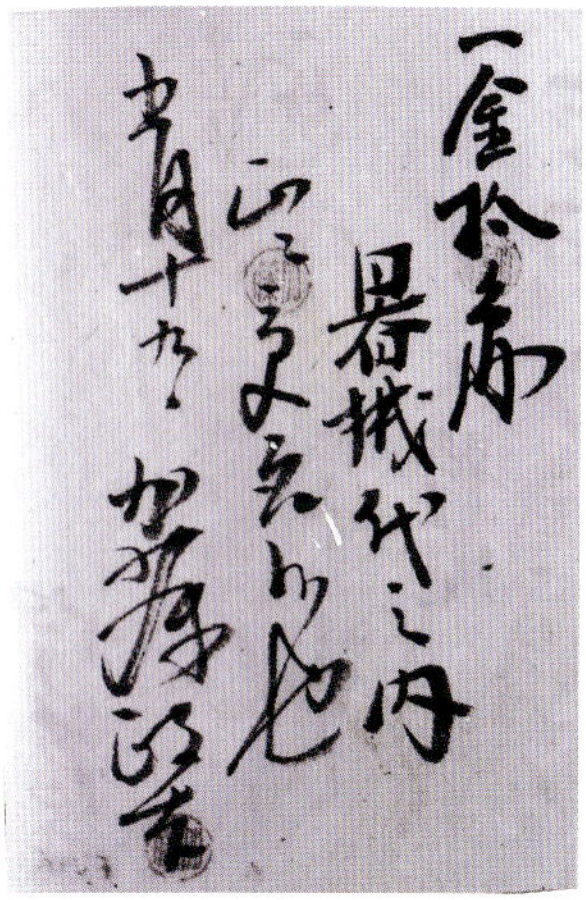

加藤鉄工所の加藤政吉の領収証
（明治二六年の新手炭坑の判取帳より）

中村鉄工場に続いて、飯野鉄工所・牛島鉄工所などが次々に生まれ、一八九八年（明治三一）には工場数は四〇以上、工員数も数千人に達した。高野江基太郎の『筑豊炭礦誌』は、この盛況を「直方の戸数は日に一戸を以て増加し、十年以前の山河寥莫の一寒村、たちまちにして絃歌湧起の都会となり、特に鉄工所の設立日を追ふて増加し、煤煙全市を掩ふて、鉄槌の響絶へざるが如し」と書いている。また少女時代を直方で過ごした林芙美子が、その出世作『放浪記』の中で、「直方の町は明けても暮れても煤けて暗い空であった」と書いたのはこの頃のことであった。

このように直方に鉄工所が集中したのは、直方が、①筑豊炭田の中心地に位置していたこと、②遠賀川の支流の嘉麻川と彦山川の合流点にあったこと、③一八九一年（明治二四）に石炭の積出港若松と直方間に筑豊興業鉄道が開通したことなど、地の利を得ていたからだと思われる。

やがて鉄工所は、製罐・機械加工・鋳物・鍛造と専門化していき、外部との取引も増加し、直方駅周辺には鉱山機械の専門店が軒を連ね、各種銀行の進出もあって、直方は筑豊炭田を支える鉄工業の町として発展していったのである。

一〇〇年を超える歴史を刻む直方鉄工同業組合

直方の鉄工界の中心になった直方鉄工同業組合が結成されたのは一九〇〇年（明治三三）のことである。最初の参加工場は一八、代表者は福嶋岩次郎。その後組合は、何度か名前を変えながらも、鉄工業の好・不況の波を乗り越え、直方商工界の中核として、一〇〇年を超える歴史を刻んで、六一事業所を擁する今日の直方鉄工協同組合に至っている。

なお直方地域に散在していた鉄工所は、現在では大多数が直方工業団地など六ヶ所の工場団地に集約されている。

（舌間信夫）

幸袋工作所旧本社・工場全景（『幸袋工作所百年史』より）

幸袋工作所

筑豊の文明開化は石炭産業に始まるが、江戸期以来生産上の最大ネックであった坑内排水問題が蒸気ポンプ導入によってクリアされ、筑豊炭田はうなぎ上りの急成長に入っていく。明治初年年産僅か六万トンであったものが一八九五年（明治二八年）には二〇〇万トンを突破する勢いであった。中央資本が相次いで筑豊に進出するのも明治二〇年代のことである。

明治二四～五年ころ、穂波郡大谷村幸袋で代々鋏鍛冶をしていた伊藤保平が、近隣の炭坑からの注文で細々とトロッコの車輪メタルや機械部品などを製作修理する小さな鉄工所を開業した。ヤマの隆盛に従って注文もふえ始め、その規模を大きくすることを親戚筋の伊藤伝六・伝右衛門父子に相談、組合組織で会社の萌芽となる幸袋工作所が発足した。

やがて各炭鉱で自給体制がとれない大型の捲揚機や排水ポンプ、通風用の大型扇風機などの需要も拡大し、多量の注文が相次いだため、合資会社を組織することとなった。発起人には貝島太助、麻生太吉、安川敬一郎、松本健次郎、中野徳次郎、伊藤伝右衛門など草創期からの先駆者たちが名を連ね、初代社長伊藤伝右衛門、資本金七万五千円で合資会社幸袋工作所が発足した。一八九六年（明治二九）十月のことである。

以後、筑豊炭田の中央工場としての地歩を固めつつ一九一九年（大正八）には株式会社に改組、九州の炭鉱用機械器具修理製作の専門工場として、大牟田の三井三池製作所、若松の永田鉄工所と並ぶ三大工場の一つとなった。技術陣には中央から最高学府出身者を次々に迎えて、その名声は不動のものとなった。伊藤伝右衛門が朝倉郡宝珠山村に開坑した炭鉱の選炭汚水浄化装置を設置したり、福岡、別府のあかがね御殿の高級建材への負荷重量を軽減するため銅葺き

庄内工業団地の新社屋・工場全景（『幸袋工作所百年史』より）

屋根を考案実施したのも幸袋工作所の技術陣であった。さらに同年社内に八学科から成る職工学校を開設、優秀な中堅技術者を多数世に送り出している。

戦時中は軍需大臣、海軍大臣から軍需工場に指定され、生産品も軍用品一色となり、動員学徒や女子挺身隊も多数入り、最大時数千名が稼動する臨戦体制をとった。

戦後は石炭と鉄の生産を第一義とする傾斜生産方式の導入や朝鮮戦争の特需景気によって筑豊の炭鉱も急速に復興の途につき、工作所もこれと同時並行的に業績を向上させていった。

昭和三十年代後半からのエネルギー革命によって筑豊炭田での閉山が相次ぐにつれて業績も悪化、ついに一九六三年（昭和三八）、かねて業務提携の協議も行われていた日鉄鉱業㈱に全株式を譲渡して一〇〇パーセント子会社となり、経営は伊藤家から離れた。伝右衛門の創業以来六七年目のことである。

以後、石炭産業対象事業から換骨脱胎し、製鉄ラインの機器やコンベヤーなどの産業機械の製造を続けた。しかし創業以来長年月を経た工場の老朽化は著しく、建物のレイアウトも近代的な工場モデルとは程遠いものであり、昭和五十年代半ばから長年の悲願であった全面移転による新工場建設の検討を開始し、一九九〇年（平成二）本社工場すべてを庄内町工業団地に移転、新天地での歩みを開始した。

その後筑豊地域の異業種交流の中核企業として地場経済振興に大きな役割を果たし続けたが、二〇〇三年（平成一五）に会社解散、破砕機製造などの一部事業を引き継いだ「幸袋テクノ」を設立するに至った。

（深町純亮）

36

遠賀の近代化遺産群

▽三好徳松君像台座①北九州市八幡西区三ツ頭二丁目（三松園遍照院内）②昭和初期／コンクリート造台座③三好鉱業／不詳／不詳

▽大君鉱業所斜坑坑口①遠賀郡芦屋町大君②昭和期／コンクリート造（閉鎖済）③大君鉱業所／不詳／不詳

巻頭地図1

コンクリートで塞がれた大君鉱業所斜坑

筑豊炭田「最北」の炭鉱

筑豊地域という名称は、現在でこそ田川・嘉穂・鞍手の旧三郡に属する地域を対象範囲としているが、かつてはこれに遠賀郡が加わっていた。「筑豊」という言葉の語源ともなった筑豊五郡石炭同業組合の範囲内で、遠賀川を中心とした流域の交流も盛んに行われていた。その河口に位置する芦屋町には、かつて日本炭礦の第五坑、のち大君鉱業所の斜坑跡が現存している。

大君地区県営住宅の近くに「安徳天皇御座所」と書かれた小さな石碑があるが、この一帯が大君鉱業所跡である。現在グラウンドの一角に写真にあるような斜坑と大君神社に合祀された山神社の社殿がわずかに遺されている。

三好鉱業から日本炭礦へ

大君鉱業所の原点は水巻町にあった日本炭礦の前身、三好鉱業に由来する。同炭鉱は明治一六年に開坑した頃末炭鉱を発祥としており、明治三七年に三好徳松が鉱業権を受け継ぐと、積極的な炭鉱の機械化を進め同坑を筑豊有数の炭鉱へと成長させていった。徳松の死後、炭鉱は昭和九年に日立金属や日産自動車の創始者である鮎川義介の運営する日本産業に売却される。

筑豊の有力炭鉱主である貝島の援助を受け、炭鉱業に乗り出した鮎川は日本炭礦を筑豊でも最も採炭設備の近代化された炭鉱へと変貌させた。化学原料の

〈下〉三松園の一角にある三好徳松君像台座
〈左〉山神社（大君神社）拝殿
〈左下〉大君鉱業所診療所

石炭事業化や坑底が地下一〇〇〇㍍に達する当時日本有数の斜坑である二島坑（北九州市若松区・現存せず）の採炭、四戸程度を一棟とした二階建て炭鉱住宅の整備など、鉱員の福利厚生にも熱心に取り組んだ。

出炭量は戦後の昭和二六年には百三万トンに達するが、昭和三十年代から始まった海外炭の攻勢やエネルギーの石油へのシフト、さらには三菱化成との採掘権の問題や炭質の低下を招いたことで、一九七一年（昭和四六）閉山した。

三松園と三好徳松の信心

旧大君鉱業所の近く、ふたつの川と海に挟まれていることで海嘯が起こることから三ツ頭と名付けられた土地の一角に、寺社に併設した「三松園」という公園が遺る。ここは日本炭礦の前身三好鉱業の経営者三好徳松が、炭鉱で亡くなった鉱夫の供養を行うために昭和四年に開設したもので、現在も約一九〇体の仏像が山の斜面に沿って安置され、附近に診療所も現存する。

こちらの麓に、戦時中の金属供出で主を喪った台座が遺されている。「三好徳松君像」と書かれたその台座は、高さ二㍍を超えるかなりの大きさで、往時の銅像がどれほど立派なものであったか想像をかき立てさせる。三好徳松は三ツ頭の生まれで裸一貫から三好鉱業を筑豊有数の炭鉱へと育て上げたが、「一に豊州、二に泉水、三で知ったか高松キナコ」とも称される筑豊の圧政ヤマでも有名であった。キナコとは罪を犯した炭鉱労働者への罰のひとつで、あまりの痛さに地を跳ね回るため体に付いた土埃の様から名付けられた。そのため、三好が労働者の供養に熱心であったことも頷ける。彼の寺社仏閣への寄進は現在でも遠賀郡や八幡西区折尾の寺社境内で確認出来る。

遠賀郡では他に、海老津炭鉱鉱員住宅（岡垣町）や旧芦屋軌道築堤（芦屋町）などの遺産が現存するが、いつ壊されてもおかしくない状況にある。（市原猛志）

37

水巻の近代化遺産群

▽炭鉱就労者の像①水巻町古賀三ー一八ー一②昭和十年代／セメント造③日本炭礦／圓鍔勝三／不詳④水巻町指定文化財
▽十字架の塔①水巻町古賀三丁目地内②昭和二〇年／コンクリート造③日本炭礦／不詳／不詳

炭鉱就労者の像

■炭鉱と共に歩んだ水巻の近代

水巻町の近代は、石炭産業を抜きにして語ることは出来ない。三ツ頭出身の三好徳松が始めた三好鉱業（別項参照）を前身とする日本炭礦高松礦（日炭高松）は、各種インフラを整備して現在の水巻の骨格を築き上げたと言っても良いだろう。日本炭礦関連の遺産群は、宅地化の波に呑まれるように次々と喪われたが、吉田・浅川の両地区に遺されているボタ山や日本炭礦病院（現高松産業本社）をはじめとして、現在もそのよすがを偲ぶことが出来る。それらのなかでも代表的な遺産として、以下のふたつの遺産を紹介する。

■炭鉱就労者の像　～日本近代の土台を支えた石炭産業のシンボル～

水巻町図書館に向かう坂を登ると、駐車場の中に古びた像が聳え立つ姿が見えてくる。この像はもともと日炭高松第一礦（水巻町頃末付近）の坑口付近にあった鉱夫の像「躍進」で、炭鉱閉山後は旧事務所敷地内に移設されていた。二〇〇四年（平成一六）、像は事務所解体のため町へ寄贈、再移転されたが、これを機に近代化遺産としての価値を認められ、翌年町指定文化財となった。

長く作者が不詳であったが、この像の原形にあたるミニチュア石膏像の刻印から制作者は広島県出身の圓鍔勝三（代表作品：「七つの秘蹟・彫刻」〈国重要文化財・世界平和記念聖堂内〉、など）と判明した。圓鍔は、石炭増産のため一九四三

十字架の塔

旧大山祇神社拝殿跡

年（昭和一八）に設立された軍需生産美術推進隊（画家や彫刻家などで構成）の一員であった。このグループにより、全国の炭鉱に鉱夫像がつくられた（北海道三体、福島県二体、新潟県一体が現存）が、この作品もその一つと考えられる。

■十字架の塔　～恒久平和を願う象徴～

図書館周辺は近年多賀山自然公園として整備されており、炭鉱時代の遺産も一部保存されている。その中でも異色のモニュメントが図書館裏手の傾斜面に遺されている。太平洋戦争中に日本全国で亡くなった、八七一人ものオランダ人捕虜の名が刻まれている十字架の塔である。

一九四三年（昭和一八）、福岡捕虜収容所折尾分所（のちの第六分所）が開設され、日炭高松古賀炭鉱社宅を改修した敷地内に東南アジア諸国で捕えられた連合国軍（オランダ・アメリカ・イギリス・オーストラリアなど）の兵士約一〇〇〇人を受け入れた。兵士たちは炭坑内で過酷な労働を課され、病気や坑内事故などで七〇～一四〇人の捕虜が亡くなったといわれている。

終戦後、戦争責任の追及を恐れた炭鉱側は、多賀山山中に突貫工事で十字架の墓標を立て、捕虜への一定の配慮を示した。その後月日と共に塔の存在も忘れ去られていたが、昭和六〇年、元捕虜のオランダ人ドルフ＝ウインクラーが水巻に来た際塔の存在を知り、氏の働きかけにより翌年整備された。以降元捕虜やその家族が毎年この地を訪れ献花式を行なうようになった。更に平成八年から、水巻町とウインクラー氏の地元・ノールドオーストポルダー市の中学生が交換ホームステイを行うなど、平和交流にまで発展している。

公園周辺には旧大山祇神社拝殿跡、殉職者招魂碑（昭和一二年）、鉱業報國（昭和一三年）の記念碑、西側の遊歩道沿いに社宅への給水用簡易水道の巨大な配水タンクが現存、炭鉱産業がこの地に息づいている。

（大坪剛・市原猛志）

三菱鞍手坑巻上機台座

38

鞍手の近代化遺産群

▽三菱新入炭礦六坑巻上機台座①鞍手町大字中山二四八五－二②一九一九年頃▽三菱新入炭礦鞍手坑巻上機台座①鞍手町大字古門五〇〇－一▽泉水炭砿坑口①鞍手町大字新延字泉水二二八四－二②一九〇六年（明治三九）▽新目尾炭鉱坑口①鞍手町大字永谷九二二－二②一九三五年頃▽六反田橋①鞍手町大字新延字六反田②一九二〇年（大正九）▽木月神社鳥居①鞍手町大字木月②一八九八年（明治三一）

巻頭地図2

ここでは鞍手町に所在する近代化遺産群を紹介するが、紙面の都合により、代表的なものとその概略のみを紹介する。

昭和期の三菱を支えた三菱新入炭礦六坑巻上機台座

一八八九年（明治二二）、三菱は中山、植木炭坑を近藤廉平、河村純義より譲り受け、中央資本の筑豊進出の先駆となった。同年より新入炭礦（当初は新入坑、中山坑、植木坑の総称）の開発に着手したが、自然発火や坑内増水のため、昭和初期までに第一～五坑を閉鎖、以降は第六、第七、鞍手坑が主力となった。

第六坑は一九一五年（大正四）六月より開削、一九一九年（大正八）に竣工した。第一卸坑口（一五〇キロ巻き）、第二卸坑口（五〇〇キロ巻き）、人車卸坑口を配し、選炭場、鍛冶仕上工場、営繕工場、火薬庫などの構造物が立ち並んでいた。現在は巻上機台座部分を二基残すのみである。なお一九二二年（大正一一）、第六坑選炭場より小牧信号所（現在のJR鞍手駅）まで石炭運搬の引込線が敷設されていたが、今日では産業道路という名で地域の主要道となっている。

三菱新入炭礦鞍手坑巻上機台座

一九三四年（昭和九）、金丸勘吉が一五〇万円の資本を投じ、金丸鉱業株式会社を設立、古門に開坑した。一九三七年（昭和一二）から東邦炭鉱株式会社が経営し、一時は野上辰之助の経営となったが、その後一九四四年（昭和一九）

六反田橋

木月剣神社鳥居

五月三菱鉱業株式会社が引き継いだ。施設は第一坑口が五〇〇キロ捲き、第二坑口が三〇〇キロ捲きを使用。現存する施設は畑に聳える第二坑口の巻上機台座のみであり、かつての炭鉱関連施設跡は工場団地や住宅団地となっている。

泉水炭礦坑口――現存している筑豊地区最古の坑口

当坑は一八九二年（明治二五）長谷川芳之助が仙水炭坑、一八九五年（明治二八）藤井信澄が新延炭坑と称して経営したが、一九〇二年（明治三五）伊藤伝右衛門の所有となった。坑口プレートの「明治三拾九年拾壱月廿八日開削」という銘文より、工事の開始時期が確認できる。一九一四年（大正三）、伊藤伝右衛門が古河虎之助と共に創立した大正鉱業株式会社の経営となる。

新目尾炭鉱坑口

明治初年、安川氏が経営していたとされる当坑は、一九一〇年頃（明治四三）古河鉱業会社の所有となり、その後日満鉱業所、室井鉱業所などに経営が引き継がれ、大島鉱業所を最後に一九六二年（昭和三七）四月に閉山した。現在は閉鎖された坑口と巻上機の台座がその面影を残している。この地区の石炭をかつて運んでいたエンドレス（永谷～新延間）の付近に架けられた石橋には「大正九年九月」「六反田橋」の文字がある。

木月剣神社の鳥居

西川流域の川艜船頭は、一八八八年（明治二一）の原田家文書によると、一〇四人であった。また西川地区の川艜は一八九三年（明治二六）には三叟、人員一二名で、石炭の岡出しをした荷車の所有者は五三人、人員は一八名であった。西川の大橋付近にある剣神社入口には一八九八年（明治三一）一月の年号と木月の船頭組合員二六人の名が刻まれた鳥居が今も残る。

（古後憲浩）

大正時代の中鶴炭砿（中間市史編纂室提供）

39

中間の近代化遺産群（大正鉱業中鶴炭砿）

大正中鶴炭砿

大正中鶴炭砿は中間市を代表する炭鉱である。一九〇五年（明治三八）、伊藤伝右衛門は鉱業権者が転々としていた中鶴炭坑の斡旋を受けた。貝島太助や麻生太吉は、中鶴での炭鉱経営は失敗すると忠告するが、伝右衛門は官営二瀬炭坑技師の林真一に調査させ、その鉱区を引き受けた。翌年には開発に着手、同九月に優良炭層に到着し、一九〇八年（明治四一）本格的な出炭を始めた。

出炭量も順調に増加し、一九一四年（大正三）五月、中央大手の古河鉱業と業務提携して大正鉱業株式会社を設立した。石炭販売と炭坑経営を分業させ、炭坑経営にあたった伝右衛門は急速に鉱区を拡大させ、中鶴炭砿は伊藤伝右衛門の栄華を支える基盤となった。戦後は、財閥解体で一九四七年（昭和二二）六月に古河との関係解消、同年十二月伝衛門が死去。やがて、エネルギー革命のもと、大正鉱業は一九六四年（昭和三九）十二月に閉山し、半世紀にわたり近代化推進の一翼を担った歴史に幕を閉じた。

現在中間市コミュニティ広場内に一九八一年（昭和五六）建立の中鶴炭砿偲郷碑（42「炭鉱の記念碑」参照）があり、明治四十五年二月起工の中鶴新坑及び新一坑の坑口銘板標石が保存され往時を偲ばせる。操業時の中鶴炭砿（大正七年）の写真とともに掲載する。

（濱田学）

石炭信仰・モニュメント

炭坑マンの夫婦像（麻生浩平・画）

40

炭鉱の山神社

▽大之浦神社①宮若市磯光字儀長

炭鉱が盛んだったころの、三菱飯塚鉱業所山の神　手前３つが飯塚鉱（飯塚市平恒）ボタ山、向う側２つが住友忠隈鉱（飯塚市忠隈）のボタ山。カマ場の高い煙突も見える

炭鉱では、必ず炭鉱の繁栄と安全を祈って神社を建て、人々は「山ノ神」と呼んだ。神社に「山神」の神額を掲げた所もあった。神社の規模は炭鉱によって大小あったが、大炭鉱になるとムラの神社に劣らない大きなものもあった。祭神は大山積神《おおやまつみのかみ》で愛媛県大三島の大山祇神社《おおやまずみじんじゃ》から勧請したといわれる。大山祇神社は式内社で、歴史的に古い神社として知られた。三島水軍河野氏の崇敬を受け、鎌倉・室町時代は武家の信仰を集め、武具・刀剣類の奉納は日本最高であろう。炭鉱経営者が信仰を深めたのは、金属鉱山の神としてまつられていたのに、石炭運搬船が瀬戸内海を頻繁に往来したからであろうといわれる。

しかし、いつの時代もそうではなく、三井山野炭鉱では、炭鉱が嘉麻市山野にあった大正時代までは稲荷神社をまつっていた。当時を知る人は、山の神祭りの日は参道に赤い旗が立ち並び、社殿前にはコモかぶりの酒樽の蓋を割り参拝者に振舞われていたということである。

さらに、坑口に神棚を置いたり、神札を掲げる炭鉱もあった。英彦山《ひこさん》神社の神札をよく見かけたものである。炭鉱には専門の神職はいなかった。祭りのときは、近くの神社の神職を招いて行っていた。

炭鉱閉山のさいは、御神体を大山祇神社に返しに行った所もある。漆生炭鉱（三井山野炭鉱閉山後の第二会社）も、炭鉱幹部たちが御神体の石炭を返しに行っ

大之浦神社

〈左上〉花嫁の「お宮参り」帰り
三井山野炭鉱銭代坊社宅にて
〈左〉山神社春季大祭での獅子舞
三井山野炭鉱一坑（漆生坑）

た。一九七五年（昭和五〇）ごろ、筆者が大三島の大山祇神社に参ったとき、神社の標本室に石炭があり、「漆生鉱業所」の木札が添えてあった。これが御神体であったかもしれない。

神社の位置は、大体炭鉱を見渡せる小高いところにあり、そこは炭鉱の中心になる所で「山ノ神の下を掘るときは炭鉱の終掘だ」といわれた。

山の神は炭鉱で働く人にとって、最も大切で神聖なものであった。結婚式で嫁入りする花嫁は、山ノ神に「お宮参り」をした。子どもが生まれたときも同様であった。

炭鉱の人たちは、一年を通して運動会と山ノ神祭が最大の楽しみであった。嘉麻市鴨生・漆生の三井山野炭鉱新聞「山野」の一九三五年（昭和一〇）山ノ神祭りの記事から拾い上げてみよう。十一月九、十日の二日間全山休暇でにぎわい、見出しは「全山を歓楽境にした」と活字が弾んでいる。青年が担いだ神輿が炭鉱内をめぐり、神楽・活動写真（映画）・相撲・浪花節などが行われ、友人が集って酒を酌み交わした。戦後も同様に楽しんでいる。しかし、すべての炭鉱でにぎわったわけではない。中小の炭鉱では労務係など関係者だけでの祭典で終る所もあった。

炭鉱が筑豊から姿を消して三〇年を超える。今神社が残っているのは、宮若市磯光の天照神社境内にある貝島炭礦の大之浦神社とわずかであろう。この神社は一九六八年（昭和四三）に遷されて、七一年に二礦、七四年に三礦の山神を合祀したものである。時の社長は貝島弘人であった。神社の奥には前代社長貝島太市の銅像が立っている。祭りは天照神社の春秋の例祭のときに祭典を行っている。近年まで貝島炭礦関係者の参加があったが、今は天照神社磯光の氏子が清掃をはじめ一切を行っているとのことである。

（香月靖晴）

上臼井遠賀川左岸の水神社

41

川艜船頭の神々と奉納物

※船頭衆寄進の社祠・奉納物は、解説・各論編に列挙しているので参考にしていただきたい。

遠賀川流域の神社に「船頭」「船中」や「艜」の銘がある社祠や奉納物は多い。その場所は集落の神社境内によく見られ、船頭衆がまつった社祠や狛犬・鳥居・石灯籠などである。船頭衆が勧請して水運の安全と繁栄を祈った神々は、志賀神社と金刀比羅宮が多い。

これらの社祠や奉納物の銘を見ると、当時の様子をうかがうことができる。多数の奉納者名がある二例を挙げよう。一つは田川郡福智町上野《あがの》の福智下宮神社に一八九〇年（明治二三）「上野村舟主中」で奉納した石灯籠（式日燈）である。九五名で奉納し、二舟以上の人は持ち舟数を記しており、最高は四舟持ちである。他は一舟持ちとして計算すると一一七舟になる。あと一つは、直方市植木の天満宮にある「大組船頭中」一八八九年（明治二二）奉納の石灯籠である。ここでは全員持ち船数があり、「一艘半」のように半艘の端数がついた人が一一人ある。奉納者六八人、舟数は一一五艘半で、最高は六艘持ちである。直方から若松に向けて石炭列車が発車したのが一八九一年だから、当時は遠賀川水運の全盛期であった。農家なども船頭を雇って石炭運送に加わっていた。一九七〇年代までは、遠賀川沿いの民家の壁などに石炭を運んだ川艜の廃材が使われていたのを見かけたものである。

飯塚市飯塚宮町の曩祖《のうそ》八幡宮石段上がり口に「志賀宮　大正四年　飯塚方面

木屋瀬の金刀平宮

集結する川艜図（直方市植木金毘羅内）
現在、直方市中央公民館にある

川艜組合中」銘の石灯籠がある。志賀宮は嚢祖八幡宮境内社で船頭衆がまつった神社である。『嘉穂郡誌』（一九二四年刊）には「大正の初年に至りて、全く帆影を認め得ざるに至れり」と書いているので、遠賀川上流域の水運は絶えていたと思われる。それが、川艜組合が存在し石灯籠を一対奉納するだけの資力を持っていたことをどう判断したらよいか。大正四年は一九一五年第一次世界大戦中で水運の必要があったのか、組合解散前の奉納だったのか。

遠賀川水運にかかわる絵馬もある。二例をあげよう。前記植木の天満宮境内社金毘羅宮に掲げられていたもので、植木から下流の中島にかけて多くの川艜が浮かんでいる俯瞰図《ふかんず》である。一八九一年の奉納なので、船頭衆の意気盛んなことを示す意図があったのではなかろうか。現在は直方市中央公民館にある。あと一つは、飯塚市口原の彦穂神社拝殿に掲げてある一八五三年（嘉永六）奉納の「獅子舞行列図」である。この絵は秋の祭礼図であり、額縁に「御願成就・丑秋禎祥・当村百姓中」と書いているので、豊作感謝の奉納と思われる。注目されるのはこの絵の上部と下部の川に帆掛け舟が何艘も描かれていることである。上の川が遠賀川で、下の川が庄内川である。当時、遠賀川は彦穂神社の裏側を通っていた。

絵馬に関しては、「文明開化への憧れ」といえる、近代化への貴重な奉納物がある。宮若市下《しも》の日吉神社拝殿に掲げられている、一八八三年（明治一六）奉納の「神戸港春景図」である。六甲の山並みを背景に、開港まもなくの神戸港を描き、行き交う汽船や和船に石炭舟と思われるものもある。海岸には洋館が立ち並び奉納者の人たちではと思わせる六人もいる。伊勢参宮のときに見たのであろうか、近代化への憧れと息吹が感じられる。なお、絵師は福岡藩お抱えであった衣笠探谷で、宮若市指定有形民俗文化財である。（香月靖晴）

中鶴炭砿偲郷碑

42

炭鉱の記念碑

▽中鶴炭砿偲郷碑①中間市市立図書館敷地内②一九八一年(昭和五六)③中間市有志一同
▽三菱鯰田炭礦跡の碑①飯塚市鯰田②一九八八年(昭和六三)③元三菱鯰田炭砿従業員
▽忠隈炭砿之碑①飯塚市忠隈②一九六六年(昭和四一)③住友石炭鉱業

わが国の近代化に寄与した筑豊炭田は昭和五一年大之浦露天掘炭礦の閉山で総ての炭鉱が筑豊から消えて三〇余年となる。

炭鉱跡地には、創業碑、坑口跡碑、閉山記念碑、山神社跡、炭鉱病院跡、会館跡、私立学校跡などの碑もあるが、代表的な記念碑について紹介する。

■中鶴炭砿偲郷碑

筑豊の炭鉱王といわれた伊藤伝右衛門は、明治三九年に中鶴炭砿を開坑、大正三年大手の古河鉱業と共同で大正鉱業株式会社発足、爾来筑豊御三家に次いで発展したが、昭和二二年八七歳の天寿を全うし、飯塚市幸袋の自邸で生涯を終えた。大正鉱業はエネルギー革命で昭和三九年閉山、中間市立図書館敷地内に昭和五六年に中鶴炭砿偲郷碑が建立された。

伊藤伝右衛門が明治三九年創業した新坑は遠賀川中洲に飛来する瑞兆鶴にあやかって「中鶴炭砿」と名付けられた。この炭砿の創業で急速に市街化が形成され、日本の近代化に重要な役割を果したが、エネルギー革命に抗しきれず、昭和三九年十二月十四日閉山のやむなきに至った。中鶴を生涯の地と定めた多くの人たちが全国に散って一六年、中間市の発展の基礎を築いた中鶴炭砿栄光の歴史を、永久に市民の記憶にとどめ、この記念の碑を建立した。中鶴に生涯をかけた仲間たちの顕彰の碑、殉職者鎮魂の碑であると石に刻んでいる。

忠隈炭砿之碑

三菱鯰田炭礦跡の碑

■三菱鯰田炭礦跡の碑

筑豊に大手としていち早く参入した三菱鉱業は、新入、鯰田、方城、上山田、飯塚炭砿等を開発し、筑豊興業鉄道の敷設に関わり筑豊の繁栄に寄与した。

鯰田炭砿は麻生太吉から鉱区の譲渡を受けて明治二二年に操業を開始し、当時の飯塚市、頴田町、庄内町、稲築町に一坑から六坑まで坑口を開設、わが国最初の長壁式採炭、安全灯の採用など最新技術を導入して、わが国を代表する優良炭砿へ発展、最盛時従業員五千人、年間八〇万トンを産出、日本経済の発展に寄与した。時勢の推移に抗せず昭和四一年坑口閉鎖、残された露天掘も昭和四五年に終了し、開坑以来八〇余年にわたり、総出炭量三一七九万トンを記録して光輝に満ちた歴史を閉じた。

閉山でこの地を去った幾多の人々を偲び、尊い殉職者、物故者のご冥福を祈り、開坑百年を記念して、元三菱鯰田炭砿従業員有志が昭和六三年建立した。

■忠隈炭砿之碑

明治二七年麻生太吉から譲渡を受けて、住友の主力炭砿として七〇年、昭和三六年九月閉山、総出炭量は約一八〇七万トンであった。第二会社の忠隈炭砿株式会社で昭和四〇年まで操業して終掘した。

筑豊富士と謳われた「住友忠隈炭砿ボタ山」麓に、山の神神社跡が整地された「忠隈山の神公園」の一角に昭和四一年建立の「忠隈炭砿之碑」がある。

その碑には、此の地は住友石炭鉱業発祥の地であり、明治二七年麻生太吉氏より鉱区を譲り受けて忠隈炭砿を拓いた。これが住友の事業として石炭業界に進出した最初のものである。爾来日に月に進展、操業を重ねること七〇有余年、住友石炭興隆の礎としてその使命を全うした。茲に閉山するに当り記念の碑を建立して永く後世にその栄光を伝えんとすると刻まれている。

（長弘雄次）

43

貝島太助・太市の銅像と史跡・謝恩碑

▽貝島太助像①直方市多賀町（多賀町公園）②一九五九年（昭和三四）／銅像③直方市／北村西望
▽貝島太市像①宮若市磯光　天照宮内②一九五七年（昭和三二）／銅像
▽謝恩碑①宮若市宮田七二一－一②一九三五年（昭和一〇）

直方にあった貝島邸　明治22年建築

貝島太助像　昭和34年建立
（直方市多賀町公園）

■貝島太助が築いた貝島炭礦

一八四五年（弘化二）、筑前国鞍手郡直方（現直方市）で貧しい農家の子として生まれ、八歳の頃から父親に連れられて坑内で働いた。このように裸一貫、坑夫から叩き上げ、筑豊の御三家の一人と言われるようになった。

貝島太助の銅像が、一九五九年（昭和三四）、旧貝島邸の跡地（現多賀町公園）に建立された。それは直方の発展に大きく貢献し、明治末期から大正にかけて遠賀川大改修の推進力となった功績を称えて建立されたもので、筑豊の将来を見守っているようである。

母の孝養のために建てたと言われる旧邸宅は、一八八九年（明治二二）、数万金かけた三階建で、一八九一年（明治二四）に前農商務大臣井上馨が訪れ、深く長い結びつきが出来た。また、一九〇〇年（明治三三）に文豪森鴎外（小倉十二師団軍医部長）が三泊し、「…五十歳許りの偉丈夫なり」と日記に記した記念碑が建っている。

太助は、一八九八年（明治三一）に貝島鉱業合名会社を、その後、貝島鉱業株式会社を設立し、企業を拡大した。一九〇七年（明治四〇）には貝島家の菩提寺の再建に着手し、また、地域社会のために沢山の寄付

犬鳴川水運の守り神金比羅様（犬鳴川畔）

石炭記念館近くの貝島炭鉱創業之地

東洋一の竪坑新管牟田坑　昭和 28 年

創業当時の貝島大之浦炭坑　明治 24 年頃

をなし、一九一六年（大正五）、七二歳の生涯を終えた。今にその偉業が語り継がれている。

貝島炭礦の足跡

宮若市石炭記念館付近の中央露天掘を見下ろす地に「貝島炭鉱創業之地」の碑が建っている。一八八八年（明治二一）頃から本格的に採炭が進み、当時の犬鳴川からの水運で、水運の守り神である金比羅様が鎮座《ちんざ》しており、一八九一年（明治二四）頃の創業当時の活気ある風景が残る。

一九〇一年（明治三四）、勝野－桐野（筑前宮田）間の運炭鉄道を建設（のち九州鉄道に譲渡）し、漸次水運から鉄道輸送に切り替わった。

その後、太助の意思を継いだ五・七代目社長太市は、新菅牟田坑に集約し、一九五三年（昭和二八）に東洋一の竪坑を完成させたが、二〇年後の一九七三年（昭和四八）にここを閉山し、筑豊炭田における坑内掘は姿を消した。

露天掘は、一九六一年（昭和三六）に中央露天掘を中心に、本格的に開始したが、一九七六年（昭和五一）に閉山し、筑豊炭田の石炭の歴史は閉じた。

大之浦神社

貝島太市像　昭和 32 年建立

貝島本社バス停

■五・七代目社長貝島太市の業績

後継者貝島太市は、太助の四男として生まれ、一九一九年（大正八）、三九歳の時に「貝島商業株式会社」を設立し、三井物産に委託されていた石炭販売を止め、貝島炭を自家販売にした。

一九三一年（昭和六）、商業、鉱業、大辻岩屋炭鉱を合併して「貝島炭礦株式会社」を設立、五代目社長に就任した。その後、東部大之浦開発工事に着工し、四〇〇㍍を超える竪坑を完成させ、筑豊炭田最後の炭鉱として、エネルギー供給に力を注いだが、一九六六年（昭和四一）、八六歳の生涯を閉じた。

太市は、貝島炭礦中興の祖として、喜寿記念建立の銅像が、貝島炭礦の守護神「大之浦神社」境内にある。（40「炭鉱の山神社」参照）

貝島太助は、従業員子弟のため私立小学校を建て、太市は貝島育英会を創立し、従業員子弟の教育に意を注いだ。

露天掘跡地には、水を湛えた池があり、貝島本社のバス停がその近くで、往時を伝える記念の碑となっている。

■「謝恩碑」「俵口和一郎頌徳碑」

宮若市中央公民館敷地内に、「謝恩碑」と「俵口和一郎頌徳碑」がある。

露天掘の現況　平成 19 年

貝島炭礦露天掘　昭和 51 年閉山

記念碑バス停

貝島炭礦にあった記念碑（謝恩碑，頌徳碑）宮若市中央公民館

一九一七年（大正六）に露天掘開始のため、笠松村の原野を買収し、朝鮮人労働者三〇余名を雇い入れた。その後、年々数を増し、労働者二五〇余名、その家族は二〇〇余名となった。当時の大之浦七坑々長俵口和一郎は、彼らの指導、統御に差別的な取扱いを避け、私立第三小学校に夜学を設け、労働者及びその子弟に修学の機会を与え、また、勤倹、貯蓄の大切さを教え、生活の安定を図り、郷里に送金し、債務をなくし、田畑を購入する者など多数いた。とある。

一九二九年（昭和四）、俵口和一郎が退職する際、彼等二五〇余名が浄財を投じ、「俵口和一郎頌徳碑」を建立した。

一九三〇、三一年（昭和五、六）の不況は深刻で、露天掘も縮小せざるを得なかったが、彼等から一名の解雇者も出さなかった。

その数年後の一九三五年（昭和一〇）、ついに露天掘の採炭が終わり、同地を去るに当たり、二五〇余名が浄財を拠出し、十一月に「謝恩碑」の除幕式が行われた。

この碑は、現宮若市乗合バス「記念碑」のりば前の露天掘採掘跡地に建立されていた。

（榎田崇）

44

蔵内次郎作・保房の銅像と史跡

▽蔵内次郎作像①田川市伊田七三一（鎮西公園内）②一九一九年（大正八）※昭和一八年戦時供出▽蔵内保房像①田川郡香春町中津原二〇五五（田川高校）②一九六一年（昭和三六）▽鎮西公園（史跡公園）②一九一九年（大正八）③蔵内次郎作が造成費を寄付▽天台寺跡（上伊田廃寺）④田川市指定史跡

公園中央部（東西150間・南北180間）

蔵内家の炭坑経営と育英事業

炭坑経営

蔵内次郎作（一八四七－一九二三）は築上郡の人で、一八八三年（明治一六）に養嗣子の保房とともに田川郡弓削田村（現田川市）で炭坑を始めた。一九〇二年（明治三五）には添田村に峰地一坑を開坑し、さらに田川郡大任・川崎村へと進出した。だが、明治四一年次郎作は衆議院議員に選ばれてからは、炭坑の経営は保房に委ねられることが多く、次郎作は銀行の設立や鉄道の敷設などに尽力した。

蔵内保房（一八六三－一九二二）は一九一六年（大正五）に蔵内鉱業㈱を設立して社長となり、開坑や買収によって炭坑数も生産規模も次第に拡大し、筑豊炭業界に地歩を固めていった。

育英事業

一九一九年（大正八）蔵内次郎作は田川郡立公園の創設に巨額の寄付をした。公園設計は朝倉文夫で、その設計は公園中央部を平坦にして運動や各種のイベントが催される広さで、さらに隣接する天台寺跡（上伊田廃寺）を取り込んだ奇抜な発想である。特に天台寺跡（七世紀末）から出土した新羅系軒先瓦は、文様の精美さと華麗さで「日本を代表する古瓦」であると評価され

蔵内保房像（田川高校）

現在は、台座の上に忠霊塔が乗る

戦時供出前の蔵内次郎作像

ている。

巨大な石に刻んだ公園名「鎮西公園」と書いた「源長幹」は小倉小笠原家一二代目の当主、背面の碑文は末松謙澄である。

郡立公園創設の功労者蔵内次郎作の銅像は朝倉文夫の制作であるが、一九四三年（昭和一八）に供出され、今は華麗な台座だけが残されている。

蔵内保房は一九一七年（大正六）、郡立田川中学校（現田川高校）の建設費として一一万円を寄付し、翌七年四月完成ではなかったが開校式を行った。

一九六一年（昭和三六）には創立功労者蔵内保房の胸像が校庭に建立されている。

さらに蔵内鉱業は一九一九年（大正八）、従業員の子弟教育のため「私立大峰尋常小学校」を開校した。その後、炭坑以外の子弟も入学を受け入れた。一九三九年（昭和一四）に蔵内鉱業は炭坑経営を古河鉱業に譲渡したが、古河鉱業は炭坑と共に学校経営も引き継いだ。

（花村利彦）

坑夫の像「炭掘る戦士」（直方市）

45

坑夫の像

▽坑夫の像（炭掘る戦士）①直方市溝堀一－一②一九五四年（昭和二九）※移設は一九九六年（平成八）③花田一男

▽炭坑夫の像①田川市大字伊田二七三四－一（石炭記念公園内）②一九八二年（昭和五七）③山名常人

筑豊の石炭産業の隆盛を支えた人々のありし日の姿を、造形により顕彰と記念を表すための遺産が残されている。

■坑夫の像（直方市）

直方市の「坑夫の像」（通称、炭掘る戦士像）は、JR直方駅前に建てられていた。「直方駅前ロータリーの中に立体像が建てられ、…像は銅像でなく近代流行のコンクリート像である。…像は坑内で鉱員が採炭している姿で即ち坑夫の像である。特に像のバックに歯車を配されたことは、鉄工直方をも表徴したもので、坑夫の像は直方市に最も相応しいものであり得難いものである。…坑夫の像は産業戦士で、平和の使者である。この像だけは何時如何なる場合にも筑豊炭田の続く限りヤマの勇士として黒ダイヤの光りと共に輝くであろう。（筑豊タイムズ昭和二九年六月一九日）」

像の作者花田一男は、直方市出身で、坑夫の像は四九歳の作品である。一九五二年（昭和二七）のヘルシンキオリンピックの際、日本を代表して、朝倉文夫と合作でスキー姿「銀嶺は招く」を出品した。

この坑夫の像は、一九五四年（昭和二九）七月に、花田一男から寄贈された。像の高さ二・四㍍、二・五㍍の台座の上に立ち、鉱員が削岩機で石炭を掘り出している姿を表している。

直方駅前の坑夫の像（鴻江敏雄氏提供）

前記の筑豊タイムズの記事中の「…筑豊炭田の続く限り…」は、現実には炭鉱閉山によって、地域社会経済の基盤が崩壊し、像を取り巻く状況が一変し、その存在に影を落とすことになった。また、建てられてから四二年が経過し、像が鉄筋モルタル造りであったため、表面が風化、老朽化が激しくなった。右ひじ部分はモルタルがはがれて内部の鉄筋が露出している状態になっていた。

かくして、一九九六年（平成八）二月一七日の新聞記事「旧産炭地のあかしとして…JR直方駅前にある炭鉱労働者像が市石炭記念館に移設されることになり、十六日、新たなモニュメントを選ぶ市の検討委員会が開かれた（朝日新聞）」報道により、移転問題について市民的な賛否の議論が巻き起こった。結果、直方リバーサイドパークの中の島公園に移設されることになった。

一九九六年（平成八）一二月一日に、除幕式が行われた。移設された「坑夫の像」のプレートには「この像は、昭和二十九年、直方市出身の彫刻家花田一男氏によって製作され、永く直方駅前にあって、石炭の終息とその後の直方の復興を見守ってきました。

そして平成八年の駅前ロータリー改築を機に、かって白帆の五平太船が往来する石炭輸送の動脈となり、いまだ直方市とともに未来に向かって滔々と流れる遠賀川を望むこの地に移設されたものです。平成八年十一月吉日」と刻まれている。

■炭坑夫の像（田川市）

田川市は、一九七八年（昭和五三）五月二六日、市役所に《石炭記念公園建設推進会議》を組織し、同年九月、都市計画法による都市公園計画を決定した。同年十月二六日、坂田九十百田川市長と有吉新吾三井鉱山㈱社長との間で「田川石炭記念公園」の建設に関して、「土地、構築物使用賃借契約」を締結。この

田川市石炭記念公園（平成２年時　東鷹同窓会提供）

炭坑夫の像（田川市）

契約により、田川市は旧三井伊田坑内の公園使用の土地（約五万九千平方メートル）と竪坑櫓及び二本煙突の無償貸与による実質的管理を行ってきた。

一九七八年（昭和五三）より公園工事を始め、旧炭鉱施設建築物の廃棄、造成工事、テニスコート、運動広場、自由広場等が完成、また二本煙突の保存修理、竪坑櫓の塗装等も完了した。今日の石炭・歴史博物館（当時は石炭資料館）の建設と展示物の収集も計画の一つとして実施された。

その計画中の保存（修復）施設の一つに沈殿池（石炭水洗時の微粉炭を沈殿させ煉炭・豆炭の原料を採った池、九二〇平方メートル）があり、これを改良して公園の噴水池とすることになった。

一九八二年（昭和五七）一月、提案している日本水景協会会員三業者と打ち合わせ、（市）「石炭記念公園にふさわしい像、典型的な石炭労働者を。」、（業者）「顔、全身に迫力のあるもの。坑内夫のモデルが必要。」と意見交換する。一九八二年（昭和五七）三月、業者が決定。市職員が炭坑夫とその妻のモデルとなり、昭和五六年度事業として、五月二五日までに工事が完了する。

一九八二年（昭和五七）五月二四日、噴水池が完成し、試験噴水をした。噴水池の直径三〇メートル、深さ五〇センチ、噴水は三段式で六四本のノズルから最高三・五メートルの高さを含めて一分間に九トンもの水が噴き上がる。中央の二・三メートルの台座の上に、高さ二メートルの鉱員と選炭婦のブロンズ像が立っている。ブロンズ像は、東京都在住の彫刻家山名常人の作品であり、ブロンズ像の服装は、昭和一〇年代の姿を再現しており、「仕事を終えて、帰途につくヤマの夫婦のイメージ」を表現している。平成七年以降の改善工事にともない、現在では噴水を停止している。（安藤龍生）

田川地区炭坑殉職者慰霊碑

46

殉職者慰霊碑

▽田川地区炭坑殉職者慰霊之碑①田川市大字伊田二七三四－一（坂田顕彰公園内）②一九八九年（平成元）
▽炭礦殉職者慰霊碑①直方市大字直方六九二－四（石炭記念館敷地内）②一九七一年（昭和四六）
▽復権の塔①宮若市千石公園内②一九八二年（昭和五七年）③服部団次郎

■田川地区炭坑殉職者慰霊之碑・炭礦殉職者慰霊碑

田川石炭記念公園全体を見下ろす高台に「坂田顕彰公園」があり、その敷地内の左手に「田川地区炭坑殉職者慰霊之碑」が建てられている。

碑には金色で「福岡県知事　奥田八二書」と刻した「田川地区　炭坑殉職者慰霊之碑」（高さ三・七メートル、碑基底幅二・八二メートル）、碑の右隣には「碑文」、離れて右脇に「慰霊之詩」がある。慰霊之碑の左脇には、慰霊碑建設協賛者一〇九団体・個人を刻名した石碑がある。用材は緑色片岩で、徳島県東祖谷山村産出である。

一九八九年（平成元）十月建立のこの慰霊碑は、田川地区の各団体・機関・個人がその追悼の誠を結集した浄財募金により建立された。

碑文の後段約三分の一を採録する。「…然し、一方、瓦斯爆発、落盤、出水、坑内火災等の被害も又甚大で殉職者は推定二万人とも言われている。…今日、吾が郷土の発展の陰には、貴いこれら炭坑殉職者のいることを決して忘れてはならない。茲に奇しくも地域住民、諸団体等の賛同のもとに、此碑を建立し、諸霊のご冥福を祈り感謝の誠を捧げるとともに、末永く筑豊炭田の歴史を伝えんとするものである。」この碑文は「殉職者」としているが、立場や考え方により、罹災死亡者、災害死者、殉難者、犠牲者など表現の違いがある。

直方市石炭記念館の一隅にも「炭礦殉職者慰霊碑」がある。昭和四六年十一

復権の塔（宮若市千石公園）

炭礦殉職者慰霊碑

月、日本石炭協会九州支部（貝島弘人支部長）が、石炭記念館設立を機にこの碑を建立した。

（安藤龍生）

復権の塔

復権の塔は、一九八二年（昭和五七）五月に宮若市の千石公園に建立された。その建立に東奔西走したのは、大之浦教会の服部団次郎氏である。

彼は、現在の東京神学大学を卒業し、その後、那覇教会や名護教会に就任し、一九四四年（昭和一九）九月に九州疎開の引率者として帰国した。昭和二二年一月から貝島炭礦の坑内保安夫として働き、昭和二九年に大之浦教会並びに私立大之浦幼稚園を設立した。布教活動中、隣町の古老から聞いた話に感動し、炭坑犠牲者「復権の塔」の建設運動をする契機となった、と服部氏は言う。

過去、その町のある地区は農村地区と炭坑地区に別れており、農村地区の人は、炭坑地区の人を「炭坑もん」と軽蔑していた。ある時、農村地区の青年が罪を犯し、農村に住めなくなり炭坑で働いたが、「俺は炭坑もんとは違うぞ」という気持ちで働いていた。ある日、落盤事故で一人の坑夫が死んだ。一人の先山が自分の家に運ばせ、「お客さん用の一番いい布団を出せ…これ以上大切なお客さんはないんだ」（『沖縄から筑豊へ』より）と言い、死体に新しい布団が掛けられた。この時、差別していた青年は自分が恥ずかしくなり、何時までも炭坑で働く事を決めた。この話は、人権学習副読本『かがやき』にも「復権の塔」の話として掲載されている。

復権の塔の台座には山本作兵衛さんが描いた坑夫の働く姿や、台座の上には男女の坑夫像が立っており。地下には炭鉱事故で殉職した人々の名を記した小石が約一万個埋められ、人間復権の願いが込められている。

（榎田崇）

小鳥塚（飯塚市）

47

動物慰霊碑

▽小鳥塚①飯塚市上三緒②一九八一年（昭和五六）／石・煉瓦造
▽馬頭観音（筑穂元吉のみ）①飯塚市筑穂元吉②一九三五年（昭和一〇）④飯塚市指定文化財

■小鳥塚

坑内のガス検知器が開発されていなかった時代、ガス予知のためカナリアをはじめとする小鳥たちが坑内に持ち込まれた。人がガスの存在を感知するのはかなりの中毒症状が進んでからだが、小鳥類はその十分の一の濃度で、とまり木から落ちてしまい、ガス充満の危険をいち早く知らせる。カナリアは山野に棲息しないので、筑豊のヤマでは十姉妹やメジロ、四十雀などを鉱員がトリモチなどで捕獲し、入坑の際鳥籠に入れて現場に持参した。

筑豊炭鉱遺跡研究会で可憐な命を散らしていった小鳥たちの顕彰碑建設を決め、地元の各層に募金で呼びかける活動を開始し、朝日新聞の全国版にこれが報じられると各地から続々と募金が寄せられ、総額二百数十万円に達した。

建立の地は小鳥塚の小字名が現存する麻生上三緒炭坑跡とし、一九八一年（昭和五六）バードウィークの初日に盛大な除幕式を挙行した。その構造は赤煉瓦の台座に石炭を象徴する黒御影石を埋め込み「この地に石炭産業が栄えたころ、多くの小鳥たちがガス予知のために坑内に持ち込まれ、災害を未然に防止しながら可憐な生命を絶っていった。ここに小鳥たちの功績を讃えるとともに、その霊を慰め、また石炭の果たした使命を永久に顕彰するため、筑豊をはじめ全国有志の浄財を得てこの碑を建立する」との銘文が彫りこまれている。今日

馬頭観音（嘉麻市平）

馬頭観音（飯塚市筑穂元吉）

なお碑前には香華の煙が絶えない。（深町純亮）

馬頭観音

馬頭観音は、農耕・運搬にかかわる牛馬の安全と死んだ牛馬の供養もあって、広く信仰されている。像容は三面八臂《ぴ》などのいかめしい姿である。炭鉱が盛んになると、石炭を運ぶのに馬が使われるようになり、坑外運搬だけでなく、坑内でも使われていた。その供養の四例をあげる。

飯塚市筑穂元吉浦田の原家敷地内にある坐像石仏は、市の指定文化財である。原家は多いときは五〇頭ばかりの馬を養い、一九三一年（昭和六）から一九五六年まで区内の嘉穂炭鉱と契約し、坑内に馬を下げて石炭運搬をしていた。坑内では落盤などで死ぬ馬が出るので、一九三六年に安全と供養を祈願して馬頭観音をまつり、毎年日を選び僧侶を招いて供養をしていた。

嘉麻市平の稲築町制四〇周年記念公園東側下の十三仏側に坐像石仏がある。三面の顔に、右手にヨウキ（斧の一種）と石刀《せっとう》（ノミを打つ金槌）、左手に火薬壷とノミを持ち、銘に「昭和壱拾参年十月吉日　金丸利作」とある。炭坑で運搬に使われていた馬を供養したものといわれる。

飯塚市口原の遠賀川右岸近くに馬頭観音の石塔があり、銘は前面に「馬頭観音」裏面に「大正八年七月建設　施主古藤藤吉」とある。古藤藤吉は飯塚市勢田の安川明治炭鉱の石炭運搬を一手に引き受け、馬で遠賀川河岸まで運んでいた。これも、鉄道の発展によりトンネルを掘って石炭を伊田線中泉駅まで運ぶようになり、馬の運搬は一九三九年（昭和一四）に終った。

八幡西区楠橋山田家は大正鉱業などの馬匹運搬を請け負っていた。長男の誕生祝いに馬の安全と供養を祈願して、屋敷内に馬頭観音をまつった。その坐像には「大正十年十月吉日」の銘がある。（香月靖晴）

石炭無形文化遺産

日鉄中央坑正門前（諸藤浩之・画）

48

筑豊の銘菓

千鳥屋本店

鎖国時代、長崎という小さな針の穴から西欧文明が一条の光となって流れ込んできた。肥前長崎から豊前小倉に至る二五宿五七里の長崎街道が文明のシルクロードとなったのだが、この街道はシュガーロードとも呼ばれ、当時貴重だった南蛮渡来の砂糖の流通ルートともなった。

明治以降、筑豊炭田の大規模開発が進むにつれ、石炭景気をバックに筑豊の食文化は独特の発展進化をとげ、ヤマ亡き今日もなお地域に強く根付いている。その中から本稿では数ある銘菓のうちの代表的なものを採りあげていきたい。単品で年間売上高が数十億に達する「千鳥饅頭」「ひよ子」は業界の怪物といわれるが、何れも飯塚を創業の地とする二大銘菓である。

小学館発行の月刊誌「サライ」に駅の売店キヨスクで全国一の売上げ店は東京上野駅の第七五号店、ベストテンのトップが「ひよ子」という記事が出たことがある。創業者は八木山出身の石坂茂で一九一二年（大正元）に製造を開始、当時は貴重な食材であった鶏卵を使った黄味餡とかわいらしいひよこの姿が人気を呼び爆発的な売上げを示した。一九五七年（昭和三二）に福岡新天町に進出、同四一年に㈱東京ひよ子を創立。現在年間製造数は約八五〇〇万個、直営店は全国に約百ヶ所、新製品も次々に開発されている。

千鳥饅頭の千鳥屋が創始者原田政雄によって飯塚に開業されたのは一九二七

〈右〉ひよ子
〈右下〉すくのかめ
〈下〉成金饅頭

年（昭和二）。その生家は佐賀県久保田村の長崎街道筋で、一六三〇年（寛永七）から「松月堂」という菓子舗を続けていた。飯塚に進出したのは村の仲間と九州各地の市場調査で飯塚を担当、有田の陶器類を路上で売ったところ飛ぶように売れ、石炭景気の熱気に打たれてこの地に新天地を求めたからとされる。

秘術を尽くして練り上げられた白餡は独特の風味を持ち、高価な高級菓子にもかかわらず売れに売れる名産品となった。各炭鉱から贈答用に大量の注文が入り、盆暮れには包装が間に合わないという繁盛ぶりであった。一九四九年（昭和二四）福岡に進出、同三九年東京店オープン、東京、福岡、飯塚、大阪に本店を有し、全国に一八〇の直営店がある。

この二大メーカーを猛追したのが「さかえ屋」の中野辰弥。脱サラで駄菓子店を開業、エネルギー革命の嵐が吹き始めたころ、独自の自社商品のもなか「すくのかめ」を発売して大ヒットした。専ら機械化による洋・和菓子の新製品を廉価販売する戦略が功を奏し、九州各地に広く店舗展開している。

筑豊三炭都のひとつ直方市が誇る郷土銘菓が「成金饅頭」である。明治末、大石長吉という人が相場での儲けを企んで北海道に大量のうずら豆を注文、現品が貨車二台で直方に着いたときには値段が大暴落していて一台分しかさばけず、思案の末、あんこを沢山使ったドラ焼風の菓子でも作ろうということになったのがその誕生記。炭鉱成金といった言葉が日露戦争直後の石炭景気に湧く筑豊に誕生、石炭王貝島太助もその頂点に立つ成金、豪快なこの饅頭がお気に入りで、「成金饅頭」の名付け親も太助だといわれる。創始者の長吉が太っ腹で「おれひとりで儲けようとは思わん」と登録商標の申請をしなかったため、同業者が増え始め、昭和二十年代の最盛期には市内の三十軒でつくられていたが、炭鉱閉山後は売上げが減少、現在は四軒で作られているにすぎない。（深町純亮）

49

筑豊の文学

▽森鷗外文学碑①飯塚市本町井筒屋前②一九九七年（平成九）③飯塚市・飯塚市教育委員会
▽林芙美子文学碑①直方市須崎公園②一九八一年（昭和五六）③直方文化連合会
▽橋本英吉文学碑①田川市石炭記念公園②二〇〇三年（平成一五）③橋本英吉文学碑建碑会

森鷗外文学碑（飯塚市本町井筒屋前）

筑豊遠賀川流域で、奈良・平安時代以降太宰府政庁と豊前国府などを繋いだ太宰府道には万葉歌人、太宰府政庁と平城京、平安京との往来に開いた路として、近時筑豊各地に万葉歌碑が建立されるなど文化の香りが漂い、近世長崎街道、秋月街道を通じた多くの文人往来で多彩な文化が引き継がれてきた。

近代明治以降石炭産業の勃興とともに中央の文人との交流が強くなり、古の文化の土壌のうえに花開いた。芥川賞作家火野葦平の「花と龍」、筑豊を舞台とした五木寛之の「青春の門」など広く知られた文学作品のほか、筑豊を愛した人々の文学作品の一部を紹介する。

■筑豊の文学碑

明治三二年から三年間小倉第一二師団軍医部長で赴任した森鷗外が筑豊各地を演習で訪れ、飯塚市、直方市、福智町、香春町などに森鷗外文学碑があり、「放浪記」で文学界に花開いた林芙美子が大正四年に両親と直方に滞在したことで、直方市須崎公園に林芙美子文学碑が建てられている。

田川市石炭記念公園には、三井田川炭鉱に勤務したのち、炭坑作家として文壇に登場し、「若き坑夫の像」「筑豊炭田」など優れた作品をのこした橋本英吉文学碑が国登録文化財の三井田川伊田竪坑櫓の側に建てられ、漂白の旅人種田山頭火の句碑が糸田町、香春町などに多く残されている。

橋本英吉文学碑（田川市石炭記念公園）

林芙美子文学碑（直方市須崎公園）

■**石炭産業の記録作品**

昭和四八年発行の『筑豊石炭礦業史年表』（石炭礦業史年表編集委員会）は筑豊石炭史研究のバイブル的な年表で、平成一一年から四年かけ編集刊行の「筑豊近代化大年表（明治・大正・昭和戦前・昭和戦後編）」（近畿大学九州工学部図書館）は平易に編纂されている。石炭の歴史は『筑豊　地域の石炭史』『筑豊讃歌』『筑豊万華』（永末十四雄）の三部作がある。

■**筑豊全域紹介の作品**

遠賀川流域の自然・農民・石炭の視点による『遠賀川流域史探訪』（林正登）や遠賀川の歴史を平易に編纂した『遠賀川—もっと知りたい遠賀川—』（遠賀川流域住民の会）、民俗学からの『遠賀川　流域の文化史』（香月靖晴）は遠賀川流域住民の暮らしを詳細にまとめている。

筑豊の歴史、風物の『筑豊原色図鑑』（松本廣編）、炭鉱俳句集『燃ゆる石』（野見山朱鳥編）、『筑豊を歩く』（香月靖晴他）はハイキングコースを紹介。地域文芸誌「嘉麻の里」（月刊）や嘉飯山・直方・田川・香春の郷土研究会誌、各地の文化連盟など文化・芸術の火を灯し続け、筑豊の文学には奥の深さがある。

■**筑豊の炭鉱生活、創業者の物語**

三井田川伊田竪坑櫓と二本煙突が唄われた炭坑節題材の『炭坑節物語』（深町純亮）、筑豊の炭坑を克明に描いた『筑豊炭坑絵巻』（山本作兵衛）、『筑豊炭坑絵物語』（山本作兵衛〈絵・文〉、森本弘行編）、炭坑生活記録の『炭坑物語』（西田彰）、『ボタ山のある町』（市丸郁夫）等は筑豊の炭鉱をまとめた作品である。

筑豊御三家の一人麻生太吉に続く三代の作品『筑豊三代』（深田良）、『貝島太助の物語』（福田康生）、筑豊の石炭王『伊藤伝右衛門』（深町純亮）などは明治の創業者たちの志の高さを窺い知る作品である。

（長弘雄次）

50

山頭火の筑豊遍歴句と炭鉱の俳句

糸田小学校前（糸田）

■ボタ山に抱かれた山頭火

漂泊の俳人種田山頭火（一八八二〜一九四〇）は、現防府市八王子に生まれる。早稲田大学中退後、荻原井泉水に師事、俳誌「層雲」に句を投じた。家業の失敗により、大正五年に句友を頼って熊本へ移住し、大正一三年出家して同一五年に一鉢一笠の旅に出る。旅に疲れ短期的に庵住することはあっても、生涯の大半を托鉢放浪の旅を続けた。西日本を中心に放浪を続け、松山で終焉を迎えたが、解くすべもない惑いを背負うた旅の疲れが癒されたのは「逢ひたいボタ山が見えだした」筑豊であった。

田川郡糸田の明治豊国病院に木村緑平がいた。行乞途上にあっては「南無緑平老如来」と便りして危機を救われた。訪問すれば温かい風呂、酒と肴を用意するなどツネ夫人の心遣いに「かういふ一日は一年にも十年にも値する」と言わせ、二人は夜のふけるまで話の種が尽きることがなかった。

木村緑平は昭和二年、明治豊国鉱業所病院の医師として着任以来、糸田に十一年、系列の明治赤池病院に四年間勤めた。その間、山頭火は糸田・赤池緑平居あわせて一九回訪問している。

炭鉱が緑平を呼び、ボタ山が山頭火を招き寄せ、郷土を舞台に記念すべき文芸活動が展開された。

山頭火遊歩道（香春）

伯林寺境内（糸田）

山頭火は生涯二一冊の日記を残しており、日記はすべて緑平に託された。緑平の好意に報いるには、これしかなかったのである。山頭火が托鉢によって一生過ごせたのは、炭鉱医の木村緑平に巡りあえたからであった。二瀬炭鉱には孝行息子の健が勤めていた。いずれにしろ、「逢ひたいボタ山」の筑豊は山頭火の心のふる里であった。全国各地に層雲の仲間がいたが、三井三池病院時代の大正八年四月の初対面以来、山頭火を支えて二〇年以上の長期の支援の量と質は比肩するものがなく、木村緑平がいなかったら今日の山頭火は存在しなかったろうと言われている。

木村緑平は炭鉱坑内労働者と直接に接していた。彼らの診療によって得た報酬を一人占めする気は毛頭なく、ひたすらに山頭火に喜捨して自らも救われていたに違いない。

山頭火は前掲句以外にも「ボタ山ならんでゐる陽がぬくい」「ふりかえるボタ山ボタン雪ふりしきる」などのボタ山の句を詠み、緑平との兄弟句碑、モニュメントが建てらた。「種田山頭火・木村緑平を顕彰する会」が設立されて、筑豊の文化遺産として町の活性化に貢献すべく活動を続けている。

香春町でも、「香春晴れざまへ鳥がとぶ」、「香春をまともに乞ひ歩く」、「ふりかへれば香春があつた」など九基が山頭火遊歩道に整備され、万葉歌碑とともに町の活性化に寄与している。

山頭火は昭和六年、三八九（さんぱく）居を去り、北部九州を放浪する。秋月街道を東へ、山家・内野・長尾を行乞する。昭和六年十二月三〇日、長尾駅（現桂川駅）前の後藤屋に泊る。滞在二日目の日記に名句「うしろ姿のしぐれてゆくか」が記されている。筑豊はどんな人でも受け入れる度量の広さをもつ地域であったのである。

（仲江健治）

ボタ山・遠賀川（諸藤浩之・画）

炭鉱俳句集「燃ゆる石」野見山朱鳥編

野見山朱鳥は直方生まれの俳人で、高濱虚子に見いだされ「火を投げし如くに雲や朴の花」の句で世に出た。

昭和四一年四月に刊行。当時閉山が相次ぎ炭鉱マンは既に離散し始めており、飯塚の麻生・宮田の貝島・山田の三菱・田川の方城・大牟田の三井等の各炭鉱のクラブや俳人の居宅で俳句指導をし続けた朱鳥にとって、炭鉱俳句の離散防止は永年の念願であった。

約一年かけて菜殻火同人等十八名の編集委員が各界に呼びかけて収集した俳句は炭鉱の風物・生活・魂の記録で、誠に珠玉の黒ダイヤ句集である。

（新　年）

地の底に居て元旦を喧いけり　芦屋　藤本春秋子

継ぎ梯して坑口の注連飾　山田　近藤　楽天

坑を出てすでに初日の高くあり　飯塚　石川　泊舟

トロッコに乗って年賀の選炭婦　宮田　高橋　琴波

先山と仲良く恵方詣りかな　飯塚　永末　一光

鉱山人に英彦の神あり初詣　大牟田　井出口湖舟

（春　季）

石炭の山の麓の春の駅　鎌倉　高濱　虚子

鉱山の子は硬山が好き犬ふぐり　飯塚　熊谷　兆谷

カンテラを振れば朧のトロ動く　新入　山城　寒旦

硬山に集まるごとく凧あがる　福岡　渡辺　満峰

二ン月や襁褓がはらむストの風　宮田　橋本世紀夫

坑内事故に記憶失ひ鳥雲に　小浜　大鶴　直道

炭坑節の風景（切絵、日向重博氏製作）

（夏　季）
麦秋の硬山王の墓のごと　直方　野見山朱鳥
青嵐地下千尺に炭を掘る　大阪　青木　月斗
うすうすと浮かぶ硬山螢飛ぶ　田川　白石　芝山
葭切や五平太舟の宿場跡　水巻　内田　圭風
日盛りやどこかで唄う炭鉱節　飯塚　猪俣勝太郎
よろけやみあの世の螢手にともす　小倉　横山　白虹
（秋　季）
踊りの輪抜け入坑の支度しに　大之浦　内丸たつみ
竪坑の櫓に月のひっかかり　田川　平井　勝
硬山のいよいよ尖り鰯雲　飯塚　松田　初男
復活の炭礦の俳諧子規忌より　太宰府　河野　静雲
鉱山の大煙突や雁渡る　上三緒　藤井　仙魚
栗焼いて昔の炭坑の話など　方城　西山ひさし
（冬　季）
瓦斯検の十姉妹鳴く小米雪　奈良　船場　良一
雪しまき初島沖に見失う　大牟田　角　直指
坑衣干す竿に慣れくる寒雀　田川　高倉　麦秋
石炭の貨車つづくことつづくこと　鎌倉　高濱　虚子
太吉翁誕生の間の古障子　飯塚　奥園　克己
石炭や二十世紀は移りつつ　豊岡　京極　杞陽

（松尾節朗）

51

筑豊の炭鉱絵画

石井利秋
「女坑夫（仕事前）」
油彩・1986年

産炭地・筑豊が多様な文化を生み出す土壌であったことは解説の各論でも触れられているが、絵画という側面からもそれは言える。大手企業による先進的な中央文化の流入に加え、過酷な炭鉱労働の反動としての芸術活動という一面もあったのであろう。本職の画家でなくとも絵画を嗜む人も多く、地域で結成された小規模な絵画同好会や、企業内の文化活動の一環として創設されたサークルが少なからず活動しており、これらの団体には、名称を変えながら現在まで継続しているものも多い。また特に石炭産業盛期においては、炭鉱関係者の招きによって多くの画家が訪れ制作を行ったほか、地元の人々との交流も生まれている。

炭鉱の風物が画題として選ばれていったのは、必然的な成り行きであったと言えよう。石炭採掘というキーワードのもとに構築されていった労働と生活、そして独特の風景は、他地域にはない産炭地特有の風土を形成していた。それは、外部から訪れた人々にとってはもちろんのこと、筑豊で生まれ育った人々にとっても、強烈な印象を与えるものであったに違いないのである。

炭鉱を描いた人物でもっとも著名なのは、記録絵師として知られる山本作兵衛（旧嘉穂郡出身、一八九二〜一九八四）であろう。明治・大正・昭和の三時代を炭坑とともに生きた経験を絵と文章とで残した膨大な記録画は、一介の炭坑夫

千田梅二「月と炭住」木版・1956年

斧山萬次郎「旧飯塚警察署から見た市街」油彩・1951年
（飯塚市歴史資料館提供）

が描いたとは思えない正確さで労働と生活の実態が描き出されている。

炭坑の真実を記録するという制作態度は、自ら炭鉱での勤務経験を持つ画家に多い。半生を三井田川で過ごした石井利秋（田川市出身、一九一一～二〇〇一）は、坑内災害を描いたシリーズで知られるが、自身もその一人として、弱い立場にある労働者の視点から炭鉱を描いた。ルポルタージュ作家の上野英信とともに文芸活動を展開した千田梅二（富山県出身、一九二〇～一九九七）も、水巻町の日炭高松に勤務しながら木版画制作に打ち込んだ。画面を飾るのではなく、ありのままの姿を描こうとする姿勢が共通している。

この他、自らの原風景として、生まれ育った炭鉱町の情景を描いた立花重雄（旧嘉穂郡出身、一九二〇～一九五五）や野見山暁治（旧嘉穂郡出身、一九二〇～）、ボタ山の姿を描きながらも、豊かな自然を湛える地域としての筑豊を描き続けた斧山萬次郎（飯塚市出身、一九〇〇～一九八八）、映画や演劇など炭鉱町に栄えた大衆文化を画面に集約した立石大河亞（旧伊田町出身、一九四一～一九九八）など、多くの画家がそれぞれの視点と手法で炭鉱を表現してきた。また、片岡覺（大牟田市出身、一九三〇～）や平岡春治（田川市出身、一九三四～）、森田秀樹（旧若宮町出身、一九五九～）らは、炭鉱の記憶を風化させまいと、現在もここ筑豊で制作を続けている。

「炭坑絵画」という厳密なジャンルがあるわけではないが、ここに挙げた以外にも、炭鉱の労働や生活、ボタ山や煙突などを描いた絵画は数多い。それらは、失われてきた風景を視覚的に留めていることから、美術作品としての魅力を持つだけでなく、石炭産業を語る上で重要な一面を担うものである。現存する建造物や遺構とは趣を異にするが、炭坑絵画もまた、後世に伝えるべき紛れもない石炭産業遺産であると言えよう。

（徳永恵太）

天道音楽隊のメンバー・明治30年（飯塚市教育委員会提供）

52

筑豊の音楽

明治以降に培われた近代音楽文化

筑豊に近代文化が萌芽し豊かに醸成された所以は、長崎街道筑前六宿がホットな西欧文化の往来直下に在ったことと、明治期以降石炭産業興隆による人材流入、そして自然に培われた土地柄―川筋気質が必然的に関わっていったと云える。近代文化、なかんずく音楽のジャンルで出色な事例を挙げたい。

一八九〇年（明治三〇）代、穂波村天道に〝天道音楽隊〟がわが国で初の町人による吹奏楽団（一一名編成）として誕生、地域で活躍した歴史は貴重だ。フランスから楽器・制服の輸入、指導者に軍楽隊長を東京から招聘等々、当時としては莫大な資金の拠出をしての演奏スタッフは、すべて商家の若主人達の先進文化開拓への意欲に満ちた心意気であった。演奏活動では、伊藤伝右衛門・白蓮の結婚披露宴で祝賀演奏をしたとの記録もある。

また同じ明治期以降には「かもめの水兵さん」「うれしいひなまつり」など童謡名作一千余曲を世に出した作曲家・河村光陽は福智町上野の出身。日本童謡史に一時代を築いた彼の功績は、生家横の福智下宮神社の境内の記念碑が語る。

第二次大戦後は、復興の牽引役たる炭鉱への国の優遇策「石炭生産特別対策」が施行され、人気職域となった筑豊には全国から秀逸な頭脳も集まった。これが地域文化（音楽）を育み高めていく大きな要素となったことは否めない。

飯塚新人音楽コンクール

河村光陽生誕地記念碑

昭和二二年、田川には「三井田川混声合唱団」が田中凡平氏を指揮者に迎えて生まれ、重厚な響きを五七年間伝え、「田川合唱団」として今に至る。

日鉄二瀬でも戦後間もなく、幸崎卓也氏が弦楽四重奏団を組織して演奏活動を展開、筑豊にクラシック音楽の先鞭をつけ土壌を育んだ。

また、一世を風靡した田川出身・赤坂小梅の民謡、井上陽水のフォークソング活動は、共にわが国の邦楽・フォーク界に少なからぬ影響をもたらした。

昭和四十九年には麻生産業（株）が「飯塚音楽祭」と名うった一大音楽ページェントを開催、数万の観客を集めて三年間続いたがこれは大きな事績である。

■定着した飯塚新人音楽コンクール

わが国でも屈指の優れた音楽コンクールと評価されてきた「飯塚新人音楽コンクール」は、昭和五七年飯塚文化連盟によって創設、ピアノと声楽の二部門をおき、次代を荷う音楽家の登竜門として二七回を重ね、定着している。それは、他に見れない独創的な企画運営に負うところが大きい。即ち、一流審査員を擁し、ビックな贈賞、市民ボランティアによるきめ細かな運営ー直前リハーサルの場を提供、審査の講評や演奏録音MDの贈呈等々だが、特筆すべきはこのコンクールの財政基盤を支えている市民組織『新人音楽コンクールを育てる会』（一口一万円の会員三百有余名）の存在であり、これは〝ふるさとの音楽文化の為なら無償の醵金も惜しまず〟とする川筋気質の健在を現す。

このコンクールを巣立ったトップクラスの演奏家は、チャイコフスキーコンクールで見事日本人初優勝の声楽家・佐藤美枝子氏をはじめその多くが、国の内外で縦横の活躍をしている。また、クラシック演奏会の鑑賞人口比率は、この飯塚地域が県下一位（県調べ）という記録も、このコンクールが有形無形に優れて地域音楽文化に寄与している一つの証左と云えよう。

（小出和典）

53

石炭の地名

▽明治坑①飯塚市勢田②昭和二〇年代③西鉄バス
▽飯塚坑橋①飯塚市平恒②昭和一〇年③飯塚炭礦

明治坑　西鉄バス停

飯塚炭坑の地名が残る飯塚坑橋

■バス停に残る石炭に関わる地名（明治坑）

筑豊炭田の炭鉱が総て閉山して三〇余年、その爪あとの炭坑の地名が地域の人々に愛されており、筑豊御三家の一人安川敬一郎が創業した旧明治鉱業の発祥の地、飯塚市頴田には明治坑の西鉄バス停の地名がある。

炭鉱住宅が残っている地区には明治の行政区、明治炭坑に勤務していた人々の生活が息づいており、当時の明治炭坑事務所も老朽化しているが、建設関係倉庫として活用、操業時勤めていた人々が往時を偲んで訪ねてくるという。

筑豊には住民の足のバス停には石炭に関連した地名を各所に残しており、飯塚市の旧日鉄鉱業嘉穂炭鉱の大分坑、旧麻生鉱業経営の私学麻生塾、宮若市旧貝島炭礦の貝島本社、六坑（田川市）などのバス停がある。

■飯塚坑橋

飯塚市平恒の旧三菱飯塚炭礦の巻上機台座付近の碇川に、昭和一〇年三月建設された飯塚坑橋の銘があるコンクリート橋が、長崎街道秋松の方に向かって斜めに架かっており、現在でも地域の住民に活用されている。

この橋は石炭産業関連の近代化遺産であるが、建造物のみならず石炭産業に従事した人、地域の住民にとっても、わが国の近代化に汗を流した民衆の努力の結晶である、炭坑に関わった地名を遺産として後世に伝えたい。（長弘雄次）

一般近代化遺産

幸袋工作所（諸藤浩之・画）

日本初の竪坑式ベンチカット（階段式）採掘法による採掘を開始（香春岳一ノ岳）

54

石灰石と銅

▽浅野セメント㈱香春工場（香春鉱業㈱）
①香春町大字香春八一二②一九三五年（昭和一〇）

巻頭地図6

セメント産業の生い立ちと香春セメント工場

一八二四年、英国で石灰石と粘土を混ぜ、焼成「人造石製造法の改良」で特許「ポルトランドセメント」と名づけた。日本には幕末輸入、明治維新後近代化工業の資材となる。明治八年五月、官営セメント工場で製造に成功、明治一六年に浅野総一郎が払い下げを受け、浅野セメント株式会社を創立した。

香春岳三山は「…其所祭神、是白石也、白石の神石、巌石高畳、盤石露形」など表現され、全山が石灰岩であり、質、量ともに工場誘致に適するとの調査結果から、昭和八年七月、浅野セメント㈱の香春工場誘致がきまり、同一〇年六月「アサノセメント香春工場」が竣工した。直径三・七五㍍長さ七一・五㍍のキルン二基、生産能力月産二万八〇〇〇㌧の最新鋭湿式法によるベロセメント製造を開始した。

昭和一九年四月、香春工場は軍需会社指定を受け、動員学徒、徴用者、報国隊、朝鮮の人々が就労、生産に努めた。昭和二二年、財閥解体指令で「日本セメント㈱香春工場」と社名変更。昭和三〇年代初め、湿式ロングキルン三・四号、後半に湿式マンモスキルン五・六号を増設。同四七年六号キルンを乾式のSPキルンに改造、同五〇年に乾式NSPキルン七号窯増設、生産能力月産二〇万㌧の規模となる。昭和五〇年代、第一次石油危機不況、平成の初め「産業

香春製鋼所

〈右上〉日本セメント香春工場キルン遠景
〈右下〉七号回転窯
（仮焼炉付サスペンスプレヒーターキルン）

構造転換円滑化臨時措置法」の施行で、一〇〇七万トンの設備が廃棄された。

平成六年十月、秩父《ちちぶ》と小野田セメント等が合併。そして平成一〇年一〇月、秩父小野田と日本セメントが合併し、国内最大シェア（三九パーセント）のセメントメーカーが出現。この合併で香春工場は、太平洋セメント㈱香春工場、さらに平成一二年分社化され「香春太平洋セメント」となった。続いて平成一六年三月同社解散、セメント製造から撤退して「香春鉱業㈱」となり、高質石灰石採掘、加工および販売、セメント・コンクリートに関する分析、フイラー等の粉砕等を主とする新会社になった。

資料によると、過去生産のベロセメントは、強度、収縮面に特徴をもち、国会議事堂、日本銀行本店、東京地下鉄等に活用。低熱アサノマスコンセメントは、アメリカ大ダム工事、宮崎県塚原ダム等に使用された。その他各空港、架橋、トンネル、地下鉄、ダム、原子力発電所、海底油田工事等に活用されたと記されている。

■香春製鋼所

昭和一三年、香春工場の自家発電による余剰電力を活用する電気炉で鋳鋼製造を始める。同一九年、佐世保海軍工廠の疎開工場指定を受け、海軍機関部品鋳造に従事。戦後、鋳鋼・加工部門による関連機械の部品製作、電気集塵装置、バックフィルターなどの公害防止機器、ロータリーキルン、ドライヤーなど大型機械の製作に取り組む。平成一二年一二月、太平洋エンジニアリングから、㈱香春製鋼所として分社化、年間生産量約三五〇〇トン、特殊鋼メーカーとして活動を続けている。

■香春岳周辺の金・銅鉱の採掘と遺構

『豊前国風土記（逸文）「鹿春郷」』の条に「三峰に黄楊、銅、龍骨」が産出と

〈右上〉清祀殿（採銅所長光）
〈左上〉宗旦間歩（香春岳三ノ岳北側）

セルバ製錬所火薬庫（香春岳三ノ岳北側）

あり、香春岳の銅は、古代から近代まで断続的ではあるが採掘されてきた。一六二七年（寛永四）「幕府隠密方探索書」に五徳、鏡山などが記され、慶長年間「百舌鳥金山」が開鉱され、江戸時代初期から香春の金は「呼野金」とも呼ばれ、全国的に知られる。

また、香春岳の産銅は、奈良大仏料銅、宇佐八幡宮放生会での御神鏡が清祀《せいし》殿《でん》で鋳造奉納、皇朝十二銭の鋳造、採銅使役所「採銅所」など、産銅の歴史がみられ、幾度も盛衰を経過し、昭和三十年代でその歴史を閉じられた。

香春岳周辺の鉱体は、スカルン鉱物に伴うものが多く、一部鉱脈状として産出、鉱物種は多岐にわたり豊富である。

「香春町史」編纂に伴い、平成九・十年にかけて「香春町における金・銅鉱山調査」を実施。現状、生産状況の歴史的役割などを集録した。銅山調査では鉱山名二〇、間歩《まぶ》一二〇余個所、採掘形態では露頭堀六、横坑七三、立坑四、斜坑一、採掘時期想定では中世七、近世一〇、明治一二、大正一〇、昭和四七で繰返しの開坑跡が多い。

主な銅生産関連遺跡は、二ノ岳、古宮、神間歩、セルバ、御手洗《おちょうず》、横鶴、水晶、床屋、宗旦、ズリネなど、製錬滓《さい》より製煉所跡五ヶ所、セルバでは溶解炉、送風装置に煉瓦（Hの刻印）を使用、鉱滓も多量に残され、火薬庫も現存する。

金鉱山では、福久地《ふくち》、鷹《たか》ノ巣《す》、妙見、百舌鳥《もず》原《はら》、紅岩など採銅所北部に多く、稼動は大正から昭和期が多い。

紅岩、高原鉱山ではセメント使用の水車跡、ゆり場がみられる。石臼の大小は上採銅所に多く残る。大正六年、日鉱佐賀関製錬所操業で鉱石、からみを含めて送られ、廃山終息する。

（村上利男）

入水石灰窯上部口

入水石灰窯取出口

55

石灰窯（庄内入水・香春）

▽庄内石灰窯①飯塚市庄内入水
▽香春石灰窯①田川郡香春町採銅所、勾金、香春の各所

巻頭地図45

■庄内入水の石灰窯

関の山は、飯塚市と田川市の境に位置し、石灰石を豊富に含有している。山の西麓には、石灰石を煆焼して生石灰を製造する石灰窯が、明治、大正時代から数ヶ所あったようで、窯の跡が見られる。「福岡県地理全誌」には、高倉、入水、山倉、綱分より石灰産出の記録がある。昭和一四～一五年に、入水在住の平野清徳は、安藤茂彦所有の石灰山の採掘権を取得し、山の斜面を利用した石灰窯（立て窯D型）を築き、生石灰を製造販売した。

窯は直径二㍍、高さ八～九㍍で、内部は耐火煉瓦で巻き立てられた。製造工程は、先ず火床の上に、薪を敷き並べ、その上に煽石、石灰石を窯の上部口から交互に投入し、窯の半分に到達すると薪に点火した。一度火入すると、連続工程で中断することはなかった。一日の生産量は約一二〇俵だった。

戦時中で肥料不足のため需要が多く、嘉穂郡の全

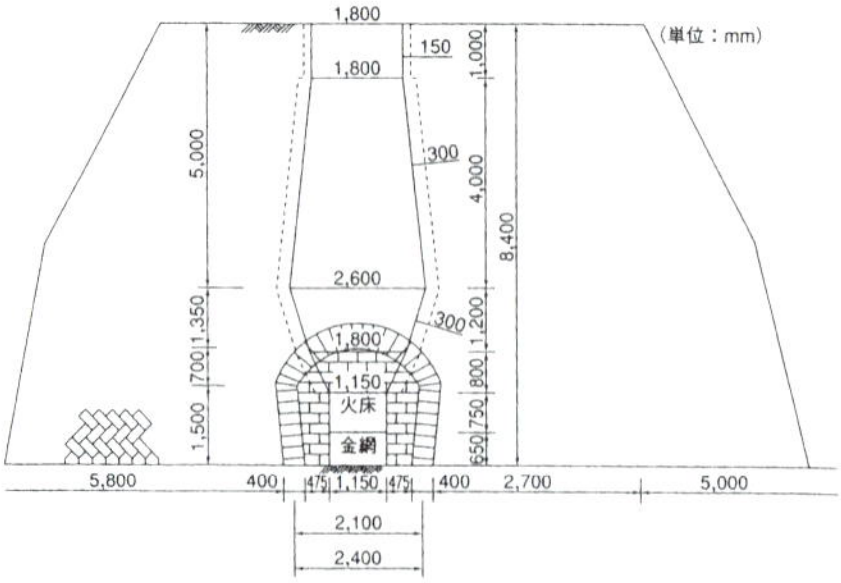

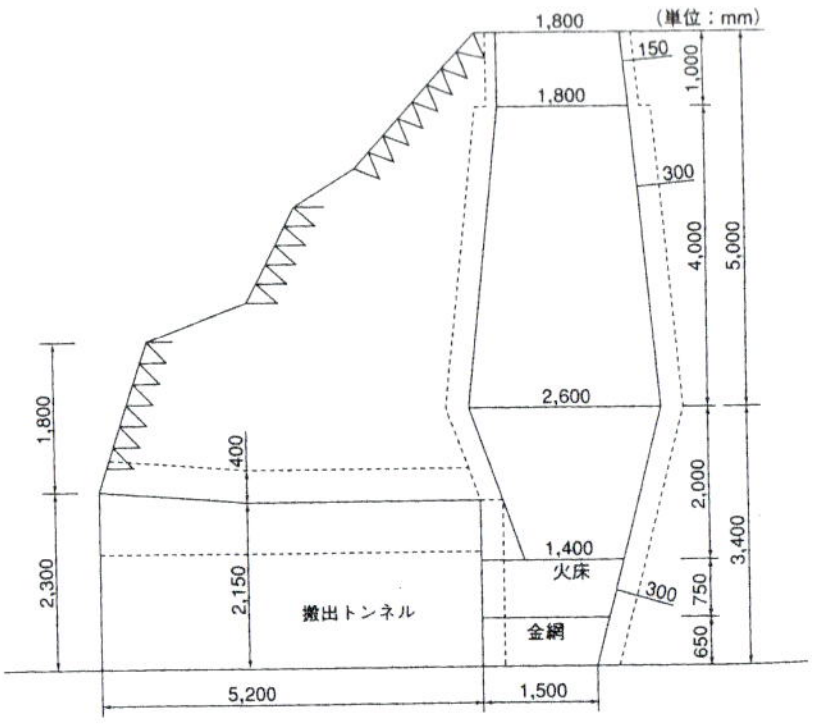

（上）入水石灰窯実測正面図
（下）入水石灰窯実測側面図

入水石灰窯トンネル口

域から消費者が馬車を持って夜半まで殺到し、順番を取るほどの盛況ぶりだった。遠方では佐賀、長崎、熊本、宮崎方面まで貨車送りした。この時は自然発火を防ぐため、菰詰めだった。戦後化学肥料が出回ったので、昭和二二〜二三年頃廃止された。

平成八年、入水窯跡を発見、関係者から聞き取り調査をし、写真等記録を取る。詳細は、庄内町誌に掲載されている。平成一九年六月から再調査したが、今のまま放置すると劣化が進み、崩壊する恐れがある。適切な補修と保存が必要である。（福田英二）

香春石灰窯と筑豊唯一の「石粉」つくり

大正二年、田川郡役所調べでは、採銅所、勾金、香春の三ケ町村で一八戸、石粉五戸となっている。勾金村三戸は瀬戸《せと》の新道で現在窯跡《かまあと》も残っており、採銅所は大隈山・小倉街道上に六基ほど、香春町では殿町・中組貴船神社裏に窯跡があり、大石窯は現在も操業中である。他は窯跡のみが盛時を物語る。

石灰製造は慶応年間より始まり、蠣灰《かきばい》の代用、明治三、四年頃より田畑の肥料、同四一年には、採銅所のみでも二〇窯余、販路は筑豊近郡に拡張、用途は肥料、漆喰《しっくい》セメント代用、灰汁用、防臭《ぼうしゅう》品消毒用等に使用され、製造法は窯を築き石を方一寸位に割り、これを売石《ばいせき》（石炭）でもって焼き、素人でも製

香春石灰石運搬路
（石灰石焼窯用、採銅所大隈）

石灰窯用石灰石砕石跡（香春岳二ノ岳）

石粉用石臼（採銅所長光）

香春石灰窯（採銅所大隈）

造し得ると明治末の「田川郡誌」稿本に要約、紹介している。

小倉鉄道開通後の大正五、六年頃より生産が高まり、窯は今任立隠《たちがくれ》から煉瓦《れんが》購入、造り替えなどし、炭坑からワイヤを買い、ケーブ仕掛けをし、原石を石箱で運んだ。原石は焔硝《えんしょう》（マイト）を使い、マイト保管は赤煉瓦火薬庫を古宮ヶ鼻上部に造った。現在も山の神台と一緒に残る。また、鉄道引込線を設け、大阪、八幡方面に出荷した。品質の評判は良かったが企業化されず、昭和三〇年代に終止符を打った。

石粉とは、石灰石を小麦粉のように破砕したもので、山麓で製造され、主として精米の摩擦媒材《まさつばいざい》、金属や陶器などの研磨材として使用される。石粉づくりは、採銅所長光地区が盛んで、住野川の流れを利用、水車を稼動させ、昭和の初期頃には一〇戸、五徳に一戸操業、水車は昭和三〇年代後半まで稼動していたが、いまは巨大な石臼のみが残っている。

田川市域では、弓削田、猪位金、夏吉に石灰鉱山が分布、昭和二三年頃は一九工場、四万トン余の生産があったが、良質の原石と燃料に恵まれながら中小工場の為、発展できなかった。

（村上利男）

56

筑豊の鏝絵

飯塚市上勢田、許斐家の三賢人の図。左から烏帽子姿の武士、中は桃を持った老人、右が浦島太郎で招福・厄払いの図といわれる。飯塚市文化財松喜醤油屋の近くにある。建築は明治初期。

■鏝絵《こてえ》とは

大分県安心院《あじむ》が有名である。和風建築の壁や屋切などに左官が鏝を使って作り上げた造形で、筑豊にも見られる。人目に付く屋外だけでなく屋内にもあり、洋館の天井に見る模様も鏝絵である。また、屋内装飾の額に作製した額絵《がくえ》もある。この原稿を書くために、二人の「鏝絵の名人」田川市山倉忠雄さんと飯塚市樋口勉さんを訪ねた。まず「鏝絵が近代遺産になるのか」という疑問を投げかけた。すると、江戸時代は倹約令で藩が監視しており、明治維新後に職人が腕を振るうことができるようになったから、そういえるとの答えであった。

では、鏝絵はどのようにして始まったのか。その先覚者は静岡県加茂郡松崎町の「伊豆の長八（本名入江長八）」である。左官修行の後、江戸に上り日本画を学んだが上達しない。長八は故郷に帰り悩んでいたとき、妻から「鏝で絵を描いたら」と励まされて始めたといわれる。一八七七年（明治一〇）の「内国勧業博覧会」に鏝絵を出品して賞を受け、これが鏝絵の広がるきっかけとなった。鏝絵の流行はそれから明治三〇年代前半までが最盛期だったということである。

■鏝絵の作成と作者の見つめるもの

鏝絵の修行は前記二人とも独学で、鏝絵に魅せられ、自分で研究し腕を磨い

美人図（樋口勉さん制作）

龍虎の図（山倉忠雄さんアトリエの壁）

た。道具も自分で作り、耳かきやスプーンなどで作ることもある。鏝絵を教わりに来る人には教えるが、弟子を取る気持ちはないといわれる。

鏝絵の作成にかかるときは、施主（建築主）に対する感謝とお礼の気持ちをこめて始めるという。作業は一に材料、二に資料、三に技術「一、二が良かったら三がついてくる」といわれる。材料の漆喰《しっくい》は石灰・スサ（麻などの繊維）・海草（ツノマタなど、フノリは高い）を使い、食用油を混ぜる人もある。鏝絵を造るときは、周到な準備が要る。本を読み、絵や実物を見て構想を練り、また、人の意見を聞く耳を持たねばならぬ。厄よけ・家内安全・商売繁盛の縁起物の虎・鳳凰・竜なども考慮して下絵を作り、施主の同意を得て制作にかかる。取り組みの意識は「もうけより、良い物を残すという気持ちが強く、日本の伝統芸術・職人の伝統文化を守るという意識がある」といわれる。

筑豊の鏝絵の現況

筑豊を回っていると、気づかないところに鏝絵がある。それを見つけたときは、「ワッ、ここにもある」と嬉しくなる。戦前からの旧家に残っているものもあるが、筑豊では古いものの多くが鉱害復旧の際に取り壊された。今では母屋や倉庫の壁などに家紋を飾り、これは農村部によく見かける。一族繁栄を願ったものであろう。寺院内にもある。飯塚市目尾《しゃかのお》の栄長寺庫裏《くり》の天女や納骨堂入口の龍の飾りなどは樋口さんの作品ですばらしい。宮若市山口の円通院本堂にある双龍の鏝絵は古いもののようだ。

山倉さんのアトリエの壁の竜虎もすばらしい。「これを見ると通学する子どもたちも安全だ」といわれる。また、近くの古墳公園に大きな不動明王の像を作っている。これは、鏝像といえよう。

（香月靖晴）

幸袋三軒家付近の現在用水路

57

五か村《そん》用水路

①飯塚市若菜から徳前・飯塚・片島・川津・幸袋・中・柳橋・目尾を通る灌漑用水路で、筑豊近代化遺産の中でも最長の遺産である。
②最初の計画は一八〇九年で、その後一八三五年強い村民の熱意により工事を着工して完成、一八八〇年まで七一年間、改良・補修が行われた。
③穂波郡五か村（片島・幸袋・中・柳橋・目尾村）

郷土愛で造られた灌漑用水路

江戸時代後期の農民は、米の生産が主体であったが当時は異常気象が多く享保・天明・天保の時代には大飢饉もあり、そのため米の生産確保や増産のため灌漑用水路などの開発が望まれた。この中で筑豊で最も永く・大困難な事業を完成させたのが五か村用水路の建設であった。

　この用水路は一八〇九年（文化六）福岡藩の穂波郡片島・幸袋・中・柳橋・目尾村では灌漑用水が不足したため水田としての耕作には大変苦労をした。このため伊岐須大庄屋の野見山利右衛門と各村の庄屋・片島　安永九右衛門・幸袋　篠崎忠助・柳橋　佐野勝良次・目尾　山本清八、特に中の庄屋清水宅右衛門は遠賀川の若菜より取水し徳前・飯塚・片島・川津・幸袋・中・柳橋・目尾と延長七・五キロの用水路を計画し嘆願したが、必要性は認められたものの飢饉などで財政的にも苦しく工事着工できなかった。

　一八三五年（天保六）村民の熱意の結果で、二六年ぶりに工事着工の許可が出され、一八三八年（天保九）延約四万人の労力の結果、五か村用水路は完成し田を潤しさらに約二〇〇haの田畑をも開拓することができた。

　特にこの水路工事は、若菜隧道二五メートル・徳前隧道（飯塚小学校下）一六メートル・飯塚隧道（納祖八幡神社下）一七五メートル・片島隧道（竹園寺・林田家下）七八メートルと隧道

高林寺山門の灌漑碑

許斐神社付近の現在の古用水路

延長二九四メートル、若菜取水口樋門・徳前（旧飯塚川）に起伏樋（サイフォン）・水江（建花寺川）起伏樋と石掛樋・幸袋（許斐神社下）には石箱暗渠を苦労し完成したが現在では見ることが出来ない。またこの用水路は全線で比高差はわずか五メートルで平均水路勾配が千五百分の一（一・五キロで一メートル下がり）で、現在でも難しい水路勾配で造られ，通水式に臨んだ五人の庄屋達は水が流れない場合の責任を考え切腹覚悟の白装束で望んだと言われている。

この用水路での難関は飯塚隧道（嚢祖八幡下）一七五メートルで、地元施工者が失敗したので、石見銀山（世界遺産）から石工を呼んで貫通させた。近年の調査では約三箇所の竪坑で掘削方向・高さを管理し通気・土排出にも利用されたのではないかと思われる竪坑が発見されている。

このように多くの時間と労力により作られた五か村用水路も、一九四五年（昭和二〇）石炭採掘による地盤沈下等のため使用できなくなり用水路としての使命を失った。現在幸袋より上流では都市下水路として多く使用されている。

五か村用水路は近年、小学校中学年の郷土生活学習や郷土研究愛好者に郷土愛と困難な事態に直面しても不屈の意志で闘った庄屋達の業績を嘉穂空前の灌漑偉業として再認識・評価されている。

現在、五か村用水路は若菜地区の用水路・飯塚徳前地区の用水路跡・嚢祖八幡裏の隧道入口と竪坑跡・片島福岡銀行横の水路跡・竹園寺付近の水路跡・片島二丁目の五か村用水路記念碑・幸袋高林寺山門横の五か村潅漑碑・許斐神社鳥居下の水路・飯塚幸袋出張所裏の五か村用水路鉱害復旧記念碑を散策することが出来、幸袋より下流では現在も重要な用水路として使用されている。五か村用水路は旧長崎街道と並行する場所も多く古き飯塚と灌漑の偉業を知れるハイキングコースとしても最適の近代化遺産である。

（渡邉勝巳・篠崎達男）

旧香春藩庁門（香春小学校内）

58

香春藩庁・郡役所行政の足跡

▽旧香春藩庁門①香春町本町
④香春町指定文化財

巻頭地図6

■ひとときの藩都から郡制の中核「香春町」へ

慶応二年の丙寅《へいいん》騒動（豊長戦争）で、小倉藩は田川へ撤退《てったい》、同三年一月長州藩と講和条約が締結され、香春本町の香春お茶屋に「香春藩」を置いた。明治二年、豊津錦原へ藩庁移転まで、香春藩庁で戦後処理、版籍奉還、廃藩置県等めまぐるしい明治維新の諸行政が行われた。

明治一一年、郡区町村編成法公布、郡、町村は公認され旧来の「郡」が行政区画として再認された。明治二三年五月、郡制公布、同二四年四月施行、郡には郡会と郡参事会が置かれ、郡行政および町村監督行政への参加権を得た。福岡県は遅れて、明治二九年五月「県告示第六八号」をもって、郡制実施を布達、郡会議員の公選を実施、続いて同三三年、郡制を改正したが、郡会には課税権がなく、各町村への割り当て等の収入によって執行された。

田川郡役所は、先述した廃藩置県の際に、郡に渡された「香春藩お茶屋」（香春町本町）を当てた。この役所は、堅牢《けんろう》な建物であったが、老朽化し、座礼方式で立礼法式には不適なため、町村に分課した経費で改築、明治一三年四月開庁式を執行した。

石炭産業の振興、後藤寺、伊田町への経済活動移行、鉄道施設整備などで、郡役所位置が問題化したが、香春町が経費負担で、東隣の地に新築、同四四年

田川郡役所（現香春町本町㈱新日本編物）

初代郡長熊谷直候頌徳碑
（香春神社境内）

五月落成式を挙行、「郡役所」としての行政施行が進められた。

■「郡役所」行政の足跡（「郡役所」碑あり）

「田川郡役所」における自治行政は、大正一五年まで五十年余、香春町は郡制中心地として、政治、経済、文化、教育の中心として栄えた。

郡長は、一一代まで続き、その業績、名を留めている。初代熊谷直候郡長は、小倉藩士で、すぐれた行政手腕により、鉄道の開設、農事振興、ことに田川郡農会を設け、福岡県農法の推進、畜産改良、石炭坑改良、坑夫賃、石炭等運搬船賃等の改善、規制、先覚的学校施設の充実など全方向に力を注いだ。七曲峠越えに「仲哀隧道《ちゅうあいずいどう》」の完成など、その先駆的な業績は今も輝きを残している。

香春藩、田川郡役所へと引き続き存地する主な官公庁を列記する。香春郵便局（局番号七番）、小倉警察署香春巡査屯所、同香春警察署（本町）、共立中学校、公会堂（後教員養成所）、福岡県収税部香春出張所、香春税務署後に登記所（山下町）、銀行前史の綏生社《わいせいしゃ》、重盟社《じゅうめいしゃ》から香春銀行、日本銀行西部支店香春出張所、小倉裁判所香春出張所、行事裁判所香春出張所、準教員養成所などを集中的に設置した。明治一八年、農事巡回教師制度、農会の設立など農事の発達を図り、明治三七年四月、「田川郡農会模範農場」を勾金村八郎原に設けた。

明治三五年度、郡の歳出経費をみると、教育費、土木費が大きな比重を示し、郡立学校の管理運営、郡道の維持改良が郡役所の主な事業であり、郡制の利点もこれにあった。明治四一年三月「田川郡誌」編纂発行、大正七年、田川郡教育会の郡内旧地に遺跡碑建立も特記できる。また、行政機関の集中によって香春町の商業も発展し、郡境を越え商売のため商人が集まり問屋的町を形成した。大正一五年六月、郡役所廃庁、多くの事案を掲げながら行政機関、経済は、炭都田川市へ移り、あわせて「郡」は単なる地理的名称となった。

（村上利男）

〈上〉金邊隧道石額（南側入口上部）
〈下〉金邊隧道（南側入口）

59

住民の交通路

▽金邊隧道①香春町採銅所－小倉南区呼野間②大正六年
▽仲哀隧道①香春町大字鏡山字呉－みやこ町松田間②一八八九年（明治二二）④国登録文化財
▽呉川眼鏡橋①香春町大字鏡山字呉②一八八六年（明治一九）④国登録文化財

歴史の道から産業の道へ

田川地域は、山地に囲まれ盆地的な位置にある。そのため交通は、遠賀川に沿うか、峠道を活用するかであった。

金邊、仲哀隧道《ずいどう》が開通するまでは、金辺峠、七曲《ななまがり》峠（仲哀峠）、味見峠、畑越など歴史に散見する峠道を利用した。

金辺峠は、龍ヶ鼻の断崖《だんがい》の山麓、標高二一七メートル、小倉―田川構造線にある。「木辺峠」とも呼ばれた。秋月街道（小倉街道）の中で、金辺峠と八丁峠は難所であった。七四〇年（天平一二）、藤原広嗣の乱で通った「田河道」でもある。中世には、中国勢の九州進出、香春嶽城攻防の道でもあり、幕末の長州戦争で小倉藩が死守した歴史的な峠で、その戦跡を残す「島村志津摩」の顕彰碑がある。また、「企救《きく》郡、田川郡」の郡境標柱が峠道上にある。

七曲峠（仲哀峠）は、呉《くれ》からみやこ町勝山を結ぶ峠で、大和朝廷の官人が大宰府との間を往来する官道「大宰府道」で、延喜式にみえる豊前路であった。仲哀峠の名は、仲哀天皇が熊襲《くまそ》を攻める時に通ったということに由来する。峠の麓には「豊前国風土記（逸文）」の「鏡山」や万葉集に集録された七首の歌、勾金王陵（河

巻頭地図5

仲哀隧道石額（西側入口上部）

仲哀隧道（西側入口）
（香春町教育委員会提供）

内王陵）がある。また、懐良親王、猪岳合戦などの故事や貝原益軒、村上佛山などが峠を越し来遊した。峠は、田川郡百姓一揆の発祥の地でもある。峠登り口には、田川唯一の眼鏡橋がある。

金邊隧道

金辺峠直下標高一九五メートル、赤煉瓦ながら幅員五メートル、全長一五〇メートル、「金邊隧道」の石額が入口にかかり、古き貫禄を保持している。峠越えには人馬の力で、陸軍への干草納入時は二頭馬車、演習時軍馬六頭で大砲を引きあげていた。この急勾配、難所を越すことは高度経済をめざすためにトンネル開発が緊急課題であった。一九一七年（大正六）に完成したこの隧道は、長く地域の人々に愛され使用されてきたが、一九六七年（昭和四二）、産炭地振興施策で筑豊と北九州を結ぶ主要道路として新金辺トンネルを開通、十一分要したのがわずか二分で通過でき、さらに上り線が平成元年に開通した。半世紀にわたり活用された隧道も昔日の面影を残し、金辺峠の史跡とともに観光見学の場所へと変貌《へんぼう》した。しかし、隧道直下二〇メートルの金辺トンネル、日田彦山線金邊隧道、三つの重なりは、全国的に顕著な地点であることを、付言しておきたい。

仲哀隧道

隧道は長さ四三二メートル、高さ五・一メートル、幅員六・一メートル、両入口の坑門部は、イギリス積みの赤煉瓦、内部松田側は露岩のまま、香春側はコンクリート巻である。平成一二年四月、国登録有形文化財に登録された。

七曲峠の険坂が、人馬の往来に甚だ不自由なため、田川郡初代

呉川眼鏡橋

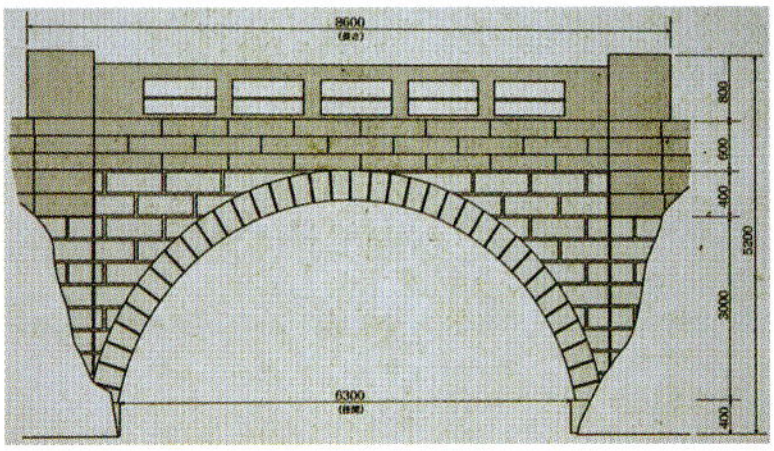

構造図

郡長熊谷直候の画期的な道路施策によって、一八八三年（明治一六）、県議会決議によって、三二八五円の補助を受けた。石質が硬く、難工事であった。当初馬車一台通れる程で、軍部の要請もあり、一九二九年（昭和四）に拡幅、舗装した。

筑豊と周防灘臨海部を連結する大動脈として、一九六七年（昭和四二）、山麓に新仲哀トンネルが開通、上り線も開通した。

呉《くれ》川眼鏡橋（眼鑑《めがね》橋）

呉とはこの地の地名で古くは呉姫の伝説からその名がついたといわれる。ここを流れる川を呉川といい、金辺川、彦山川を経て遠賀川に注いでいる。この呉川眼鏡橋は仲哀隧道開通にあわせ一八八六年（明治一九）に部材運搬のため築かれた橋で、筑豊地方と京築地方を結ぶ重要な交通路であった。その後国道二〇一号線開通で役目を譲ったが、現在でも地域の人々の生活道路として利用されている。

一八八六年（明治一九）広島の石工により造られたと伝えられ、全長八・六ﾒｰﾄﾙ、幅員四・二ﾒｰﾄﾙ、石材は秋月眼鏡橋と同様に花崗岩を使用した一連橋で、遠賀川水系で唯一当時のままを残しており、二〇〇〇年（平成一二）四月国登録有形文化財に登録された交通の近代化遺産で、仲哀隧道とともに地域に親しまれている。

（村上利男・柳井秀清）

歴史民俗資料館・
大学研究機関

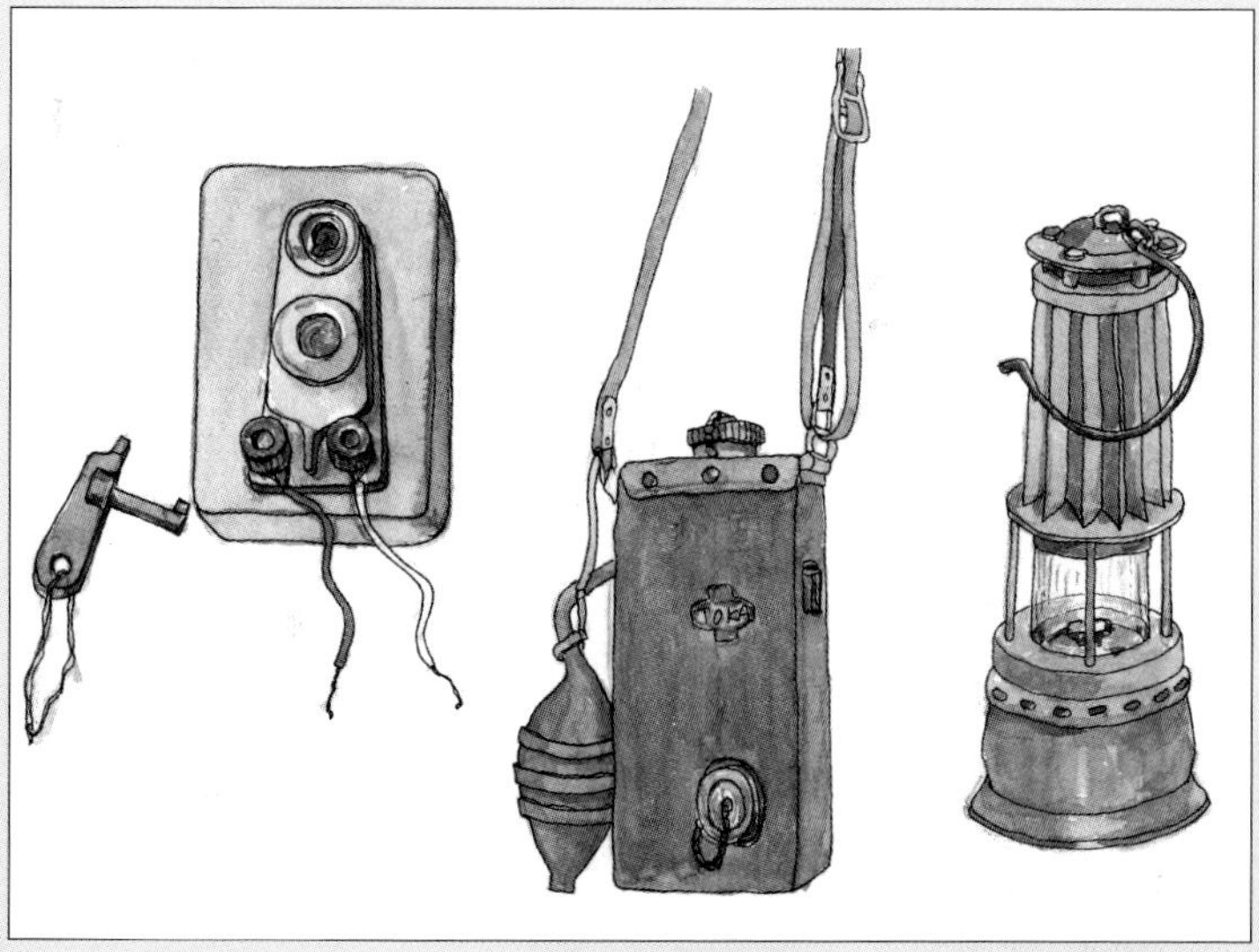

坑内係員携行品――電気発破器、ガス検定器、安全灯（麻生浩平・画）

60

歴史民俗資料館・大学研究機関

■嘉麻市碓井郷土館
①嘉麻市上臼井七六七
②一九九六年（平成八）
③嘉麻市（旧碓井町）

碓井郷土館がある上臼井地区は、古代より遠賀川水運の歴史を辿ることができる。展示室には、平安時代における奈良東大寺までの年貢米輸送を記録した東大寺文書の複製品、江戸時代における秋月藩の年貢米積出し場として利用された八反田舟入場の模型などが展示されている。（松浦宇哲）

嘉麻市碓井郷土館

■嘉麻市稲築ふるさと資料室
①嘉麻市岩崎一一四三ー三
②一九七九年（昭和五四）
③嘉麻市（旧稲築町）

住民センター三階にあり、稲築地区の埋蔵文化財や民俗資料のほかに、山野や漆生炭鉱で使用していた機器や山野共同鉱山救護隊などの資料や「山野炭鉱ガス爆発事故」の写真などを展示している。（上野智裕）

嘉麻市稲葉ふるさと資料室

■嘉麻市山田郷土資料室

①嘉麻市上山田四五一－三
②二〇〇一年（平成一三）
③嘉麻市（旧山田市）

山田市民センターの一階に設置された資料室で、山田地区の埋蔵文化財、民具等が展示してある。近代化遺産関係の資料は炭鉱関係で、坑内で使用する道具類や炭層付近で採集された貝の化石が展示してある。（福島日出海）

嘉麻市山田郷土資料室

■王塚装飾古墳館

①桂川町大字寿命三七六
②一九九四年（平成六）
③桂川町

国の特別史跡である王塚古墳の石室を原寸大で復元するなど、王塚古墳をテーマとした古墳館である。

町内にあった明治鉱業「平山鉱業所」と麻生「吉隈鉱業所」の写真資料を中心として、炭坑で使用していた道具等を保存するほか、各炭坑の位置図や配置図、炭坑での仕事や生活についての聞き取りに努めている。常設展示は行っていないが、不定期にミニ展示を行っている。（長谷川清之）

〈上〉古墳館全景
〈下〉炭鉱資料「ミニ企画展」の様子

■飯塚市穂波郷土資料館

①飯塚市秋松四〇七－一
②一九九一年（平成三）
③飯塚市（旧穂波町）

弥生時代のものとしては日本で唯一の「子持《こも》ち壺」、筑豊地区最古といわれる「忠隈《ただくま》古墳」から出土した「三角縁神《さんかくぶちしん》獣鏡《じゅうきょう》」「四葉座金具《しようざかなぐ》」、県指定史跡「小正西《おばさにし》古墳」から出土した形象埴輪《けいしょうはにわ》など、縄文時代から江戸時代の旧穂波町から出土した考古資料を展示。その他、炭鉱で使用された道具、炭鉱全盛期の写真や古文書、農耕具を展示。

（毛利哲久）

キャップランプ

小正西古墳出土巫女形埴輪

■糸田町歴史資料館（糸田町町民会館内）

①田川郡糸田町二〇二三－一
②二〇〇三年（平成一五）
③糸田町

糸田町歴史資料館は、糸田町内の遺跡より出土した遺物や町内から集められた民具等の保管・展示を行っている。

この資料館では、ナウマン象の臼歯化石・古賀ノ峯遺跡出土の銅戈二点（町指定）、糸田町を代表する遺跡である松ヶ迫遺跡・宮山遺跡出土の遺物や、田川では珍しい成人用甕棺（上糸田遺跡出土）を展示し、民具等については、毎年三月十五日に実施される「田植祭」の道具（実際に毎年使用されている）や、その祭が実施されている金村神社にあった「金村神社天井絵」、糸田町最大の炭鉱であった明治鉱業株式会社豊国鉱業所の空中写真や、町で使用されていた農機具を展示している。また、常設展示していないが、数千点におよぶ蝶や昆虫の標本も保管している。

（岩熊真実）

〈上〉民具の展示
〈下〉ナウマン像の臼歯化石

■香春町歴史資料館（香春町町民センター二階）

①香春町大字高野九八七－一
②二〇〇一年（平成一三）
③香春町

『炭坑節』や『青春の門』で一躍全国的に名を馳せた炭鉱のシンボルでもある奇峰「香春岳」三山が、屹立している。そのお膝元には、万葉の昔から栄えた長い歴史をもち、文化遺産も多く、近世においては、田川市郡の政治、経済、文化、教育等の中心地でもあった。館内には炭鉱・セメント関係など歴史的文物を展示している。（野村憲一）

香春町歴史資料館

■ふるさと館おおとう

①田川郡大任町大字今任原一六六六－二
②二〇〇三年（平成一五）
③大任町

館内には大任町内の遺跡や古墳からの出土品をはじめとして、昔の生活用具や農機具などが展示されている。この他、昭和40年代まで町内にあった炭鉱に関する写真や資料も収集され、一部が展示されている。（志満紀郎）

ふるさと館おおとう

■北九州市立長崎街道木屋瀬宿記念館　みちの郷土史料館

①北九州市八幡西区木屋瀬三ー一六ー二六
②二〇〇〇年（平成一二）
③北九州市

長崎街道筑前六宿の一つであった木屋瀬《こやのせ》は、遠賀川水運を利用した川艜の基地としても栄え、大正四年には鞍手軽便鉄道が開業するなど、近代以降は炭坑景気で賑わった。史料館では、江戸時代の旅や宿場町のくらし、炭鉱が育んだ文化を伝える資料を中心に、遠賀川の渡し舟や、石炭や川艜関連の文書、写真等も展示している。

（讃井智子）

〈上〉長崎街道木屋瀬宿記念館
〈下〉みちの郷土資料館　常設展示

■鞍手町歴史民俗資料館

①鞍手町大字小牧二〇九七
②一九八五年（昭和六〇）※石炭資料展示場は平成二年
③鞍手町

昭和六〇年に開館した歴史民俗資料館の別館に「石炭資料展示場」がある。炭坑を体感できるように、実物大の坑道や採炭現場を再現している。また、正面の壁には江戸時代の炭坑の様子を描いた長さ四〇㍍、高さ四㍍の巨大壁画を展示している。

（古後憲浩）

鞍手町石炭資料展示場

■中間市歴史民俗資料館

①中間市蓮花寺三－一－一
②一九八七年（昭和六二）
③中間市

常設展示では、市域及びその周辺の自然史・古代史から近世にいたる「堀川」開削事業を中心とした先人の功績、ならびに近現代史における石炭産業の興亡を主なテーマにとりあげている。民俗、石炭、化石、考古の四コーナーに分けられた各テーマでは、模型やパネルを用いて郷土の「暮らしと文化」をわかりやすく紹介している。（濱田学）

中間市歴史民俗資料館

■水巻町歴史資料館

①水巻町古賀三－一八－一
②二〇〇〇年（平成一二）
③水巻町

図書館との複合施設であり、水巻町の歴史や民俗資料を中心に炭鉱関係（三好炭坑、日炭高松炭礦）の写真パネルや二〇分の一の炭鉱社宅の模型を展示している。また、周辺では炭鉱就労者の像（水巻町指定有形文化財）や十字架の塔といった炭鉱のモニュメントを見ることができる。（大坪剛）

水巻町歴史資料館

■芦屋町歴史の里

①芦屋町大字山鹿一二〇〇
②二〇〇四年（平成一六）
③芦屋町

　遠賀川の河口にひらけた中世から続く港町、芦屋の資料を展示。石炭を運んだ川ひらたの基地として幕末から明治にかけて栄えた際の資料や模型がおかれる。県指定文化財の川ひらたは、中央公民館の中庭に展示されている。

（山田克樹）

芦屋町歴史の里

■福岡県立折尾高等学校「堀川ものがたり館」

①北九州市八幡西区大膳二－一二三－一
②二〇〇六年（平成一八）
③折尾高校
④県指定文化財（川艜）、近代化産業遺産（経産省）

　創立五〇周年を記念して、堀川の歴史資料を展示する「堀川ものがたり館」を開館、掘削後二百年を迎えた堀川、明治時代に筑豊炭田の石炭輸送の大動脈として、わが国の近代化に貢献した堀川に関する数多くの資料を展示、屋外には福岡県文化財の川艜の実物も保存されている。

（長弘雄次）

折尾高校　堀川ものがたり館

■近畿大学産業理工学部　図書館地域資料室、建築・デザイン学教室

①飯塚市柏の森一一一六　②一九六六年（昭和四一）

筑豊初の工学系四年生大学としてスタートし、最近では分子工学研究所（ヘンケル・機能材料先端技術リサーチセンター）を設置するなど、工学教育・研究を充実させている。

建築・デザイン学教室では北部九州の炭鉱関連建築の建築史的な調査研究を精力的に進めている。旧伊藤伝右衛門邸・旧堀三太郎邸［現直方歳時館］に代表される炭鉱主の住宅や嘉穂劇場などは近代化遺産として重要である。

地域資料室では地域資料を収集し、『筑豊近代化年表』を出版している。また、筑豊ゼミやNPO法人筑豊地域づくりセンターの活動を支援している。これらの活動は「開かれた大学、自立する筑豊の実験」として、一九九七年（平成七）に内閣官房長官賞「ふるさとづくり賞」を受賞している。

（菊川清）

〈上〉分子工学研究所
〈下〉講義棟・研究棟

■国立大学法人　九州工業大学　情報工学部　筑豊歴史写真ギャラリー

①飯塚市川津六八〇－四　②二〇〇一年（平成一三）公開

筑豊が我が国有数の石炭生産地であった昭和三〇年代頃の飯塚市二瀬地区・嘉穂郡穂波地区の住民が撮影した写真や田川市石炭・歴史博物館所蔵の写真等をデータベース化して情報工学部分館ホームページ上で公開している。当時の生活を知るとともに、地域住民が依って立つ郷土の歴史を振り返る上で貴重な映像資料集であるため、今後も引き続き収集公開を続けていく。

http://search2.libi.kyutech.ac.jp/

（赤川一恵）

九工大情報工学部

■公立大学法人　福岡県立大学（附属研究所・生涯福祉研究センター）

①田川市伊田四三九五　②一九九二年（平成四）

人間社会学部、看護学部と大学院からなる福祉系総合大学として設立当初から地域貢献を大きな柱としている。一九九八年の生涯福祉研究センター設立によって本格化し、二〇〇六年の法人化とともに設置された附属研究所内に、ヘルスプロモーション、不登校、ひきこもりサポートの三センターを開設している。

生涯福祉研究センターでは、大学の奨励研究プロジェクトチームと共同で「作兵衛さんを〈読む〉会」の市民グループなどが『山本作兵衛日記・ノート』七二冊の解読を進めている。現在七巻目を刊行、文化発信活動をしている。

地域文化資料室や図書館には総合資料室もあり、筑豊の歴史文化資源の発掘や地域保健・福祉の向上に力を注いでいる。（森山沾一）

福岡県立大学附属研究所の三センターがある一番館付近

■九州大学附属図書館付設記録資料館

①福岡市東区箱崎六−一〇−一　②二〇〇六年（平成一七）

旧石炭研究資料センターから受け継いだ資料群をもとに、産業や地域学の研究を行っている。所蔵する資料は『九州石炭礦業史資料目録』（秀村選三編　西日本文化協会、全一二巻）に掲載されている。以下に代表的な資料を示す。

○麻生家文書：近世後期から閉山までの一〇〇年以上の麻生家の企業活動の分析はもちろん、筑豊の地域史や石炭産業の変遷を考察する必須の資料。

○宮崎太郎文書：九州各地の炭鉱の石炭関連資料が廃棄されようとした際に、個人の足と熱意でそれらを収集・保管し、九州大学が引き継いだ資料。

○三池炭鉱労働組合関係資料：九州大学が収集した資料に、三池炭鉱労働組合解散時に寄贈された一〇〇箱ほどの資料が加えられている。（三輪宗弘）

九州大学附属図書館付設記録資料館

筑豊の近代化遺産めぐり

筑豊を代表する祭、川渡り神幸祭（田川市伊田）

筑豊の近代化遺産めぐり

本書は近代化遺産の所在地ではなく内容によって章を分けているため、全体像を掴む上では効果的だが、近代化遺産巡りのガイドとしては不便である。

そこで、読者が近代化遺産を見学するガイドとして役に立つことを願って近代化遺産めぐりコースを紹介したい。

先ず、駅から徒歩圏内にかなりの近代化遺産がある飯塚エリア、田川エリア、直方エリアを紹介し、次にそれらのエリアを結ぶ国道・県道沿いの近代化遺産を紹介する。

各コースは種々雑多な近代化遺産を含んでいるので、興味に合わせて取捨選択すると共に、幾つかのコースを組み合わせて近代化遺産めぐりを楽しんで欲しい。

なお、（　）内の数字は本書各項目のタイトル番号、［　］内は近代化遺産以外の観光施設、□内は徒歩三〇分圏内の最寄り駅、◎は分岐点を示している。

【A】鉄道駅を起点とするエリア

【A1】飯塚エリア（新飯塚駅）

新飯塚駅→飯塚市歴史資料館（22）／舫石（10）→麻生本家（24）→麻生大浦荘（24）→新飯塚駅（JRバス）→旧伊藤伝右衛門邸（23）→鏝絵（56）→五ケ村用水路の碑（57）→［嚢祖八幡宮］→舫石（10）→旧十七銀行飯塚支店・現福岡銀行本町支店（31）→［森鴎外文学碑］→［歌人白蓮想（柳原白蓮展示館）藍ありまつ内］→千鳥屋本店（48）→嘉穂劇場（29）→東町橋・嘉麻川橋から眺める住友忠隈炭砿ボタ山（8）

新飯塚駅東口から徒歩一〇分圏内に飯塚市歴史資料館、麻生本家、麻生大浦荘がある。伊藤伝右衛門邸へは新飯塚駅前からJRバスを利用するか、JR鯰田駅から遠賀川河川敷の柳原白蓮歌碑を経由する散策コースも良い。伊藤伝右衛門邸から本町商店街、東町商店街、嘉穂劇場を経て遠賀川堤から筑豊富士と呼ばれる住友忠隈炭砿ボタ山を遠望するコースは旧長崎街道筋を歩く、数時間の散策コースとしてお勧めである。途中片島にはノコギリ型の家並みが残り、本町商店街には飯塚宿の風情がある。

なお、「筑前いいづか雛のまつり」期間中の土日には伊藤伝右衛門邸や麻生大浦荘、嘉穂劇場など主要なスポットを巡るシャトルバスが運行されているので利用したい。

二〇一〇年には復元された川ひらたで伝右衛門邸―嘉穂劇場間で遠賀川の船遊びが計画されている。

【A2】田川エリア（田川伊田駅・上伊田駅・香春駅）

田川伊田駅→三井田川伊田竪坑櫓と二本煙突（1）・田川石炭・歴史博物館（2）→料亭あをぎり（34）上伊田駅→明

治・大正・昭和三代の橋（16）↓三井田川六坑ボタ山（8）

香春駅　香春町歴史資料館（60）↓［森鴎外文学碑］↓山頭火遊歩道（50）↓香春藩庁史跡・郡役所跡（58）↓香春岳銅山（54）↓旧日本セメント（54）

筑豊を代表する祭、川渡り神幸祭の舞台、風治八幡宮と彦山川は田川伊田駅前からすぐである。伊田商店街から左に折れると数分で石炭記念公園の三井田川伊田竪坑櫓と二本煙突が迎えてくれる。田川市石炭・歴史博物館では本書の項目19　25　45　46　49　51　で触れた多数の近代化遺産がある。三井田川鉱六坑ボタ山はロマンスが丘に登る林道からも良いが、石炭記念公園から見る香春岳一の岳に抱かれた姿も良い。五木寛之氏が「青春の門」を執筆し、吉永小百合さんがロケで滞在した料亭あをぎりは石炭記念公園からゆっくり歩いて一〇分、名物鯨料理を味わうことができる。明治・大正・昭和三代の橋梁は平成筑豊鉄道上伊田駅、同勾金駅、JR日田彦山線一本松駅のいずれからも近い。

香春駅から金辺川を渡って、旧秋月街道の旧道沿いを香春神社から神宮院、高座石寺《こうぞうじ》まで歩けば香春藩庁史跡・郡役所跡・伊能忠敬止宿跡と、江戸から明治へ激動の時代を感じる。香春岳は石炭記念公園、香春駅、香春神社と見る場所で異なった表情が楽しめる。

旧日本セメント工場も香春神社参道から眺めるのが良い。金辺川沿いの山頭火遊歩道は平成筑豊鉄道糸田駅周辺と並んで山頭火ファンは必見である。

【A３】直方エリア（直方駅・筑前植木駅・筑前垣生駅）

直方駅（17）↓［多賀神社］↓直方市石炭記念館（筑豊石炭鉱業組合）（4）と救護隊練習坑道（5）↓多賀町公園・貝島太助銅像（43）・森鴎外文学碑↓［ふるまちアーケード街と殿町周辺散策］↓旧堀三太郎邸、現直方歳時館（24）↓旧奥野医院と旧十七銀行直方支店、現直方谷尾美術館本館と別館（32）↓旧讃井小児科医院・江浦耳鼻科医院・前田園茶舗・石原商店（33）↓遠賀川河川敷、遠賀川改修記念碑（11）・坑夫の像（45）［遠賀川水辺館］（10）筑前植木駅　花の木堰の大銀杏（10）↓［長崎街道木屋瀬宿記念館］（60）↓堀川寿命水門（10）鞍手駅　鞍手町歴史民俗資料館（60）

最盛期の筑豊鉄道網の中心であった明治の駅、直方駅を右に出て、歩行者用跨線橋を渡ると、直方市石炭記念館、多賀町公園の貝島太助の銅像と鴎外の小倉日記文学碑が迎えてくれる。石炭産業最盛期の近代化遺産が多い駅正面の商店街を歩くのは楽しい。直方エリアは遠賀川水運に関連した遺産が多いのも特徴であり、遠賀川河川敷で開催される春の「チューリップフェア」など四季折々のイベントにあわせて訪ねるのも良いだろう。

> **シュガーロード**
>
> 江戸時代、長崎街道は世界につながる人や情報だけでなく、砂糖やお菓子も通過した。街道沿いの佐賀に逸口香や小城羊羹、筑豊に千鳥饅頭、ひよ子、すくのかめ、成金饅頭などの銘菓が生まれた。このため、旧長崎街道をシュガーロードと呼ぶようになった。これは単に砂糖が入手容易であっただけでなく、炭坑時代がお菓子を育てたもので、筑豊の銘菓はまさに近代化遺産の一つとして、遺産巡りのお土産にピッタリである。

[B] 車を利用した福岡、北九州と各エリアを結ぶコース

[B1] 福岡市から飯塚、田川、行橋への国道二〇一号コース

福岡市→八木山峠［八木山展望台］→製鉄二瀬正門（7）→**[A1] 飯塚エリア**→明治炭坑住宅（25）→庄内入水石灰窯（55）→入水トンネル（13）→**[A2] 田川エリア**→［万葉歌碑］→呉川眼鏡橋（59）→仲哀隧道（59）

八木山峠は登りも下りも桜の名所であり、八木山展望台からの眺望も素晴らしい。香春町の国道二〇一号の北に並行するかつての大宰府官道田河道沿いに須佐神社から呉川めがね橋までの間にある7基の万葉歌碑と山頭火遊歩道の句碑を巡れば万葉から昭和へ、時の流れに浸れる。

[B2] 福岡市から直方への県道二一号コース

福岡市→犬鳴トンネル→［脇田温泉］→［竹原古墳］→

◎復権の塔（46）・［千石峡］

◎宮田線宮田駅跡（18）→貝島炭礦露天掘り跡（貝島本社前）（43）→宮若市石炭記念館（20）→貝島太市の銅像と史跡・謝恩碑（43）→［長谷寺／長谷の観音様］→**[A3] 直方エリア**

宮若市へは博多駅からＪＲバス、直方駅から西鉄バス路線が利用できる。筑豊御三家の一つ貝島炭礦を知るには宮若市石炭記念館は欠かせない。国の重要文化財長谷の観音様は春秋の大祭にご開帳される。

[B3] 北九州市から田川への国道三二二号、田川から東峰村への県道五二号、大任町から嘉麻市への県道六七号コース

小倉→金邊隧道（59）［旧秋月街道金邊峠］→金辺トンネル（15）→採銅所駅（15）→けやき坂橋梁（15）→［神宮院・高座石寺］→**[A2] 田川エリア**

◎（県道五二号）ふるさと館おおとう（60）→中島家住宅〔添田駅〕→［数山家住宅］→［道の駅歓遊舎ひこさん］→第四彦山川橋梁（15）〔彦山駅〕→釈迦岳トンネル（15）→［岩屋公園］→いぶき館〔大行司駅〕

◎（県道六七号）［藤江氏魚楽園］→［上山田線跡・熊ヶ畑トンネル］→第一山田川橋梁

万葉の時代より拓けた国道三二二号沿線は旧秋月街道に重なり、明治維新前後の激動の時代を写す遺産が数多い。東峰村のいぶき館は飯塚の伊藤伝右衛門邸の一部を移築したもので、近くに宝珠山炭砿坑口跡もある。

修験道で有名な英彦山神宮には数多くの文化遺産とともに、雪舟作と伝えられ桃山時代の特徴を残す旧亀石坊庭園（国指定名勝）、旧政所坊庭園、旧座主院庭園が残っている。県道六七号沿いにも雪舟ゆかりの藤江氏魚楽園（国指定名勝）がある。熊ヶ畑トンネルから第一山田川橋梁まで廃線となった上山田線の姿を残している。

【B4】北九州市から直方、飯塚、鳥栖市への国道二〇〇号、飯塚から東峰村への旧上山田線跡→国道二一一号コース

若松南海岸通り→わかちく史料館（21）→折尾高校堀川ものがたり館（60）→堀川舫石（10）→水巻町歴史資料館（60）→芦屋町歴史の里（歴史民俗資料館）（60）→芦屋町中央公民館（9）→中間市歴史民俗資料館（60）〔中間駅〕→堀川中間唐戸（10）→筑豊本線遠賀川橋梁橋脚（12）→【A3】直方エリア→筑豊本線嘉麻川橋梁（13）→蒸気機関車アルコ23号（小竹町中央公民館）（20）→旧松喜醤油屋（30）→【A1】飯塚エリア→飯塚市穂波郷土資料館（60）→旧住友忠隈炭砿会館、現穂波幼稚園（26）→住友忠隈炭砿ボタ山（8）→住友忠隈炭砿住宅（25）→小鳥塚（47）→〔大将陣公園〕〔天道駅〕

◎（国道二〇〇号）王塚装飾古墳館（60）〔桂川駅〕→〔長崎街道内野宿〕〔筑前内野駅〕→冷水トンネル（12）

◎（旧上山田線跡道路）三菱飯塚炭礦巻上機台座（3）→三菱飯塚炭礦積込場跡→三菱飯塚炭礦住宅松岩石垣→〔嘉麻市碓井琴平文化館・織田広喜美術館〕→〔八反田舟入場跡〕（9）

◎（国道二一一号）馬頭観音（47）→〔鴨生万葉苑〕→三井山野炭鉱住宅（25）→〔嘉麻市ふれあい伝承館〕→〔小石原伝統産業会館〕→いぶき館（23）

石炭産業と共に成立した筑豊が旧遠賀郡を含んでいたことを示す近代化遺産が北九州市若松区・同八幡区、中間市、現遠賀郡に多数ある。筑豊が一望に見渡せる大将陣公園は桜の名所である。長崎街道の雰囲気をそのまま残している筑前内野宿ではシーボルトが休息した内野宿友遊館「長崎屋」で今に伝わる当時の料理が楽しめる（要予約）。旧上山田線平恒駅跡付近には三菱飯塚炭礦関連遺産が多数ある。嘉麻市碓井の八反田舟入場跡は遠賀川が昔から重要な水運を担っていたことを示している。国道二一一号沿の山上憶良ゆかりの地嘉麻市稲築の鴨生憶良苑は香春町と並んで万葉ファン必見である。

【B5】直方から田川、築上町への平成筑豊鉄道沿線コース

【A3】直方エリア→〔上野焼陶芸館〕→旧三菱方城炭礦坑務工作室・同機械工作室・同圧気室・同選炭場・同米倉、

現九州日立マクセル赤レンガ記念館（6）→〔森鴎外文学碑〕〔金田駅〕→山頭火漂泊の道・木村緑平旧居・皆添橋レリーフ等（50）〔糸田駅〕→【A2】田川エリア→内田三連橋（14）〔内田駅〕→油須原駅（17）→石坂トンネル（14）・車掌車ヨ9001〔源じいの森駅〕→旧蔵内次郎作・保房邸（24）

　九州日立マクセル赤レンガ記念館は事前に見学申し込みが必要である。山頭火ファンにとって糸田駅周辺は香春駅前の山頭火遊歩道と並んで見どころ満載である。直方－田川間では上野峡、白糸の滝、虎尾桜や定禅寺の藤、泌泉などの名所旧跡、文化財も多いので併せて巡りたい。福岡県指定文化財旧蔵内家住宅は福岡県内に現存する炭鉱経営者の住居では最古であり、現在は茶寮深翠居として料理も楽しめる。

【C】観光コースとして巡る近代化遺産

　駅から徒歩圏内にかなりの近代化遺産がある飯塚、田川、直方エリアについてはJR福北ゆたか線、JR日田彦山線、平成筑豊鉄道いずれも遺産巡りに便利である。【A1】、【A2】、【A3】を参考に適当に取捨選択してほしい。

　本書で取り上げた近代化遺産を全て巡るとなると、二泊三日でも足りないし、また、面白くもない。何か興味あるテーマを設定して巡ることをお勧めしたい。筑豊御三家の麻生、貝島、安川・松本や伊藤伝右衛門など、地場の炭坑経営者が多いのも筑豊の特徴である。福岡県内で一般公開されている炭坑主の住宅は旧伊藤伝右衛門邸、旧堀三太郎邸（直方歳時館）、旧蔵内次郎作邸、旧貝島健次別邸（福岡市友泉亭公園）である。旧松本健次郎邸（西日本工業倶楽部）、麻生大浦荘はイベント時に公開している。元直方市にあった西尾貝島家本邸は貝島嘉蔵本邸として福岡市高宮に移築されている。今後公開が待たれる。

　筑豊の近代化遺産は北九州を始め、北部九州各地と強い繋がりをもっているので、他の地域の遺産を合わせて巡るとさらに興味深い。

　例えば九州運輸局では「恋の華柳原白蓮と炭坑王伊藤伝右衛門のゆかりの地を巡る旅」として、飯塚市（旧伊藤伝右衛門邸）—東峰村（いぶき館）—日田市（久兵衛茶屋）—荒尾市（宮崎兄弟資料館）コースを九州広域観光ルート支援事業としている。

（菊川清）

解説

筑豊工業高等学校（旧筑豊鉱山学校）全景（昭和 35 年）

筑豊の近代化遺産

はじめに

近時幕末期から第二次大戦期ごろまでの間に建設され、わが国の近代化に貢献した建造物が注目されている。

筑豊の近代化遺産はその大部分が石炭産業遺産であるが、飯塚市では貴重な石炭遺産の「旧伊藤伝右衛門邸」を取得修復し、平成一九年四月二八日に開館して一年間で二四万人の県内外の観光客が訪れ、嘉穂劇場と共に飯塚市の観光名所として定着しつつある。

一〇月二日には炭坑節に唄われた旧三井田川炭鉱伊田竪坑櫓と二本煙突が国の登録文化財に指定され、両遺産は「九州・山口の近代化産業遺産群」の中に世界遺産暫定候補としての提案書が一九年一二月二一日文化庁に提出された。

また経済産業省が地域活性化を支援するために、わが国産業の近代化に大きく貢献した「近代化産業遺産」について一一月三〇日に「近代化産業遺産群33」が公表されたなかに、筑豊地区は五市町村の一四件が認定され、筑豊炭田関連として、北九州市区域を含め石炭輸送・貿易関連遺産一四件が認定されるなど、わが国の主要産炭地であった北九州に繋がる筑豊の近代化遺産が脚光を浴びつつある。

筑豊の近代化遺産の概要

筑豊遠賀川流域は弥生から稲作が栄え、古代の華やかな古墳文化、近世秋月・長崎街道の賑わい、そして近代の筑豊炭田の近代化遺産は、炭鉱がなくなって三十余年で少なくなったものの、未だ筑豊各地に残されている。

明治・大正・昭和の百年の間、わが国の近代化に貢献した筑豊では、炭鉱での石炭生産に関する遺産（採掘・石炭の選別・ボタ山）、製品化された石炭の輸送（水運・陸運・海運）により消費地に届けるまでの「黒ダイヤの道」、石炭に関わった人々の喜怒哀楽の生活遺産（住宅、福利厚生、娯楽、食生活、お菓子、信仰など）、石炭産業を支えた商工業、炭鉱文化などその範囲は極めて広い。

また筑豊には近代化遺産を後世に伝える博物館・記念館・資料館が各地にあり、わが国の近代化に貢献した役割を地域住民に伝えている。

（一）筑豊の近代化遺産の種別

①石炭生産施設…巻上機、坑道、事務所、選炭機、ボタ山、採掘用具等

②石炭輸送（水運、陸運、海運）…川艜、蒸気機関車、トンネル、橋梁、駅舎、港湾設備、商社

③石炭建造物…鉱主建物、炭鉱住宅、売店、体育館、病院、劇場、商工業、金融、食品関係等

④石炭信仰・モニュメント…神社、寄進奉納物・顕彰碑、

記念碑、銅像、慰霊碑等
⑤石炭無形文化遺産…筑豊の銘菓、文学、句碑、絵画（含山本作兵衛炭鉱絵画）、音楽（含炭坑節）、石炭地名
⑥一般近代化遺産…石灰石鉱山、セメント工場、銅山、石灰窯、農業用水路、鏝絵、交通路等
⑦研究資料館…歴史民俗資料館・大学研究機関

など、多くの近代化遺産が散在しており、本はこの分野に従って構成したので、その主なものについて記述する。

（二）筑豊の近代化遺産の内容

①石炭生産施設

筑豊炭田の石炭生産は、露頭採掘のほかは地下採掘であったために、閉山後は総て坑道を埋めてしまっており、地上に残されていない。

その中で唯一保存されているのが、田川市石炭記念公園にある、三井田川炭鉱第一竪坑櫓と蒸気巻上機の排煙用に使用された二本の煙突で国登録文化財として、筑豊を代表する石炭近代化遺産である。石炭巻上施設としては、飯塚市平恒の大正時代の斜坑煉瓦造り三菱飯塚炭礦巻上機台座（飯塚市指定文化財）が保存されている。

直方市石炭記念館に救護隊訓練所の練習坑道がある。明治四五年建設にされて逐次整備され、昭和四三年まで炭鉱災害に対処する救護隊員訓練のため筑豊石炭鉱業組合が建造したものである。閉鎖三九年後の平成一九年七月二一日に記念館開館の三十六周年記念として、特別公開の貴重な石炭近代化遺産である。

記念館の本館は、明治四十三年建築された筑豊石炭鉱業組合直方会議所（直方市指定文化財）で練習坑道と共に優れた近代化炭鉱遺産である。

生産にかかる建築物として明治三七年頃建築の旧三菱方城炭礦坑務工作室（国登録文化財）が九州日立マクセル赤煉瓦記念館として活用されている。

石炭を選別した炭坑節にも唄われる選炭機は閉山後総て撤去され、各所にその基礎が残されているのみである。選炭により選分けられたボタ、坑道掘削の岩石を積み上げたボタ山は昭和五五年の調査では筑豊で二九六あったといわれるが、現在では筑豊富士と謳われた住友忠隈ボタ山（飯塚市）、三井田川六坑ボタ山（田川市）の二箇所が目立つ程度で、ほかは樹木が茂り目立たない存在となっている。

②石炭輸送（水運、陸運、海運）

明治初年から石炭の輸送は遠賀川の川船（川艜《かわひらた》）により芦屋、若松港に水運輸送されたが、明治二四年に鉄道が若松～直方間に敷設され、逐次陸運にとって変わられて昭和一四年には水運は姿を消した。その遺産の川艜は折尾高校・芦屋中央公民館に保存されている。

石炭輸送が鉄道に切替えられて、筑豊炭田の石炭生産は網のように張り巡らされた鉄道網によって急激に上昇し、

明治、大正にかけてわが国の石炭生産の半数を生産してわが国の近代化をリードした。

筑豊興業鉄道（筑豊本線・伊田線）、豊州鉄道（田川線）の一部直方～行橋間は平成筑豊鉄道となって現在も地域住民の足として活躍しているが、遠賀川橋梁の橋脚（中間市）、嘉麻橋梁（直方市）、赤村の内田三連橋梁・第二石坂トンネル（国登録文化財）、冷水トンネルや折尾駅舎（大正六年）、直方駅舎（明治四三年）、油須原駅舎（明治二八年）など現在も使用されている近代化遺産である。

また石炭輸送に活躍した蒸気機関車は、田川、直方、宮若の石炭博物館、記念館のほか各地に展示活用されている。海運輸送で活躍した若松港には旧古河鉱業若松支店や旧石炭商社の建物、若松港の歴史を展示するわかちく史料館など近代化遺産を今に伝えている。

③石炭建造物遺産

明治時代からの地場石炭経営者の筑豊御三家のうち安川・松本邸、麻生邸のほか石炭王といわれた伊藤伝右衛門邸、堀三太郎邸、蔵内次郎作・保房邸が注目を集めている。

平成一九年四月に開館の旧伊藤伝右衛門邸（市指定文化財）は連日観光客が訪れ、平成一五年七月水没被害にあい、多くの人々の支援で再建された嘉穂劇場（国登録文化財）とあわせ筑豊の観光名所として地域活性化に寄与している。

また閉山した炭鉱跡地には炭鉱住宅が各所に散在しており、住友忠隈炭砿体育館兼劇場（昭和一四年）が幼稚園として活用され、明治四二年開設し、大正七年炭鉱病院として出発した麻生飯塚病院は現在筑豊の中核病院として地域社会に貢献している。

石炭生産機械製造の幸袋工作所（飯塚市）や直方市の鉄工業、そして十七銀行直方・飯塚支店（金融）が残存しており、直方市殿町、古町に明治、大正に建てられた建物群は町並みとしても優れた近代化遺産の風格を今に伝えている。

④石炭信仰・モニュメント

炭鉱では愛媛県大三島の大山祇神社から分霊を受けた山神社を祭り、安全を祈願した。炭鉱主は各神社に鳥居を奉納、川船の船頭たちも常夜燈、絵馬を寄進し船の安全を祈り、その遺産が残っている。

筑豊炭田を開発した炭鉱の創業碑、閉山記念碑、創業者・坑夫の像などが炭鉱跡に建立され、坑内労働で事故により亡くなった人々を慰霊するため、大きな事故があった炭鉱では、殉職者の慰霊碑が建立されて、石炭産業の厳しさを今に伝えている。

また安全灯の不備な明治、大正、昭和の初期頃まで、めじろ、カナリヤなどの小鳥でガスを検知し、また坑内外に馬が使用され、小鳥塚、馬頭観音等を建立して、小鳥や馬たちの慰霊をするなど働く人々の心根が伝えられている。

⑤石炭無形文化遺産

炭鉱労働者が労働の疲れを癒すため求めたお菓子は長崎街道シュガーの道として筑豊で花開き、千鳥饅頭・ひよ子・すくのかめ（飯塚）、成金饅頭（直方）、黒ダイヤ羊羹（田川）等の銘菓が石炭文化遺産として受継がれている。

炭坑節発祥の地としての田川市では竪坑櫓と二本煙突と共に、全国的に歌われている炭坑節は、田川市石炭・歴史博物館所蔵の山本作兵衛炭坑絵画資料（県指定文化財）とともに石炭産業が残した近代化遺産である。

山頭火句碑、筑豊石炭を題材にした文学、絵画作品、音楽、石炭が残した地名等も近代化遺産として取上げた。

⑥一般近代化遺産

遠賀川流域は古くは大宰府官道、秋月・長崎街道などで他地域と交流し、明治以降に掘削した香春町の旧仲哀隧道（明治二二年建設、国登録文化財）、金邊隧道（大正六年建設）、生活道路の呉川眼鏡橋（明治一九年建設、国登録文化財）など交通近代化遺産がある。

田川地方には香春岳、関の山など石灰岩地帯に、セメント産業が発達し、近代化遺産のセメント工場、石灰窯（飯塚市庄内・香春町）や古くから採掘され昭和に至るまで操業した香春町の銅鉱山などの遺産もある。

明治から大正にかけて民家、土蔵などに左官職人が鏝を使って漆喰で練り上げた民画といわれる鏝絵が筑豊に数十箇所あって、生活遺産が息づいている。

古代から続いた稲作地帯であった筑豊では、世界遺産の石見銀山のある島根石工の支援で掘削した飯塚市の五ケ村用水等農業用水路の遺産も残されている。長崎街道内野宿、飯塚宿、木屋瀬宿、城下町の大隈宿の石炭産業を支えた取組み、秋月街道沿いの明治維新の動乱に小笠原藩が一時遷都とした香春町など近代化遺産を伝えている。

⑦歴史民俗資料館・大学研究機関

筑豊各所に散在している十数箇所の資料館は、その地区の炭鉱の遺産など近代化遺産を展示後世に伝えており、筑豊に所在する三大学は、地域に開かれた大学として、石炭近代化遺産の調査研究を進めている。

筑豊の近代化遺産は、地域に住む人々の支えによって形成されてきた。筑豊全体の近代化遺産に光をあて、面でつないで地域の活性化につなぎたい。

（長弘雄次）

筑豊炭田ものがたり

一　筑豊の名称、筑豊炭田の範囲と炭鉱の分布

筑豊の名称

わが国の近代化に貢献した筑豊炭田の「筑豊」の呼び名は、明治前期の石炭産業から生まれたものである。明治の初め石炭採掘が自由になり、その弊害が大きくなったため、筑前国嘉麻・穂波・鞍手・遠賀四郡と豊前国田川郡の五郡の組合が大同団結して一八八五年（明治一八）「筑前国豊前国石炭坑業組合」を組織し、翌一九年に遠賀川を運航する川船船頭たちにより「筑豊五郡川艜同業組合」が設立され「筑豊」呼称の誕生となった。

「筑豊」は遠賀川流域に石炭が層をなして広く埋蔵されており、その石炭を採掘し「筑」「豊」両域が共同して筑豊以外の地域に石炭を販売流通させていった由来がある。

この石炭輸送の大動脈が遠賀川水系で、鉄道が筑豊内部まで敷設され、石炭を主体とした物流の主力となるまで、物流は遠賀川流域の川船が主力であった。この石炭採掘・物流と遠賀川が組み合わさって「筑豊」という地域が意識され、「筑豊炭田」「筑豊本線」などの包括的な言葉が定着し、日常的に使われるようになっていった。

1896年ごろの産炭地・筑豊

現在の生活圏の筑豊
（福岡県のホームページより）

石炭生産時の筑豊と現在の筑豊

ところが、炭鉱が姿を消して三〇余年の今日、「筑豊」は石炭と遠賀川の二つの要素とかけ離れて、限定された生活圏に変わってきている。そのため、「ふるさと筑豊」も使う人、聞く人によってとらえ方がまちまちになっている。

「筑豊炭田」の石炭を考える場合の「筑豊」の範囲は現在の北九州市八幡東区、八幡西区、戸畑区、若松区及び中間市、遠賀郡も加えて「筑豊」を考察して行く必要がある。

筑豊炭田の範囲

筑豊炭田は遠賀川およびその支流に広がり、北九州市、中間市、宮若市、直方市、飯塚市、嘉麻市、田川市、遠賀郡、鞍手郡、嘉穂郡、田川郡の七市四郡に跨り、東西約二〇キロ、南北四七キロ、面積約七八七平方キロを占めたわが国の主要な石炭の産地であった。

筑豊炭田の炭鉱の分布

明治以降筑豊炭田では幾多の炭鉱の開坑、廃止が繰返さ

れ、殆どが遠賀川水系各所に分布していた。

その最盛期は一九五一年（昭和二六）で二六五鉱に達した。しかし昭和三〇年以降のエネルギー革命の前に、石油との価格競争に敗退し、一九七三年（昭和四八）に貝島大之浦炭礦の閉山で総ての坑内掘炭鉱が姿を消し、三年後の昭和五一年に貝島大之浦露天掘炭礦が閉山して筑豊炭田の使命は終了した。

筑豊炭田の総出炭量

明治中頃以降にわが国の出炭量の半数を生産し、日本の近代化に大きな役割を果たした筑豊炭田の総出炭量は直方市石炭記念館の調査では、明治一億トン、大正一、六億トン、昭和五、九億トン、合計八、五億トンが産出されたが、地下になお約一五億トンの石炭が残存されたままになっている。

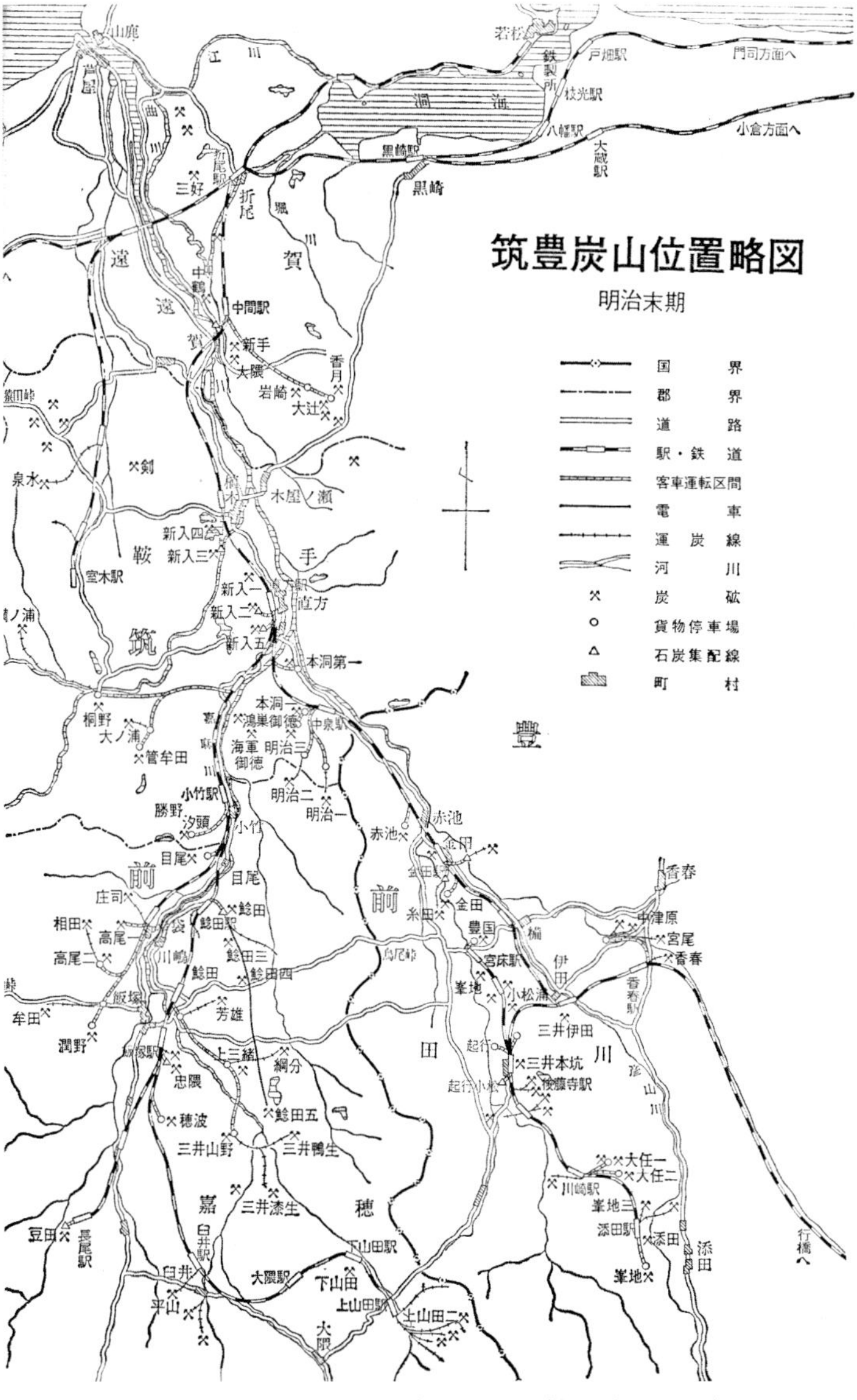

明治末期の筑豊炭山位置（永末十四雄『筑豊賛歌』より）

二　わが国の石炭の半数を生産した筑豊炭田

筑豊炭田は約五〇〇年前に発見されて、江戸末期から石炭採掘が盛んに行われるようになった。一八六九年（明治二）政府の鉱山開放で自由掘りとなったことから開発が進み、同一四年に杉山徳三郎が目尾炭坑でポンプ排水に成功、以後筑豊炭田の機械採掘の本格的な幕開けとなった。

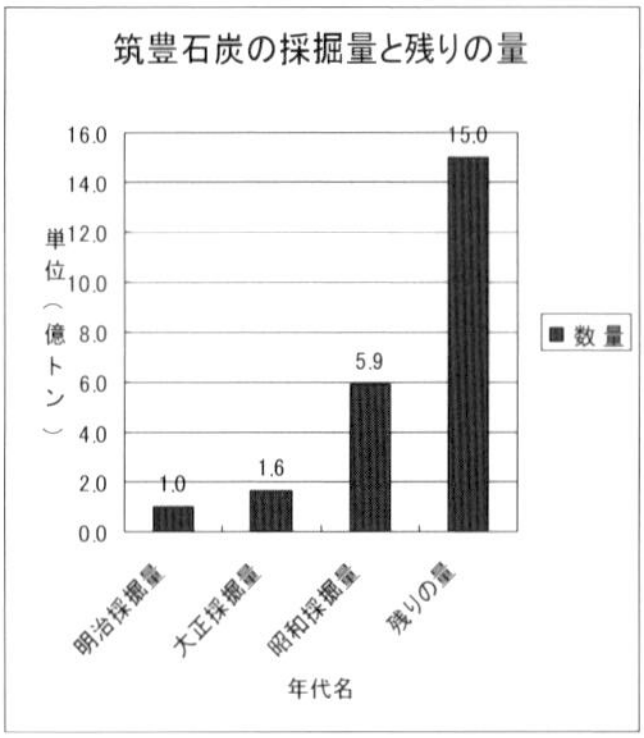

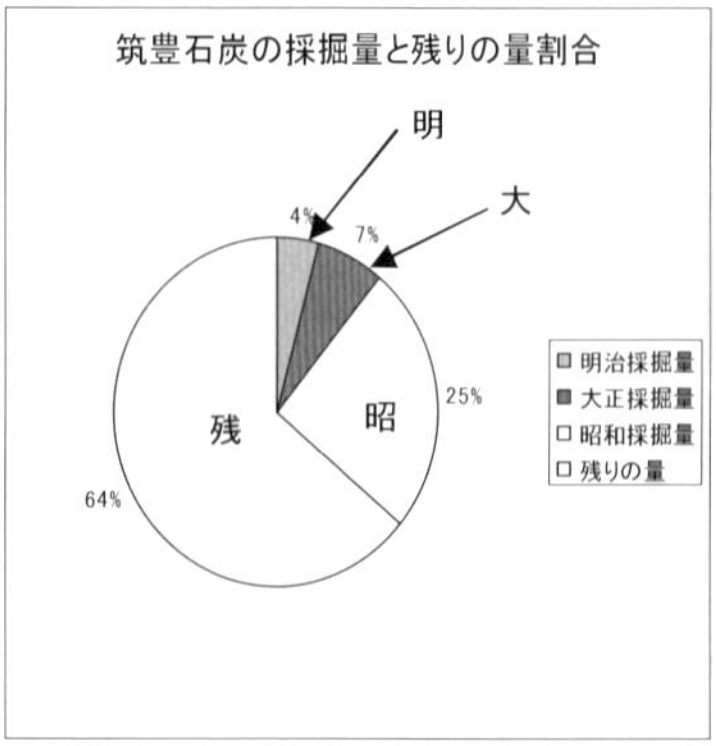

筑豊炭田の石炭採掘量と残りの量

全国出炭量と筑豊出炭量の推移

単位 千トン

年	年号		全国出炭	筑豊出炭	比率（%）
1887	明治	20	1746	410	23%
1892	明治	25	3176	1040	33%
1897	明治	30	5208	2726	52%
1902	明治	35	9799	4930	50%
1907	明治	40	13939	6929	50%
1911	明治	44	17624	8713	49%
1916	大正	5	22902	9846	43%
1921	大正	10	26221	10689	41%
1926	昭和	1	31427	12778	41%
1930	昭和	5	31366	11467	37%
1935	昭和	10	37762	14988	40%
1940	昭和	15	56313	20490	36%
1945	昭和	20	22335	7117	32%
1950	昭和	25	39330	12757	32%
1955	昭和	30	42515	12770	30%
1960	昭和	35	52607	13598	26%
1965	昭和	40	50113	8546	17%
1970	昭和	45	38330	3968	10%
1975	昭和	50	18597	207	1%

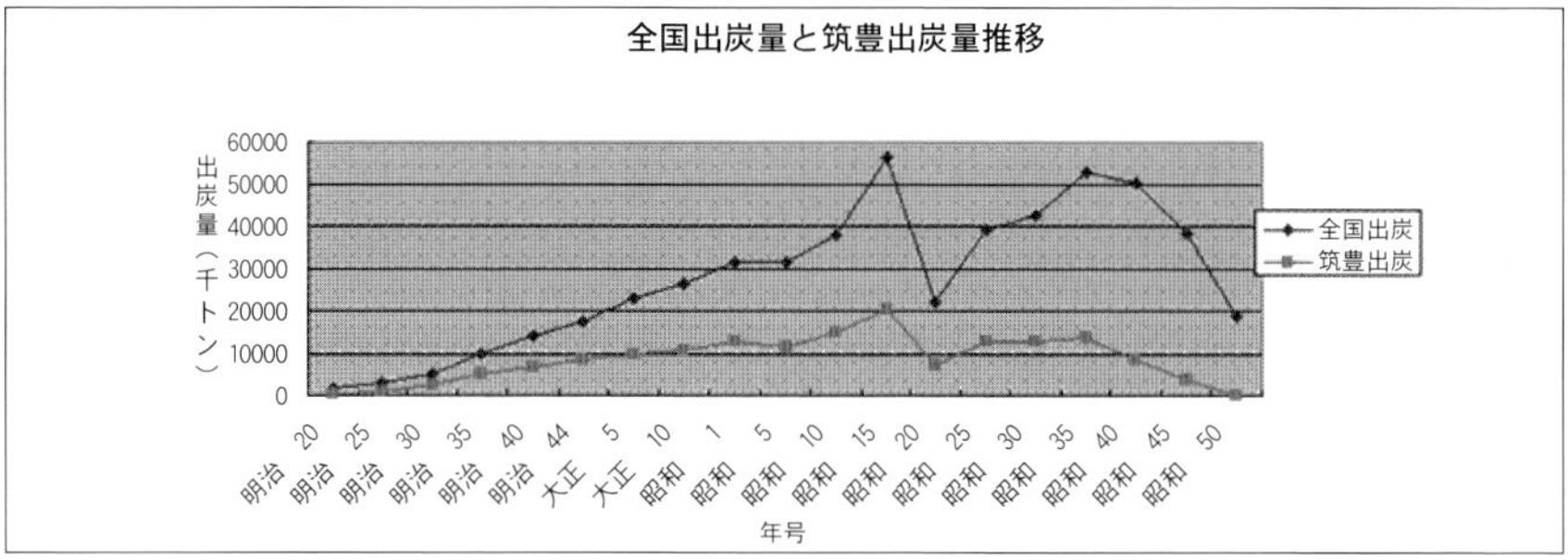

福岡藩焚石会所跡　芦屋町

明治二〇年以後、貝島、安川、麻生など筑豊御三家といわれた地場資本のほか三菱・三井・住友・古河などの中央大手資本が進出して炭鉱の規模が大きくなり、遠賀川の川船で輸送していた石炭は、明治二四年に筑豊興業鉄道が開通し、線路が延長されると大量輸送が可能になった。そのため出炭量が増大し、同二〇年が四一万㌧、同三五年には四九三万トン、明治四〇年には六九二万九千㌧と明治三〇年から全国出炭量の半数を超えて日本最大の産炭地となった。

明治三〇年には八幡製鐵所が誘致され、明治三四年に操業を開始。日清・日露の戦争好景気は筑豊炭田に非常な活気をもたらし、大正から昭和にかけて年間一〇〇〇万㌧を越すわが国最大の石炭を生産する筑豊炭田が形成された。

しかし昭和に入ると北海道炭の進出や炭鉱の老朽化が目立ち、昭和二五年以降竪坑掘削による炭鉱の若返りを図ったものの、スクラップ・アンド・ビルド政策により、昭和三五年以後炭鉱の合理化閉山が急速に進み、昭和五一年筑豊から総ての炭鉱が閉山した。

三　筑豊炭田の黎明、勃興、発展、衰退の歴史

(1)石炭産業の黎明（明治時代以前）

石炭発見

一四七八年（文明一〇）遠賀郡垣生村で五郎太夫が「燃える石」を発見したのが、筑豊炭田の始まりとされている。

一六二三年（元和九）の細川家記録には、田川郡で石炭が採掘されたとある。一六九一年（元禄四）オランダの医師ケンペェル「江戸参府紀行」には、長崎よりの往路遠賀川に沿って筑豊を通行、黒崎に至る途中、役人から「数ケ所石炭坑があり我等に甚だ珍奇なるもの注目すべきものとして示されたり」とあり、更に翌年「木屋瀬は、人々は、甚黒く又汚くしてゆくは石炭を焼くがためなるべし」とあり、一村をあげて石炭を燃料としたことが窺われる。

一七〇三年（元禄一六）貝原益軒の「筑前続風土記」に「燃石遠賀、鞍手、嘉麻、穂波、宗像の所々の山野に有之、村民是を掘り取りて薪に代用す、遠賀、鞍手、殊に多し頃年粕屋の山にてもほる」とあって、石炭が自家用に利用されていたことが分る。

石炭の利用

当初農民の薪木代用に利用され、田川郡では村単位に採掘し、石間府札代として雑税を納入していた。悪臭除去のため「むし焼き」にしてガラとして博多の町でも使用された。当時はガラを筑前では石炭（いしずみ）、豊前では石殻

図上番号	名称	国名	郡名	村名	坪数	人名
1	高須坑区	筑前	遠賀	高須 外二村	三二一、六八二、〇	遠武秀行 外一名
2	古賀坑区	同	同	古賀 外二村	二四〇、八二六、〇	許斐鷹介
3	頃末坑区	同	同	頃末 外四村	三三三、二〇二、〇	岩佐正寛 外一名
4	吉田坑区	同	同	吉田 外二村	三五一、九三〇、〇	柴田多十 外一名
5	中間第三坑区	同	同	中間 外二村	三六七、七八五、〇	渡辺耕勘 外二名
6	岩瀬坑区	同	同	岩瀬 外一村	二四八、四九九、〇	中尾卯兵衛 外二名
7	中間第四坑区	同	同	中間 外一村	三三八、四三〇、〇	三野村利助
8	中間第一坑区	同	同	同 外一村	四四二、四八四、〇	宮田政一
9	中間第二坑区	同	同	同 外二村	一九三、〇三三、〇	許斐鷹介 外一名
10	楠橋第二坑区	同	遠賀鞍手	楠橋 外三村	三五〇、六九二、〇	有村磯五郎 外二名
11	楠橋第一坑区	同	遠賀	楠橋 外二村	一六四、五三五、〇	則末周祐 外一外
12	金剛坑区	同	鞍手	金剛 外四村	二四九、二〇〇、〇	松尾利貞 外二名
○13	木月坑区	同	同	古月 外一村	三三二、六二五、〇	中野寿作
○14	中山坑区	同	同	剣山 外一村	四三二、二二七、〇	川村純義
○15	植木坑区	同	同	植木	五三四、九三五、〇	藤倉五郎兵衛 外二名
16	新入坑区	同	同	新入 外三村	三三七、八九九、〇	近藤廉平
17	下境坑区	同	同	下境 外一村	三三四、三六二、五	許斐鷹介
18	勢田坑区	筑前豊前	鞍手田川	穎田 外二村	四二六、九七七、五	安川敬一郎 外三名
19	赤池坑区	豊前	田川	赤池 外二村	三二六、六三三、五	平岡浩太郎 外二名
○20	金田坑区	同	同	神田 外二村	六五六、五〇〇、〇	牟田口元学 外三名
○21	糒坑区	同	同	糒 外二村	七三〇、四八九、五	山本、喜三郎 外二名
○22	伊田坑区	同	同	伊田 外三村	一、五二四、六五四、五	福島良助
23	長井鶴坑区	筑前	鞍手	宮田 外二村	二一三、五九七、五	萩本嘉三 外二名
24	大隈坑区	同	同	大隈 外二村	四四八、八三七、五	貝島太助
25	鶴田坑区	同	同	雀田 外一村	三一八、三六七、五	香月新三郎
26	新多坑区	同	同	勝野 外一村	三四五、九六三、〇	近藤廉平
27	目尾坑区	同	鞍手穂波	目尾 外一村	二〇三、九六〇、〇	杉山徳三郎
28	鯰田坑区	同	嘉麻	佐与 外二村	四八四、九二三、五	岩崎弥之助
29	綱分坑区	同	同	綱分 外五村	五八八、四〇三、二	有松伴六 外二名
30	相田坑区	同	穂波	相田 外六村	六二一、九二五、〇	松本潜
31	潤野坑区	同	同	潤野 外九村	八三七、三三七、二	広岡信五郎
○32	忠隈坑区	同	同	飯塚 外一村	三〇四、五四七、五	麻生太吉
○33	平恒坑区	同	同	穂波	三一〇、三八四、〇	香月新三郎
○34	山野坑区	同	嘉麻	稲築	五三六、五九七、五	矢野喜平次 外三名

石炭撰定鉱区表（『麻生百年史』より）

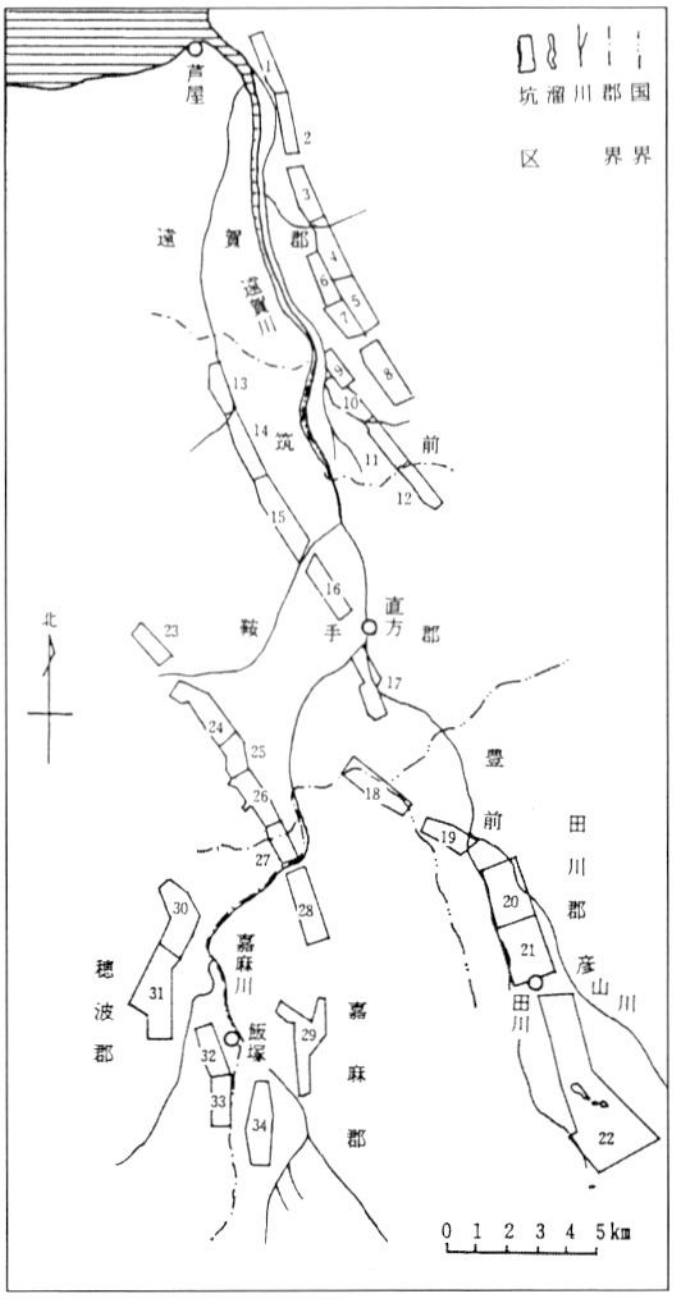

石炭撰定鉱区図

（いしがら）といい、現在の石炭を焚石（たきいし）と称した。

一七六四～一七七一年（明和年間）に若松の庄屋和田佐兵衛が石炭を製塩に使用する方法を改良し、瀬戸内海三田尻浜の塩田に導入されると急速に燃料の転換が始まり、瀬戸内海塩田地帯に使用され、筑豊の石炭商品ルートが確立し、石炭生産規模の拡大に繋がった。

また、一六二一年（元和七）に着工し、中断を経て一七六三年（宝暦一三）中間に開通した堀川により遠賀川から若松に川船の石炭輸送の直結ルートが開けたことが、筑豊の石炭輸送に大きく貢献した。

仕組法と焚石会所

黒田藩は年貢米と石炭鉱業統括のため仕組法という方式を制定し、芦屋に焚石会所という事務所を設置、石炭採掘、販売を藩の管理下におき、若松に出張所を設けた。

一八三七年（天保八）藩士松本平内（明治鉱業創設の一人松本潜の養祖父）が新たに「焚石仕組法」を建議し、黒田藩が採用して焚石会所作法書を制定し、次いで小倉藩も赤池会所を設け、両藩とも明治維新の廃藩置県まで続けた。

⑵石炭産業の勃興（明治初年～明治三〇年）

鉱山開放、筑豊石炭坑業組合設立

明治時代に入るとともに、藩の統制下におかれていた筑豊の石炭業は、一八六九年（明治二）に新政府が鉱山開放の

製鉄二瀬炭鉱中央竪坑櫓
（清水勝氏提供）

三井田川炭鉱第一竪坑櫓（現存）

三菱方城炭礦竪坑
（九大記録資料館提供）

布告を出し「所在村民の反対がなければ、府県藩に願書を出した上で何人も自由に鉱物を採掘してよい」とした。

明治五年には鉱山心得書を発布し「鉱物とはすべての無機物とし、政府の所有とする」とし、その内容を示し、更に明治六年には日本坑法の発布により、地下鉱物の占有を明確に規定、それまでに許可していたものを取消し、全面的に採掘許可制とした。

これにより自由な採掘の道を開いたため、炭坑数は明治元年一六〇坑、明治一〇年三四〇坑、明治一二年六〇〇坑といわれた。そのため乱掘の弊害が顕著となり一八八五年（明治一八）福岡県の布達によって、同年一一月に筑前国豊前国石炭坑業組合が創立され、自主規制が行われることになった。

高島・三池炭田が官営炭坑の三菱・三井に払下げされたのと異なり、筑豊石炭坑業組合は一八九三年（明治二六）筑豊石炭礦業組合、更に一九三三年（昭和八）に筑豊石炭礦業会に改組。組織的に筑豊炭田の開発を協議しながら石炭を消費地に供給し、近代化に貢献した意義は極めて大きいものがある。

撰定坑区と大手資本の鉱区獲得

自由掘り時代を迎えた筑豊炭田は、小鉱区が乱立してその弊害があらわれたため、政府は福岡県の申請を受け、一本の竪坑で採掘できる区域を一坑区とした「撰定坑区」を一八八八年（明治二一）福岡県布告で二一鉱区の撰定、その規模は一九～六一万坪で、翌二二年末までに三四坑区の撰定が行われた。これまでの坑区面積の二～一〇倍に拡大され、明治二一年の筑豊五郡の借区一七〇万坪から一五〇〇万坪に増大した。その坑区内の小借区の権利は消滅し、あらためて坑区の規模にふさわしい能力のある資本家、地元の有力な坑主に許可され、近代化を進める基礎となった。

また明治新政府は、海軍の将来の軍艦燃料確保のため、当初一八七一年（明治四）に唐津炭田、次いで一八八七年（明治二〇）筑豊炭田に指定を移行したが、開放の世論により、明治二四年、鞍手郡御徳、糟屋郡新原以外を開放した。

これらによって筑豊の石炭は、明治二〇年代のわが国の産業規模の拡大で中央大手資本の注目するところとなり、熾烈な競争により各資本が鉱区を獲得した。
・三菱　新入・鯰田（明治22）方城・上山田（明治28）
・三井　山野（明治29）田川（明治33）
・住友　忠隈（明治28）
・古河　下山田（明治27）勝野（明治28）目尾（明治29）
・製鉄　潤野（明治32）高雄（明治33）

動力による排水・運搬の成功、水運から陸運への転換

明治初期はまだ人力採掘の域を出ず、石炭が地表にあらわれている露頭から掘り進んだが、坑口から数十メートル下ると排水や運搬に行き詰まった。

そのため明治八年頃からポンプによる揚水の試みが筑豊各地で行われたが何れも失敗に終わった。前述のように一八八一年（明治一四）長崎地役人出身の杉山徳三郎が目尾炭坑でポンプ揚水に成功し、その後各炭坑に普及した。出炭を阻害していた排水の機械化は筑豊の石炭産業の近代化の礎を築いたものと高く評価された。続いて明治一六年帆足義方が新入炭坑で動力による炭車捲上に成功し、炭坑の生産規模が明治二〇年代にかけて一気に増大した。

一方江戸時代末期から明治二〇年過ぎまで遠賀川の川船で石炭輸送していたが、生産量の増加に対応できず、一八九一年（明治二四）筑豊興業鉄道が若松〜直方間に開通、逐次線路を延長して陸運に変換が進み、明治時代は水運と陸運は共存していたものの、大正以降水運は衰微の一途を辿り、一九三九年（昭和一四）川船が姿を消した。

田川地方の石炭も一八九五年（明治二八）豊州鉄道の伊田〜行橋間開通により陸運に切替えられ、若松港・洞海湾や門司港の港湾、石炭荷役の整備が進み消費地への大量輸送が可能になった。ポンプ揚水と陸運への転換で筑豊の石炭生産は飛躍的に増大し近代化に繋がった。

⑶石炭産業の発展・近代化（明治三〇年〜大正中期）

近代化の背景

明治二〇年以降、排水・運搬の機械化、石炭輸送の水運から陸運への転換、大手資本による生産規模の拡大により始まった石炭産業の近代化は、一八九七年（明治三〇）には八幡製鐵所が設置され、わが国の産業規模の増大は、必然的に石炭の大量生産を促し、炭鉱の規模は採掘技術の進歩とともに更に拡大し、近代化の流れは加速して行った。

大型竪坑の開鑿（第一次大型竪坑時代）

江戸時代中期から採掘を始めた筑豊の炭坑は、採掘場が地下の浅部から深部に移行するに伴い、坑内通気・運搬の改善を伴い、技術の進歩で大型竪坑開鑿を可能にし、一九〇五年（明治三八）、一九〇八年（明治四一）に三菱方城の二本の竪坑二七〇㍍、明治四二年、同四三年に三井田川の二本の竪坑三一四㍍、三四九㍍、同四四年に製鉄二瀬竪坑三四三㍍など円型煉瓦巻の当時を代表する竪坑が開鑿され、わが国の三大竪坑と称された（深さは利用深度）。

採掘・運搬技術の進歩

明治初年まで人力による石炭採掘も、長壁式採掘法や蒸気・電力による動力使用により、スキー場のリフト式のエンドレス運搬、電車運搬などの技術が進歩し、大量生産を可能にした。

⑷石炭産業の合理化・増産（大正中期〜昭和二〇年）

第一次大戦後の不況

一九一八年（大正七）第一次大戦後の不況や撫順炭輸入の影響もあり、不況が深刻化し、人員整理、不能率炭鉱の閉鎖、出炭制限が行われた。

そのため採炭現場のコールカッターやチェンコンベヤーなどの運搬機械化、長壁式採炭の普及などによる生産能率向上や合理化が推進された。

満州事変後〜太平洋戦争終戦

一九三一年（昭和六）満州事変勃発で一路戦時経済に進み、一九四一年（昭和一六）の太平洋戦争開戦前後の増産運動で、同一五年には全国出炭五六三一万（筑豊二〇四九万）トンと史上最高記録を樹立。その後、熟練者の応召などで生産低下し、昭和二〇年は全国出炭二二三四万（筑豊七二二万）トンに激減した。

⑸戦後の復興・エネルギー革命・衰退（昭和二〇年代〜昭和五〇年代）

石炭の傾斜生産

戦後経済復興のため、石炭、鉄、食糧増産のため、炭鉱に対する食糧の特別配給、炭鉱住宅の大量建設、増産資金の特別融資の実施、ラジオでは毎週「炭鉱の夕べ」などが炭坑節と共に流され、炭坑節はまたたく間に全国に広がった。そのため戦争被害者や外地引揚者が続々と炭鉱に集まり、出炭量も徐々に上昇した。

石炭増産に対する法律整備

坑内が深くなり、明治三〇年代から多く発生した炭鉱災害の抜本的な防止、鉱害被害に対処するため、一九四九年（昭和二四）鉱山保安法の制定、同二五年鉱業法の改正、同二七年臨時石炭鉱害復旧法制定など法律整備が行われた。

また、戦前の労働者の抑圧から解放するため、アメリカの指導で昭和二〇年一二月に労働組合法成立と共に各炭鉱で労働組合が結成され、一九五二年（昭和二七）には炭労による六三日に及ぶ長期ストも行われた。

朝鮮戦争勃発による特需

昭和二五年に勃発した朝鮮戦争を契機に、わが国の経済は特需景気により昭和二六年には鉱工業は既に戦前の水準に達し、石炭の生産量も同年には全国出炭量四〇〇〇万（筑豊一三〇〇万）トン台を回復した。

エネルギー革命・衰退

朝鮮戦争終結後、昭和三〇年以降エネルギーの自由化、安価な石油・外国炭との競争に敗れ、消費者側は一斉に外国の安価なエネルギーに転換していった。

各炭鉱は生き残りをかけて、坑木の代わりにドイツから導入された鉄柱と鉄梁、コンベヤーの組み合わせによるカッペ採炭という新技術で生産能力の向上をはかり、坑内構造の近代化に第二次の大型竪坑掘削で体質改善を図った。

政府は一九五五年（昭和三〇）石炭鉱業合理化臨時措置法を制定し、不能率炭鉱の閉山、良好な炭鉱育成のスクラップ・アンド・ビルド政策を推進した。明治以来掘り続けて、地下深く採掘現場が移行した筑豊の炭鉱は対応できずに、昭和二六年に二六五坑を数えた炭鉱は、昭和三〇年頃から雪崩的に閉山し、昭和五一年の貝島大之浦露天掘炭礦の閉山で、すべての炭鉱がなくなり筑豊炭田はその役目を終わった。

四　むすび

筑豊から炭鉱がなくなって三〇余年、国の支援が終わった現在、筑豊は自力で立ち直るため、情報産業、自動車産業など新しい産業に活路を求める一方、わが国の近代化に貢献した石炭の近代化遺産を貴重な地域の遺産と認識しはじめ、誇りを持って後世に残し、地域の活性化に役立てようとしている。

（長弘雄次・安藤龍生）

筑豊のおいたちとこれから（交流軸の視点から）

はじめに

「筑豊」と呼ばれる地域には、遠賀川の流れによる平野が拡がり、三方を山に囲まれたまとまりのある小天地である。ここには農耕文化伝来から日本の近代化までの歴史が蓄積されている。現在に繋がる二千年の歴史と、これからの筑豊について、遠賀川の流れを眺めながら考えてみた。

稲作最適地だった遠賀川上流

縄文時代の昔、遠賀川の下流域、直方付近から北は広大な湖だった。それを遠賀川は埋めていき、次第に湖は広大な干潟となり、湿地化していく。弥生の農耕文化がこの頃の遠賀川下流域に定着し、遠賀式土器を生産する集落が発達する。

この頃の遠賀川下流域は、このような一面の葦原であったと考えられる。ひとたび雨が降れば一面の湖に戻り、雨が上がれば葦の間を細く分かれながら流れていく。大河川の下流域は、稲作には不向きな土地ではあるが、干潟の漁業との組み合わせた生活が営まれていたのであろう。

稲作適地は、むしろ上流域にあったと考えられる。その理由は、洪水被害とかんがい用水。当時の土木技術では、

日王山から見る筑豊の「豊」

三郡山から見る筑豊の「筑」

大河川のコントロールはできないが、細い流れであれば制御できる。洪水を受けにくい土地に田を拓き、田植えの頃には安定した水を供給し、水を止めることも可能である。このような土木革新が朝鮮半島から伝わった鉄の技術によって可能になった。鍛冶具である鑿と鉄槌で岩を砕き水路を引いたのである。さらに砂鉄から鉄をつくるようになると、鉄分の多い花崗岩地帯は理想の山であった。

　山間の小さな製鉄場で作られた鉄が、農具に姿を変え、筑豊の山野を拓いていく。水量管理をしやすい川が多く、気候も温暖。このような農業適地は、他に例がない。弥生から古墳時代の筑豊は、倭国の最先端文明地の一つであったと考えられる。この地には

上流域の繁栄、沖出古墳

神功皇后の伝説が多く伝わるが、古代の朝鮮半島と筑豊の交流が基になっているのであろう。

　ところで、磐井の乱と呼ばれる争いが六世紀の九州でおこり、勝利した大和政権が屯倉と呼ばれる直轄地を設置したと、日本書紀は伝えている。この時期には、九州から関東のあちこちに屯倉が置かれるが、三六箇所の屯倉のうち、筑豊とその周辺には八箇所が集中する。大和政権は、地方豪族の連合組織であり、政権を構成したもののうち一大勢力が筑豊であったことは間違いない。

東西交流軸だった馬の道

次いで七世紀には、朝鮮半島で白村江の戦いが起こる。大和政権が、百済復興のために出兵し、唐・新羅の連合軍に大敗した事件である。この敗戦で大和政権は、唐・新羅が攻めてくるという恐怖におののく。大陸への窓口を大宰府に、京を大和から近江に遷す。水城や大野城などの防衛拠点を築き、京まで急を知らせる烽火を整備して、それらを防人が守っていた。

東西交流「馬の道」、鹿毛馬神護石

この時の烽火通信ルートは筑豊の上空を横断していたと考えられる。ルートの設計者は、制海権を失った玄海灘を避け、なるべく低くて見通しの効く山頂を選び、最短時間で大宰府と瀬戸内を結ぼうとする。すると、筑豊の西の大根地、中央の日王山、東の飯岳山を結ぶのが最短となり山上に烽火台をおく。ここを守る防人が駐屯していたのが、宮地岳、鹿毛馬、御所ヶ谷という三つの神籠石（山城）なのであろう。

筑豊を横断するのは烽火の光だけではない。防人の拠点を相互に連絡するとともに、京への伝令が駆け抜ける道路も整備される。伝令を載せた馬が駆ける「馬の道」である。後に五畿七道に整備される駅伝ネットワークが最初に機能したのが筑豊の馬の道だった。これが大和と大宰府をつなぐ東西幹線道路となり、大宰府へ赴く万葉歌人たちの行き来する田河道と呼ばれるようになった。

このように東西幹線をつかった人や物資や文化の交流が盛んになると、北からの遠賀川ルートが利用されることが少なくなってくる。これが、「筑豊」が「筑」と「豊」に分かれた原因である。律令国家の体制が整うとともに、国単位の地方行政が行われるようになり、遠賀川上流域の東西幹線沿線のうち、西が「筑」に東が「豊」に分割されてしまう。一つの遠賀川流域の中に、二つの国が存在することになったのである。

江戸の水運発展と筑豊の再結合

その後、鎌倉、室町、戦国と日本史は大きく変動するが、筑豊は二つに分かれたままだった。江戸時代には、そのまま筑前藩と豊前藩となる。

一六〇〇年（慶長五）に筑前藩に入った初代藩主黒田長政は、直ちに遠賀川改修に着手する。最初に手がけたのが、芦屋の河道掘削である。芦屋の港湾機能を確保し、福岡城築造のための木材を福岡に運んだ。また、造船も行われていて、海と川の結び目である芦屋は繁栄し、遠賀川には川ひらたが行き交い、各地に船着き場ができた。木屋瀬や植木、直方にはかつて船頭の目印となった大銀杏があり、遠賀川のシンボルにもなっている。

陸路では、長崎街道は、筑前藩領で福岡城下を避けたうえで、できるだけ楽な方法で遠賀川の渡河するようなルート設定がなされている。古代の馬の道が上流域を通過していたことと比べると、道路の建設技術や維持管理体制の充実ぶりが伺える。長崎街道は、南蛮貿易の窓口である長崎

北への交通、堀川から筑豊鉄道へ

と江戸を結ぶ大動脈であり、新しい文化の通り道となった。筑前六宿のうち、内野、飯塚、木屋瀬に当時のにぎわいの名残が見られる。

豊前藩領では、小倉から秋月への向かう秋月街道が整備された。二つの藩がそれぞれ南北交通軸を持っていた。譜代藩と外様藩という性格の違いも影響を与えているところだが、住んでいる人の意識の中にも、筑前と豊前の国境が強く認識されていたと考えられる。

この状況を一変させたのが堀川の開削だった。堀川は、遠賀川と洞海湾を直接結び、干拓地にかんがい用水を、若松港に上流域の米を運ぶため人工水路である。これは、岩盤掘削や水門流失などの苦難を乗り越えて、一七六三年（宝暦一三）に一田久作が掘り通したものである。堀川開削の目的は筑前藩の農業振興にあったが、その開通は筑豊に大きな影響を与えた。堀川が、日本の商品物流ネットワークの中心であった大坂と筑豊を直接つないだためである。しかも、米や農産物が堀川で集約されて送られてくるから、大坂商人からすれば、遠賀川上流の筑前領と豊前領は一まとまりの農業地域に見えてしまう。

後に一八八六年（明治一九）、石炭採掘の統制が必要になったとき、石炭を積み出す川ひらたを管理する「筑豊五郡川艜同業者組合」が設立され、はじめて「筑豊」の略称が使われた。これが前例となって、鉄道は筑豊興業鉄道、炭田は筑豊炭田とよばれ、「筑豊」という地域の呼称に定着していったのである。

日本の近代化を支えた筑豊炭田と遺産

明治時代になってからの筑豊は、何と言っても石炭の歴史である。筑豊の石炭は、日本の近代化を支えた。川ひらたで運ばれていた石炭を、鉄道で運ぶべく鉄道建設のラッシュがおこった。一八九一年（明治二四）に若松と直方の間に現れた筑豊興業鉄道、一八九五年（明治二八）に小倉から行橋経由で伊田まで伸びた豊州鉄道、一九一五年（大正四）に小倉から添田までを結ん

走り続ける平成筑豊鉄道の嘉麻川橋梁

だ小倉鉄道である。これらからの支線も多く引かれ筑豊には網の目のような鉄道ネットワークが構築された。ちなみに、遠賀川の直轄河川改修も、筑豊炭田の安定操業を支えるために一九〇六年（明治三九）に始められている。

その頃の施設が、筑豊には数多く残されている。さらにその一部は現役の鉄道インフラとして使われている。古いだけでなく、今なお活躍し、地域の生活を支えているところが、筑豊の近代化遺産の特徴であると言えるだろう。

平成の東西南北交流軸とこれから

炭鉱時代の繁栄と鉱害復旧時代の苦しみを経て、筑豊は、新しい時代を迎えようとしている。次世代の筑豊を支える基礎インフラには、どのようなものがあるだろうか。

まず他の地域にはない資産は、鉄道網である。廃線になったものも多くあるが、現在の筑豊には、ＪＲの筑豊本線（福北ゆたか線）、ＪＲ日田彦山線、後藤寺線があり、さらに平成筑豊鉄道と筑豊電鉄も走り続けている。これらは、二酸化炭素の排出が少ない公共交通機関であり、地球環境と地域の自然環境にやさしいまちづくりを行う基になる資産である。

次に、道路バイパス網の整備が進められていることも産業基盤として重要である。既に冷水バイパス、八木山バイパス、国道二〇〇号バイパスが供用されている。さらに、国道二〇一号バイパスの烏尾トンネルが建設中であり、国道三二二号の八丁越トンネルの計画が進められている。これらの道路網は、筑豊を取り巻く高速道路に接続し、物流の要となるものである。

これらの交通インフラは、筑豊がかつて繁栄した時代の交流軸の生まれ変わりである。「遠賀川」「馬の道（田河道）」「長崎・秋月街道」「堀川」。地域の繁栄を支えるのは交流軸である。新たな交流軸を活用することで、筑豊は、福岡や九州に留まらず、アジアの生産拠点となる可能性を秘めている。特に、博多と北九州の港湾、福岡と北九州の空港へのアクセスが良いのは筑豊の最大のセールスポイントである。

戦略的な交通インフラ整備、河川や山林を含む長期的な自然・生活・生産の環境づくり。現在、遠賀川河川事務所などが取り組んでいる土木のしごとは、未来の人たちから見れば、歴史の一部になっている。次世代に対する責任を感じながら、筑豊でがんばっている。

（松木洋忠）

日本一の鉄道網

筑豊炭田は日本一の産炭地として発展をとげるが、それを支えたのが日本一緻密に敷設された鉄道網であった。

一九二五年（大正一四）の鉄道省発行の国有鉄道線路略図を見てみると、旅客営業の路線のほかに、筑豊本線系統では、中間駅から中鶴、小牧信号所からは筑前中山、直方駅から分岐して磯光より管牟田、小竹駅からは伊岐須方面や二瀬など五方面、鯰田駅からも鯰田炭礦、飯塚駅からも平恒方面、旧伊田線の中泉駅からは三方面、赤池駅からは赤池炭鉱、金田駅からは堀川炭鉱や方城炭礦、金田炭鉱方面にも線路がひかれていた。香春駅（現在の勾金駅）からは夏吉方面、後藤寺駅からは南、川崎駅からは第一大任、第二大任など、実に多くの線路がひかれ、昼夜を分かたず石炭列車が運行されていた。本線に比べると規格の低い簡易線ではあるが、筑豊地区の鉄道密度は日本一で、その整備された運炭ルートによって効率的に石炭が運ばれ、日本の近代化に大きく貢献した。

南の筑豊炭田に比較される北海道の炭鉱地帯だが、鉄道黎明期における発達度は、筑豊のほうが僅かに遅れる。これは、北海道中央部に産出する石炭を小樽港に輸送するルートがなく、早くから鉄道が整備された結果である。これに対して筑豊には遠賀川という水運が発達していたため、鉄道としての整備は、北海道より僅かに遅れるものの、川艜に比べたら、効率的で多量の石炭を運べる鉄道が急速に発達し、大規模な炭鉱が開業すると同時に鉄道が整備され、搬出ルートが確保されていた。

しかし、石炭一辺倒の路線は、当然の如く旅客輸送は無視に等しく、石炭列車の合間を縫って旅客輸送が行われていた。この石炭輸送のための路線は炭鉱とは運命共同体であり、炭鉱の衰退は即ち、鉄道の衰退でもあった。運ぶものが無くなった鉄道は、文字通り無用の長物となり、線路が廃止されたのはもちろん、旅客輸送も行ってなかったため、人々の記憶から忘れ去られるのも時間は掛からなかった。今では、路線跡はもちろん、駅跡さえもはっきりしない。炭鉱の歴史の一旦として、これら引込み線の盛衰を調査して、記録にとどめることも必要であろう。

旅客輸送も行っていた本線クラスの路線も炭鉱の盛衰とともに、旅客輸送も激減した。元々、炭鉱第一で鉄道が敷設されていた為、旅客輸送には利便性が悪く、網の目のように敷設されていた鉄道の必要部分だけが統廃合され、現在に近い姿に整備されていった。しかし、その鉄道も沿線人口の減少や自動車社会への移行により、赤字ローカル線として、次々に廃止されていき、現在では筑豊本線、日田

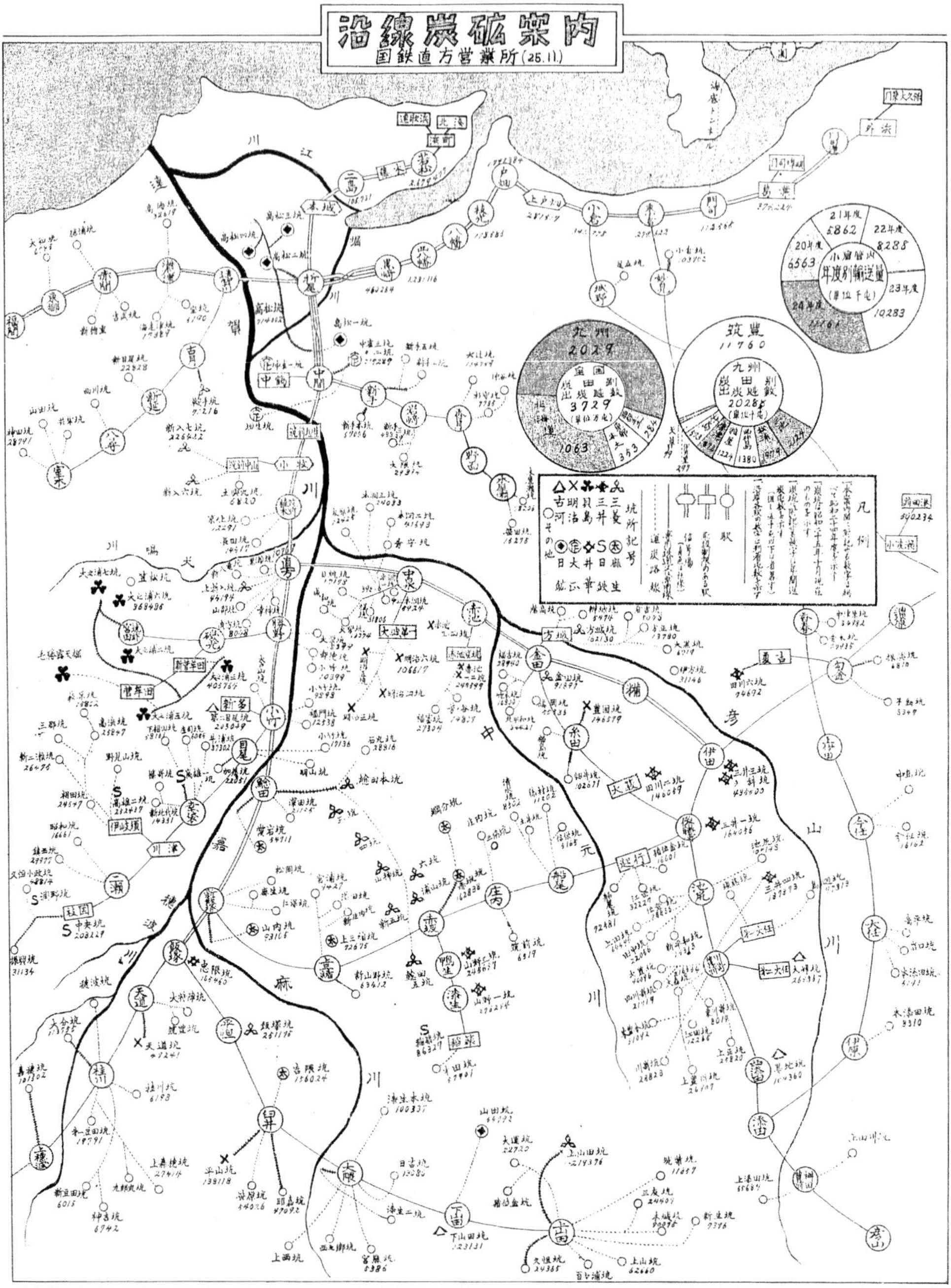

↑筑豊路線図　明治中期以降、日本の石炭生産高の半ばをしめた最大の産出地・筑豊には、鉄道の本支線から炭積場に貨物線や専用線がのび、さらに各炭坑に運炭路線が毛細血管のようにはりめぐらされていた。上の図はそのピーク時のもの。

筑豊路線図（『鉄輪の轟き』より）

彦山線、後藤寺線と篠栗線のＪＲ線、それを東西に結ぶ平成筑豊鉄道だけになってしまった。

筑豊の運炭路線の中において、例外ともいえる異色の鉄道が篠栗線だ。福岡都市圏と筑豊を結ぶこの路線は、石炭至上主義の筑豊の中において、当初から〝人を運ぶ為の鉄道〟として計画された路線である。福岡側からは篠栗まで延びていた路線と、筑豊側より桂川駅で直結したルートは昭和四三年五月二五日に開通し、通勤通学路線として成長を遂げた。最近は電化され、電車が走る近代路線として利用客が多い。他の鉄道が石炭とともに衰退した中において、元気一杯の鉄道として、今後の活躍が期待されている。

首都圏をもしのぐほどに整備されていた鉄道網は、近代化を進めた日本の動脈として機能し、日本の歩んできた歴史の縮図でもあった。

（桃坂豊）

石炭創業時代の頭領たちの苦闘

明治三〇年代中ごろまでの筑豊の炭坑社会には、独特の風土があった。炭坑経営者たちは、採掘鉱区を確保し、資金を提供したが、採掘現場にうとく、その上生活のために仕事を求めて各地からやってきた人々を統制する力量が不足した。そこで、現場経験が豊富で、炭坑知識にもたけており、任侠的な度量・度胸を兼ね備え、経営者から頼られ委託された請け負い経営者が活躍した。この委託された人々は頭領と呼ばれ、坑夫の募集、解雇、住居の世話、物品の販売、採掘現場・労働の支配、賃金の一括受領と支給など、一切の権限を委託されていた。経営者は、間接経営する時代で、委託され請け負った頭領が実際の経営をした。住居は、独身は大納屋（合宿）、妻帯者は小納屋に住み、その世話も頭領がした。このような雇用と労働の在り方を納屋制度と言う。

このような間接経営がなぜ必要だったか。

まず、経営規模が脆弱で、資金量に限界があり、不安定な経営状況にさらされていた。その上市場も狭く、流通・販売体制も未成熟で、不安定な経営状況であった。さらに、採掘上、最大の難問である排水と運搬に限界があり、多数の現場は、夏場を中心とした雨季は休業、冬場の乾季のみ営業する半季掘りの現場であった。川船による運搬にも、積み込み・積み降ろしの経費負担や川の浚渫負担、農繁期の井堰せきとめ対応など、制約が多かった。

したがって、現場労働も不安定、苛酷な条件となり、休業、倒産にあうのが日常であった。「其の成敗存亡も朝、夕を期すべからず、水方の力に及ばざるは即ち棄つ、春雨の季節より秋末迄は坑内水多きを以て即ち中止す、其中止や坑夫も期する所にして、其廃棄や坑夫もまた自分の不運と諦めるのみ。招徠するには頭領の徳望を以てし、解散するには頭領の威力を以てす。二顆の大握飯、一足の鞋は其餞なり、一人宛て二合半の酒は其離盃と慰労を表すなり、飲み了って手を拍って、サテ己がまにまに四方に散じて各々其糊口のてだてを立つるなり、招くに坑夫の集まらず、解くに坑夫の散ぜざるは、頭領たる者の恥辱なり…（筑豊鑛業頭領傳）」

当時の炭坑就労者は、明日をもしれぬ状況の中、その日を食べるのにやっとの実態、各地の生活困窮者が大勢集散したため、「飲むと打つと、喧嘩の外、別に人間の楽みを知らざりし」炭坑風土が醸成され、周辺の農村住民からは、旅人、炭坑稼ぎ、炭坑者などと見下げられ、忌避的に見なされていた。

後年、大炭坑経営者となった貝島太助も頭領経験者であるが、太助のように坑夫、頭領、炭坑経営者と上昇し成功した人は極めて稀で、浮き沈みの激しいのが炭坑社会の常であった。

炭坑の規模によっては、炭坑に一人の総括的な大頭領がおり、その配下に助役的な副頭領や納屋担当の納屋頭領、水汲み担当の水引頭領など職分に応じた頭領もいた。坑夫たちの多くは、男を立てるために、体には彫り物を施し、ほとんど裸同然の服装であった。しかし、いったん落盤や出水などの坑内事故が発生するやその先頭にたって救助活動、事故防止、復旧活動に命を張り、落命した頭領も数多かった。また、喧嘩出入りやその仲裁にも活躍した。

旧赤池町（現福智町）市場出身の松岡陸平で例示する。「明治二十一年十二月二十日、香春町で酒宴中の糸飛炭坑と中津原炭坑の納屋頭、坑夫三十数人が乱闘、二十一日、双方鉄砲、竹槍の凶器と加勢人を集め、ダイナマイトを爆発させ、空砲を放つなどして形勢不穏、地元香春警察署は直方警察署より七十〜八十人の応援を求めたが制止できなかった。二十二日、赤池の大頭領松岡陸平、田川採炭坑の大頭領藤井多吉が馬を馳せて仲裁に入る。二十三日、香春花月楼で和解の宴を張る、双方に要した費用一万円（門司新報）」と記されている。警察の力も及ばない喧嘩騒擾を有名頭領が乗り出して収拾した事例である。

炭坑社会になくてはならなかった頭領たちも、明治三二年、明治第一坑や田川採炭組の直轄雇用制度への切り替えなどから、徐々に頭領の存在感が薄れ、勢威も下がっていくのである。

このような転換期の状況を如実に語っているのが、かって炭坑社会の重鎮として活躍した頭領の栄光ある立場に惜別しつつ描写している明治35年発刊の「筑豊鑛業頭領傳」である。

「鑛業の智識は年又年に進歩して、斯道専門の学を修めたるものは坑所に入り来れり。……何事も頭領任せ、天地の間にただ頭領一人を知りたる坑夫共も、今は事務所の尊きを知り、事務所の説明を聞き分くるほどに進めり。ここに於いてか往々直轄制度を取る坑所を見る。これ事務所自ら坑夫を監督して、中間に大納屋を置かざるの方法なり。直轄既に弊を見ず、統御になやむ事なしとなれば、事務員直ちに頭領の事をも兼ぬるに至らんは、これ決して空想にはあらずして、或いは将来、しかも近き将来に於いて之を目撃する事あらんとす。……事務員の身に威信の集まる時は、これ頭領が閑散の人となる時にあらざるを得んや……」（一部の漢字や表記を見やすくした）

（安蘇龍生）

現存する炭鉱主の住宅の文化的な価値

はじめに

炭鉱主が建設した大規模な和風住宅には書院造の大広間や本座敷があり、その部屋には一〇畳を超える次間が続き、周囲に畳敷が廻る。入母屋造・妻入の玄関には広い玄関間が付けられ、近くに応接間や客間があり、長い畳廊下が通る。このように接客のための空間を充実させた炭鉱主の住宅は筑豊のかつての繁栄を象徴する存在であった。

但し、麻生本家・旧伊藤伝右衛門邸・旧蔵内家住宅等、ほとんどの住宅は増改築を重ねながら大規模化していった。一挙に完成するのは大正期になって建設された旧貝島六太郎邸や旧大浦麻生家等である。それらは、増改築のため複雑となった動線を明確化し、接客空間の更なる充実と共に日常の生活空間の居住環境にも配慮したものであった。

ところで、増改築された部分は各々の住宅で異なる。旧蔵内家住宅のように接客空間の一層の充実を求めた場合や、麻生本家のように新しい家族の増加に伴って居室を設ける場合等があるため、増改築の内容には各住宅の性格が潜んでいる。

炭鉱主たちは自らの炭鉱の経営に勤しみ、病院の設立や

旧蔵内家住宅　大広間

旧蔵内家住宅　大玄関

農場の開発、学校への寄付等、地域社会に対して多大な貢献を行った。そして、彼らには、衆議院議員や貴族院議員としての活動に伴って中央の文化を筑豊という地方に移植することが可能であり、それを自らの住生活の中で具現化することは容易であった。従って、炭鉱主の住宅は筑豊における様々な近代化を知ることができる一つの文化の拠点としての意味をも併せ持つことになろう。

　このことが炭鉱主の住宅における文化的な価値を表す一つの指標になると考え、本稿ではそのことを数種類の部屋で確認していくこととする。具体的には、茶室・仏間・洋間・食堂に着目する。また、大規模な住

旧伊藤邸　白蓮居間

旧伊藤邸　本座敷

宅は当時の高度な大工技術を表しているため、それを造り上げた棟梁にも注目する。

　本稿で採り上げた筑豊及び近郊に現存する炭鉱主の住宅は、麻生本家（旧麻生太吉邸、飯塚市、明治・大正・昭和）、旧大浦麻生家（飯塚市、大正一二年）、旧伊藤伝右衛門邸（以下旧伊藤邸と呼ぶ、飯塚市、市指定有形文化財、明治・大正・昭和）、旧貝島六太郎邸（以下旧貝島邸と呼ぶ、宮若市宮田町、大正五年）、旧堀三太郎邸（以下旧堀邸と呼ぶ、直方市、明治三一年）、旧蔵内家住宅（築上町、県指定有形文化財　明治二〇年・大正）、旧松本家住宅

（北九州市、国指定重要文化財、洋館　明治四三年、日本館　明治四二年）である。

炭鉱主の住宅の中の近代化

⑴茶室

江戸中期以降に煎茶がもてはやされ、近代になると煎茶のための建築が様々な形で生まれてくる。当時の上流階級の嗜みとして炭鉱主の住宅にも茶室が設けられているのであろう。ただし、その取り入れ方は様々であるので、各住宅の茶室の状況をみていくこととする。

旧蔵内家住宅は、明治二〇年建設の主屋と応接間棟に、大正五年から一〇年にかけて増築が行われた結果壮大な邸宅となった。そのうち茶室は大正八年の増築であり、八畳・四畳半・板の間の三室が入母屋造・檜皮葺の屋根で覆われる。八畳には床の間・踏み込み床、琵琶床、台形の板を持つ付書院が設けられ、二間通しの竹の落し掛けがあり、踏み込み床の壁には丸窓をあける。北と東の二面に縁側が通され、その外側に濡縁が付設され、その方向に広がる庭を鑑賞することができる。礎石には大きな自然石を用い、あたかも前面の池から連なっているような印象を与えている。八畳・四畳半・板の間ともに内法長押を廻す。

旧貝島邸は大正二年から四年に工事が進められ、大正五年四月二三日に新築落成披露宴が行われ、住宅全体が一挙に完成した。茶室は接客空間の端部、玄関から最も遠い位置に設けられており、四畳に半間の床の間を付ける。横には二畳の水屋と八畳の「放座敷」が繋がるが、屋根は別々に架けられており、切妻造の茶室の南側には土庇が設けられ、そこに引違いの障子が開き、躙口はない。ところで、茶室とは反対方向に玄関から最も離れた老主人室は一〇畳の座敷、八畳の次間、六畳の三室で構成されている。面皮柱を用い、六畳の天井の一部は掛け込みとなり、竹の落し掛けが付けられて数寄屋風に整えられている。

旧伊藤邸では明治四〇年頃から増築が繰り返され、昭和九年に現状の平面構成ができ上がり、本

旧貝島邸　茶室

旧蔵内家住宅　茶室内部

旧伊藤邸　二階座敷次の間

座敷の手前の角之間が茶室風に整えられた。六畳弱に袋床があり、掛け込み天井以外の水平な天井は全面網代となる。横に通る廊下に水屋と躙口風の入口が設けられている。ところで、東端に建つ二階建の二階の次間の入口は火灯口で、その横に躙口がある。しかし、それは階段の途中に開くもので実際の使用には適さず、茶室の精神性を反映していると言えよう。二階からは北側に広がる庭を望むことができ、一階の縁は高床風に支えて、あたかも池に臨んだ格好を見せている。

　麻生本家では、明治三二年六月の書類綴に「茶室用材」が挙げられている。明治三〇年代の前半は玄関棟と大広間棟が増築されており、この時に旧宅にも改修が加わり、旧宅の中に茶室が設けられた。しかし、具体的な位置や内容は不明である。現在の四畳半の茶室は、玄関棟の東西の畳廊下と大広間棟を繋ぐ南北の廊下が交わる西側にある。ここにはもともと四・五畳があり、南側に続く水屋は、大正二年五月の「日誌」では電話室であった。茶室に変更されたのは大規模な改修があった大正九年以後と判断できるが、四畳半に床の間を設け、その横に点前座を付ける。客畳の規模が異なるものの京都の金地院八窓席と類似した配置であり、本格的な茶室として造られている。

　上述したように茶室の形態は様々であり、その位置も異なる。このことは使われ方の違いに起因しているのであろう。大広間の奥に配するのは旧貝島邸のみで、離れ座敷と組み合わせた使われ方になるだろうし、麻生本家や旧伊藤邸は後補ではあるが大広間の手前の廊下沿いの一室にあり、大広間と一体となった使われ方も意図されたのであろう。旧蔵内家住宅では茶室棟としてその中で完結した配置をとる。そしてそれは、旧伊藤邸の二階建と共に直接池には臨まないものの池を意図した建築的表現が採られている。

⑵仏間

　貝島家・麻生家・伊藤家では浄土真宗本願寺派を宗旨として、住宅には大きな仏壇・仏間を設けている。そして、貝島家は直方の円徳寺、麻生家は飯塚の正恩寺、伊藤家は安楽寺の本堂の造営に多大な貢献をしている。各家とも先祖に対する篤い信仰心があることには変わりないだろうが、それらの設け方には違いがある。

　炭鉱主の住宅の中で最も豪華な仏間は旧貝島邸である。それは日常の生活空間の最奥に配され、主人部屋・老主人室及び二階建の四棟で中庭が造られ、仏間の神聖さが演出されている。六畳程の「内陣」（「佛壇」）の前に二畳の上段を設け、それに八畳が続き、それらの三方向に畳敷が廻る。中央の須弥壇上の宮殿に阿弥陀如来を祀り、その背後には親鸞聖人と蓮如上人の軸を宮殿の中に掛け、左右の壁面には聖徳太子と七高僧を掛ける。天井は折上格天井で、内陣は金色に輝き、小規模な寺院よりも荘厳である。

　麻生本家の現仏間は、内玄関の奥、畳廊下を挟んだ部屋に四畳程の仏壇と手前にある二畳の上段であり、八畳の二室が更に続いている。大正一〇年四月一一日の「工事日誌」の「仏間ヲ玄関裏八畳二間ノ西側エ移ス事」から仏間移設の時期は特定される。そこはもともと「若夫人室」であった。移される前の仏間は、大正二年の「日誌」に「旧宅仏（佛）間仕事」と記されていることから旧宅にあったことは判るが、具体的な場所は明らかでない。大浦麻生家では住宅の北端の六畳に二畳程の仏壇が設けられていた。

　旧堀邸では大広間の背後の居間と並ぶ六畳の部屋を仏間とし、一畳程に仏壇を安置するが、当初の場所は判然としない。

　旧伊藤邸では明治三〇年代には旧宅と本座敷とを繋ぐ位置の四・五畳の部屋に一・五畳の仏壇が設けられていた。この部分を新玄関横へ曳き、化粧室への変更に伴って本座敷の東側の主人室の隣室に移された。既に解体されているのでその様子は明らかでないが、天井裏に残る痕跡から天井に金属板を張って、天井際の電球からの照明が金属板に反射して荘厳な雰囲気を醸し出していたことは容易に想像できる。

　旧蔵内邸では明治二〇年建設の二階建の一階にある一二・五畳の西側に三畳程の仏壇を設けているが、かつては二階北西隅の三畳に安置されていたと推測される。

　麻生本家や旧伊藤邸では仏壇を置く場所が後に大きくとられており、法要等で参集した人々の場所も大きくなる。このように先祖を祀る空間を広くすることは、先祖に対する篤い信仰心の表れであろうが、それと同時に他を意識した表現とも考えられる。それは炭鉱主が社会的に優位に立つ存在であることを示すものであり、近代化の中での象徴的な現象の一つであろう。

旧松本家住宅　洋館

⑶洋間・西洋館

　建築における近代化を端的に表現するものに西洋館がある。本格的な西洋館が建設されたのは旧松本家住宅である。平屋の日本館（後に二階を増築）と二階建の洋館が並び建つ和洋館併立型住宅であった。旧松本家住宅の洋館は明治専門学校の迎賓館的な役割を併せ持っていたので、他の炭鉱主の住宅とは異質な部分がある。明治四三年、明治期の建築界の大御所である辰野金吾が主宰する辰野片岡事務所の作品であり、アール・ヌーヴォーの館として知られている。当時の最先端のデザインを見ることができ、九州という地方への中央の文化の導入がわかる。

旧松本家住宅以外で建設当初から洋館を有していたのは旧貝島邸のみである。それは貝島家宗家の旧貝島太助邸や西尾本家の旧貝島嘉蔵邸でもみられ、貝島家の住宅の一つの大きな特徴であった。

旧伊藤邸では明治四〇年代に食堂の上階に洋館が増築されたが、大正中期に解体された。その洋館はマントルピースを備え、二階にあるため周辺から認められる存在であり、旧伊藤邸における近代化を示していたと考えられる。現在の玄関左側の洋間の応接間はもともと畳敷で、解体された洋館にあったマントルピースを移し、昭和になって寄木張の床に変更され、腰板壁も造られた。最初は畳敷にマントルピースという和洋折衷の表現であった。玄関を挟んで応接室の反対側の書斎も昭和に入ってからの改造である。

麻生本家では寄木張の床に床の間を設け、折上格天井とした和洋折衷の部屋が食堂・書斎・事務室でみられる。また、玄関横の応接間も寄木張である。食堂は大正九年に改造されたものであり、事務室は食堂の移転に伴って造られたと考えられる。書斎は明治末期に造られた四・五間×三間の広間で、床の間とマントルピースが並んで配され、二面に広縁が付設される。床を寄木張としたのは、応接間の改修と同時期の大正一二年である。麻生本家では内部の変更は行われたが、外観には大きな手が加えられず和風のままであった。

麻生本家の寄木張をどこで注文したかは明らかでないが、昭和三年の別府別荘と廣畑分家における寄木張の見積書には「東京市神田区平永町三番地／欧風室内装飾寄木床張専業中村正春」とある。廣畑分家では書斎の「輪郭」に、別府別荘では応接室と食堂に用いており、七七二円一二銭の支払いがある。麻生本家で用いられている寄木張もおそらく東京から見積をとったのであろう。大浦麻生家では本家にならって当初から応接間を寄木張としていた。

旧貝島嘉蔵邸では、直方から福岡への移築時に当たる昭和二年九月一二日の寄木張の見積書は「オランダ・エルビーモザイック板製造会社日本総代理店／大阪市西区西長堀南二丁目／和蘭寄木板　輸入元　藪岡商店輸入部」からのものである。麻生家や貝島邸の寄木張は東京や大阪といった中央の建築意匠を示していると理解される。

⑷食堂

普段の食事をする部屋は、炊事場近くに設置されている。接客としての食事を供する時に使用されるだろう大広間もどの住宅にも最初から設けられている。旧松本家住宅の西洋館には食堂があり、椅子と卓子による食事が行われていた。

前者の食堂は、例えば旧堀邸では炊事場横の板敷であり、旧蔵内家住宅では大正期の増築時に造られた炊事場棟（大正五年）の「釜場」「板の間」に続く部屋であった。これらの部屋は特に飾られることはない。このような食堂とは異なった食堂が旧貝島邸・麻生本家・旧伊藤邸にみられる。

旧貝島邸の食堂は、居室と炊事場とを繋ぐ角地に大正五年の建設当初に設置されていた。矩に曲がる廊下を介して外側には庭が広がり、反対側には中庭がとられている。一〇畳に床の間を設け、控え室が付設されている。このような条件は旧貝島嘉蔵邸にも当てはまる。

旧伊藤邸ではかつての玄関（現内玄関）の斜め奥に設けられている。明治三〇年代の建設当初は板張でなく畳敷で、食器棚もなかったと判断される。現在見られるような、床を寄木張とし、腰板を張り、窓を設けて洋風に改造したのは、二階撤去時頃の大正中期と推測される。

麻生本家には五・五間×二・五間（一三・七五坪）の大きな食堂があり、床を寄木張とし、折上天井とするが、床の間と床脇の天袋・平書院があり、蟻壁長押を廻す。そして中国の故事に因んだパネルが壁に張られ、独特な空間が創出されている。しかし、当初この部屋は八畳の座敷と六畳の次間及び一〇畳であり、ここを食堂としたのは大正九年である。それ以前の食堂は「食堂改築圖面」（「大正三年營業上重要書類」）によると、上述した茶室と廊下を挟んだ位置にあり、現在の多角形の事務室部分にあった部屋を改造して四間×二・五間の規模とし、東側に五尺幅の広縁が付加されたもので、現食堂のように洋風の要素は強くなかったと考えられる。

ところで、麻生本家では大正中期以降食堂以外に仏間移転、応接間・書斎改造、二階模様替が行われている。明治三〇年代の玄関棟・大広間棟及び明治末期の書斎の建設では食堂に相当する部屋はなく、大正中期になってはじめて卓子・椅子による大規模な食堂の必要性が生じたのであろう。その契機として大正一一年四月の妻ヤス子との「金婚式自祝宴ヲ本邸内ニ催ス」ことが一因であろう。この食堂の設置により麻生本家では、一八畳の大広間と一二畳の次間、二七畳程の書斎の三つの広間が存在したことになり、他の炭鉱主の住宅にはない構成となった。

機能を限定して具体的に食堂と判るのは上記の三家の中では旧伊藤邸が早い。貝島家の和室に対して改築ではあるが洋風の旧伊藤邸と麻生本家は対照的である。

食堂の位置から、旧貝島邸では家族のため、旧伊藤邸・麻生本家では接客のための食堂と判断される。旧貝島邸では最初から洋館があり、そこで接客としての椅子・卓子を用いての食事は可能であっただろう。

大工技術上の価値

上述したように、茶室・仏間・洋間・食堂における近代的な様相を概観していった。これらの諸室は大規模な住宅の中の一部分ではあるが、それらの相違は炭鉱主の考えや社会的な立場の違いを反映していると考えられる。それぞれの炭鉱主の注文や意図に応じて大規模な住宅を造り上げた棟梁とはいったいどのような人物だったのか、探っていくことにする。

旧貝島邸の棟梁は博多対馬小路の讃井傳吉である。彼は柳川市の旧立花家住宅の西洋館と大広間の棟梁である。確かな技量を有していたので福岡県技手・西原吉次郎が立花家に紹介したのであろう。讃井が旧貝島邸の棟梁となった経緯は不明であるが、柳川の旧大名家の住宅に携わった彼の卓越した技術力は一つの大きな要因であろう。

麻生本家では涌甚平、久四郎、順造の三名の涌性のうち、久四郎と順造は「涌父子棟梁」と記録から解る。明治三三年の「日誌」の中に「大工甚平久四郎外拾弐名」とあるので、甚平と久四郎も親子かと思われる。甚平は明治二八年の記録にもその名があり、古くから麻生家の工事に関わっていたと推測される。ところで、涌姓の大工は、北九州市八幡西区の岡田神社の境内社の正徳五年の棟札に「飯塚町匠長涌佐□衛門包友」とあり、何らかの繋がりが考えられる。大正一二年八月上棟の大浦麻生家は「朝倉郡馬田村下浦住人草場久四郎」、「棟梁大内田勝兵衛」の二名が棟梁として関わっていた。大内田は明治二年生、草場は明治二八年生で、義理の親子に当たる。大内田勝兵衛と勝身、草場久四郎は別府の山水園の工事にも関わっていた。

旧伊藤邸の大正六年の二階建は福岡の新大工町の竹内清治であるが、明治期の棟梁は不明である。

旧貝島邸の建設、旧伊藤邸の増築には福岡の大工が、大浦麻生家では旧甘木市（現朝倉市）の大工が関わっており、遠方にいる技術力のある棟梁を敢えて採用したと判断され、当時の一流の仕事をみることができる。一方、麻生本家では地元の飯塚の涌が関わっていた。麻生本家は地元との繋がりを古くから保っていたので、本家の仕事には遠方から職人を呼び寄せることはしなかったと判断される。また、大正一〇年五月上棟の徳光麻生家では涌久四郎・順造が棟梁であったために大浦麻生家では他から棟梁を求めたのであろう。

まとめ ― 室内を彩る襖絵等と建築

これまで建築上の文化的価値として近代化と大工技術についてみてきたが、室内を飾る絵画を描いた画家と炭鉱主との関わりについて簡単にふれながら本稿のまとめとしたい。

炭鉱主たちが美術品にも興味を抱いていたことをよく現しているのが『小倉日記』にある森鷗外が明治三三年一〇月に直方の貝島太助邸を訪れた際の描写である。この時の貝島太助邸は明治二三年に建設された「三層楼」であった。百合野本家である旧貝島邸には襖絵がよく残っている。その内の一人である梅峯（川島梅峯）には、大正三年に「襖料毫料」、「襖画料」等の項目で合計一、〇七〇円の支払いがある。

水上泰生は明治一五年、筑紫郡住吉村の生まれで、東京美術学校で日本画を学び、文展や帝展で活躍し、昭和二六年に七三歳で没した。彼が描いた蝶図は旧伊藤邸や旧貝島嘉蔵邸にあり、旧貝島嘉蔵邸には昭和二年銘の菖蒲図がある。

炭鉱主たちは邸宅を飾るために絵を画家に描かせており、そのことが地方における近代絵画の興隆に寄与したことは容易に想像されよう。そして、そこに記された年号は住宅の建設に纏わる重要な資料として認められることが多い。

炭鉱主たちが造り上げた住宅は、伝統の中に近代化を示す建築的要素を取り入れ、さらに建築的空間と絵画とが一体となった近代和風大邸宅の一つの極みとして存在している。

（松岡高弘・川上秀人）

石炭創業者たちの社会貢献

鎖国時代の農耕民族国家から脱皮し、世界の一等国、工業化社会の早期実現に官民一体となって取り組み、僅か四〇年余りでほぼその目的を達成した明治日本の政治家、経営者たちの常に「公」を目指した努力と志の高さには、とくに現在のわが国の各界各層の現状と照らし合わせると、その崇高さに強く心を打たれる。

事業で得た収益は専ら天下国家のために役立つべしとの経営者の基本理念は、石炭業界でも随所に具体化されてきた。以下その実績について述べるが、事蹟の数は極めて多岐にわたり、紙幅の関係から夫々の項目を詳述することは不可能であり、従って箇条書き的な羅列となることを了承されたい。

文教面の貢献

一　小学校

明治新政府が近代国家の柱としたもの一つに教育の普及がある。「自今以後、一般ノ人民必ズ邑ニ不学ノ戸無ク、家ニ不学ノ人無カラシメンコトヲ期ス」という歴史的文章で始まる「学制」が公布されたのが一八七二年（明治五）であるが、就学率は全国的にもなかなか上らず、明治十年代

貝島私学記念館（筑豊炭鉱遺跡研究会所蔵）

末筑豊では男で五〇パーセント前後、女に至っては十パーセントそこそこであった。

　このような背景の中で貝島石炭王国を築いた貝島太助が一八八八年（明治一八）私立大之浦小学校を開校、敷地、校舎、教職員などの給与全部を負担し、その後旧宮田町内に三つの小学校を開校、一九三〇年（昭和五）には三校合わせて三六五七名を有する日本最大の私立小学校となり、これが公営に移管されるのは遥か後年、戦後の一九四八年（昭和二三）のことである。黙って放っておいても官が建ててくれる小学校を、いかに財力ありとはいえ個人で一から十まで完成させ、六〇年維持し続けた心意気にはただ敬服のほかない。

　筑豊最大のヤマ三井田川鉱業所でも一九〇二年（明治三五）三井田川尋常小学校を開設、一九三九年（昭和一四）の児童数三一四二というマンモス校となり、貝島と同じく公営移管は終戦の年であった。

　戦後の例としては麻生吉隈炭鉱の分教場設置がある。炭坑から桂川小学校まで三キロ以上あって、幼い学童の通学には問題があり、一九四七年（昭和二二）吉隈分校を開設、児童数一三八七名に達して日本一の分校となった一九五八年（昭和三三）すべてを桂川町に寄贈、桂川東小学校として独立、今日に至っている。

桂川小学校　全景（『桂川町史』より）

二　中学校

　県下の中学校は旧藩校の四校のみであったが、新たな第一号として飯塚町に一八九八年（明治三一）東筑中学校（旧嘉穂中学の前身）が誕生、石炭鉱業組合が三万円を寄付している。続いて蔵内次郎作の資金提供によって一九一七年（大正六）田川中学、翌年には鉱業組合の七万円寄贈もあって鞍手中学が誕生、今日でも筑豊の名門三高校となっている。

　筑豊石炭鉱業組合が中堅技術者養成のため自らの手で一九一九年（大正八）直方に筑豊鉱山学校を設立、麻生鉱業も同じ目的で一九三九年（昭和一四）に麻生塾を創立して

福岡県立嘉穂東高等学校（前身は、郡立技芸女学校）
（『東高校八十年史』より）

麻生塾発祥の地の碑

いる。

伊藤伝右衛門は一九一〇年（明治四三）に全額出資の郡立技芸女学校（現嘉穂東高校）を設立。田籠寅蔵同鉱業社長は一九四四年（昭和一九）嘉穂工業を大隈町に創立（現嘉穂総合高）している。

三　大学校

安川敬一郎は「子孫に財産を残さず」との信念から、余剰金で一九〇九年（明治四二）四年制の工業専門学校「明治専門学校」を創設、一九二一年（大正十）これを国に献納、戦後九州工業大学となり、その情報工学部が安川らが開いた旧日鉄高雄二坑跡地に一九八七年（昭和六二）に開学したのも石炭とのえにしの結実であるといえる。

明治専門学校（現九州工業大学）本館
（『明専50年史』より）

社会資本の充実

江戸期まで豊沃な田園地帯であった遠賀川流域が日本最大の炭田を有することから、明治以降その様相を一変、活気溢れる産炭地に変貌していった。筑豊の文明開化は石炭に始まるわけだが、他の地域より一段と早く社会資本が充実、蓄積されてゆく。以下項目別にその概略を述べる。

一　鉄道

江戸後期以降、筑豊炭は遠賀川の水運によって搬出されていたが、鉄道による方がはるかに効率的であることから筑豊興業鉄道を創立、一八九一年（明治二四）の若松・直方間開通を皮切りに、以後筑豊の全域に稠密な鉄道網が蜘蛛の巣のように張りめぐらされていった。貝島太助は旧宮田線、麻生太吉は現後藤寺線ほかを建設するなど炭鉱経営者による鉄道も発達したが、何れも逐一国有化され、その後の変遷をたどっている。

二　電灯・電力

電気は人類が地球上に創出した第二の太陽である。石炭庫の上に生活圏が拡がっている筑豊では電気文明に浴する時期がきわめて早く、明治末年には麻生太吉による嘉穂電灯、貝島栄三郎による直方電灯、田川方面では金田電灯の各社が発足して各戸に配電、昭和元年で全国平均四戸に一戸という電灯の普及率は筑豊においては非常に高かった。戦前は大小の電灯、電力会社が乱立、分離統合を繰り返したが、戦後の一九五一年（昭和二六）全国は九州電力会社に分割統合されたが、九州電力の初代会長に弱冠四十歳の麻生太賀吉麻生鉱業社長が就任したのも、祖父麻生太吉の九州の電力業界における長年の貢献から、当然の人事として世間に受け止められている。

嘉穂電灯の第１号発電機（『麻生百年史』より）

三　遠賀川改修工事

遠賀川は馬見山の山麓に源流を発し、筑豊炭田のど真ん中を北に貫流して響灘に注ぐ全長六一キロの一級河川で支流は七二に及ぶ。その流れがきわめてゆるやかであるため、平安の昔から川船による舟運が発達、年貢米、地域の特産品などを運び、江戸末期以降は石炭運搬がほとんどを占めるようになった。しかし一旦豪雨に見舞われると流域一帯は大氾濫による多大の損害を招く暴れん坊川であった。そこで炭鉱経営者らを中心とする遠賀川改修期成同盟が直方で発足、当時衆議院議員であった伊藤伝右衛門がそのリーダーとなった。一九〇三年（明治三六）のことである。以後、国や県、関係先に強力な陳情活動を続けたが、折から国運を賭した日露戦争が勃発、運動は一時中断のやむなきに至った。

戦争後の一九〇六年（明治三九）改修計画が帝国議会を通過、内務大臣告示による四四〇万円の予算で工事開始、石炭鉱業組合も二五万円を寄付している。

工区は飯塚・直方・芦屋・金田の四区に分けられて着々と改修工事は進行、一九一九年（大正八）に十三年の歳月と六百数十万円（現在のおよそ七〇〇億円）の巨費を投じた全工事の竣工をみるに至った。これを記念する碑が直方市の遠賀川河川事務所に建てられている。以来今日まで、一九五三年（昭和二八）の二〇〇年ぶりといわれた大豪雨のときを除いて大規模な水害はなく、遠賀川はその流域に多くの恵みを与え続けている。

四　若松築港

若松村（現北九州市若松区）が湾口を扼する洞海湾は東西二〇キロ、南北二キロから一〇〇メートルという細長い湾で、水深は僅か一・五メートルであった。もともと塩田と漁業を営む一寒村に過ぎなかった若松が水運の拠点として大きな役割を担うのは、筑豊炭田から産出される石炭の積出港となってからである。一七六三年（宝暦一三）の堀川の最終完成によって遠賀川と結ばれる洞海湾の重要性はますます強まった。

維新以降、石炭は自由掘りとなり、筑豊の出炭は逐年増加、若松築港は喫緊の課題となった。このような背景のもとに一八八九年（明治二二）若松築港会社が設立され、合計八一名の発起人の中には筑豊五郡の炭坑業者も多く入っており、総代五名の筆頭は筑豊石炭鉱業組合の石野寛平初代総長であった。早速浚渫、埋立、防波堤構築、築港工事が開始され、一八九三年（明治二六）には社名を「若松築港㈱」とし、石野寛平が社長に就任した。

筑豊興業鉄道の開通、官営製鉄所の八幡設置等があって若松は日々殷賑の度を加え、築港会社も隆盛を重ねていくが、安川敬一郎、麻生太吉、松本健次郎、平岡浩太郎などの筑豊石炭界の大物たちもそれぞれの要職について築港会社と若松の発展に寄与すること多大であった。

若松港の賑わい（M40年ころ）
（写真集『若松・戸畑』（昭和55年図書刊行会刊）より）

嘉穂銀行本店（『麻生百年史』より）

製鉄所誘致

維新後明治二〇年代までは、鉄の大部分は輸入によるものであった。政府は鉄の自給体制確立を目指し、再三にわたって官営製鉄所設立案を議会に提出、日清戦争勝利後の一八九六年（明治二九）に至って同案が可決された。全国各地に十数の設置候補地が検討され最終的には翌三〇年、遠賀郡八幡村の地が決定され官制が公布された。多くの候補地を押しのけて八幡が選ばれたのは後背地に日本最大の筑豊炭田を控え、最短ルートでの原料炭確保が可能であったためである。二〇世紀がスタートする一九〇一年（明治三四）から操業を開始、日本の四大工業地帯のひとつ北九州都市圏が急速に形成されていったが、その誘致に当たっては数多くの石炭事業家が大きな役割を果たしている。

金融、医療等各方面での足跡

明治二〇年代後半まで嘉穂郡に銀行は一行もなかった。そこで石炭を中心とした地域産業の発展と金融の円滑をはかるため、麻生太吉を筆頭に地元素封家二四人が発起人となって一八九六年（明治二九）飯塚町に㈱嘉穂銀行が設立され、以後営業規模を拡大しつつ順調な発展軌道に乗った。

大阪から福岡に本店を移した第十七銀行の頭取は安田善次郎であったが、石炭産業にかかわる業務はすべて伊藤伝右衛門に一任、彼の才覚によって北九州方面の不良債権も解消し県下最大の銀行としての格式と業績を示し続けた。一九三三年（昭和八）麻生太吉死亡後は伝右衛門が嘉穂銀行の頭取となり、大戦末期の一九四五年（昭和二〇）一県一行主義という国策によって十七銀行、嘉穂銀行ほか計四行が合併して今日の福岡銀行が発足した。九州最大の資金量を誇る福岡銀行もそのルーツは石炭に辿り着くのである。

大手炭鉱の病院は、いずれもヤマと運命を共にして消え去った中で、唯一麻生飯塚病院だけが生き残り、全国有数の大病院として地域医療に多大の貢献をしていることは別項で詳述したとおりである。

炭鉱には全国から多くの人が集まり、大手のヤマは優に一自治体に匹敵する人口や施設をもって繁栄したが、筑豊炭田の中枢機能を果たし続けた直方・飯塚・田川の三大炭都は商業の中心地であり、優れた食文化を育てる一方、飯塚の永昌会に見られるような名物イベントを現在もなお維持している。また、ヤマ滅びても歌亡びず、石炭が残した大きな無形文化財である「炭坑節」が広く全国的に歌われているのも、石炭がこの地になおずっしりと息づいている一つの例証である。

（深町純亮）

石炭の近代化を支えた筑豊宿場町の取り組み

筑豊地区は、福岡県のほぼ中央に位置していて、周りを山に囲まれている。南嘉穂の朝倉郡東峰村と境を接する嘉麻市桑野を源流点（標高五六〇メートル）とする遠賀川が、七二の支流をあわせて約六一キロメートル筑豊を貫流し北九州の響灘へ注いでいる。

この流域の、歴史・文化・産業等を育んできたのは遠賀川の水運と同時に、中世から近代にかけて形成されてきた陸路交通と相まって筑豊宿場町の果たした役割は大きい。

筑豊地方の陸路交通のルートは、大きく分けて二つに区分される。一つは、豊前国小倉から香春を南下して猪膝—筑前国大隈—千手—八丁越え—秋月—筑後国松崎に至る「秋月街道」である。ほかに、筑前八丁越道・香春街道・小倉街道・豊前街道とも称された。

今一つは、豊前国小倉—筑前国黒崎—木屋瀬—飯塚—内野—山家—原田を経て長崎に至る「長崎街道」である。黒崎以下六ヶ所を筑前六宿という。ほかに、小倉道・冷水越道・肥前街道等と別称された。

この街道筋には、宿泊業を中心とした町場や、近世では、制度的に宿駅が制定された宿場町が繁栄した。

秋月街道の宿場町

香春　慶長六年に細川忠興の弟孝之が入城し小倉藩領だったが、慶応二年香春に藩庁を移し明治二年香春藩と公称。明治三年には豊津へ移転し城下町の町並みと、宿駅としての機能が整えられていた。物産は種類も多く清酒・醤油の醸造など商業も繁栄していたが、周辺の地域に大炭鉱が進出し、鉄道による輸送増大への対応の遅れや、郡役所廃止等により郡の中心は、猪膝・香春の間宿《あいのしゅく》的な役割を果たしていた伊田・後藤寺（現田川市）に移っていった。昭和八年セメント会社を誘致し香春岳から採掘、活況を呈したが平成一六年セメント製造撤退、採掘のみ行われている。

猪膝　遠賀川支流の中元寺川最上流域にあって、豊前・筑前国境（田川市と旧山田市）に位置する。江戸初期から細川藩の宿駅として参勤交代の大名の休泊などに利用された。町並みは、現在の国道から離れていて落ち着いた旧宿場町の雰囲気が残っている。産物は、米・麦・櫨実《はぜみ》などがあり炭鉱の開発が進んだ周辺地域の消費を支えた。町筋の戸数の三分の二が商業に従事していた。酒造・醤油醸造（下町の中村家）等、大正期を代表する町屋がある。

大隈　遠賀川の上流に位置し、秋月街道と日田街道が交差する軍事・交通の要衝でこの地域の中心である。天正一五年豊臣秀吉が九州平定の為秋月種実を攻めた時、支援し

八丁越えの石畳

遠賀川源流
（嘉麻市情報推進課提供）

た「おくま町」町民に陣羽織（国指定重文）を与えた。

江戸期、黒田長政入国後は、益富城主に後藤又兵衛基次を置いたが脱藩後慶長一一年、母里太兵衛友信が鷹取城から移ってきた。元和元年一国一城令で廃城となった。

その後商業の中心として繁栄した。町並みは、南北一直線に続く街道の両側に短冊状屋敷地が並びその両端は鍵状に直角屈曲していて、北側に構口・南側（東町）入り口付近には番所があった。町筋の三日町・五日町・九日町は、毎月定期市が開かれていた事に由来する。中央部分に問屋（松屋）・郡屋があり江戸後期には、福岡藩主は酒造の矢野家（松尾屋）を利用した。明治六年、筑前竹槍一揆勢は、猪膝に続いて大隈を襲い、その後筑前全体に広がった。物産には、米・蒟蒻《こんにゃく》・生蝋《しょうろう》・蝋燭《ろうそく》等がある。また嘉麻川には鮎《あゆ》がいたともいう。さらに、神の使いの鮭《さけ》が遡上してくるという鮭《さけ》神社がある。古来から清流と良質な酒米に支えられて、酒造や醤油醸造業が盛んであった。

明治三一年上山田線大隈駅が開通したが駅まで遠いこと、出炭地は隣町に近い等、宿場町発展を阻害する要因となる。

千手　福岡藩領、元和九年から秋月藩領。街道の宿駅。町並みは、国道から離れていて旧宿場町の面影を残している。秋月への難所八丁越えは、藩主黒田長興の命で一六一五年（寛永七年）新八丁の道を掘削し聖徳元年古八丁道を閉鎖。明治に解禁になったが、一六一一年（慶長一七）冷水越えの街道を通してからは参勤交代を始め一般の交通もそちらに移った。古八丁道には、石畳がよく残っている。

長崎街道の宿場町

木屋瀬　江戸期福岡藩領、元和九年から延宝五年は直方藩（東蓮寺藩）領。長崎街道（六宿通り）の宿駅である。水運の便がよく、船場があって参勤交代の大名行列渡船の公役を勤めた。また、年貢米や石炭・日常生活必需品などを川艜《ひらた》で若松まで運び宿場は好況に湧き豪商を産んだ。近代に入って石炭産業の生長等により明治二四年蒸気機関車が若松〜直方間開業以降、川艜の輸送量を抜き去った。戦後は特需景気で炭鉱労働者も増え町並みは、酒造業・生活関連商店などが軒を連ね賑わったが、筑豊地域の相次ぐ炭鉱閉山により活気を失った。

飯塚　穂波川と遠賀川の合流点左岸に位置する宿駅。福岡藩領。遠賀川水運の船場である。西は篠栗へ、東は豊前へ道が繋がっていて、参勤交代や江戸参府のオランダ人、その他長崎を目指す人々の往来で宿場は賑わった。

その後、炭鉱へ大資本の進出に伴い採炭量が増加、明治二六年鉄道が小竹から飯塚まで延長されて石炭産業は隆盛をきわめた。宿場町は商店街に発展し、周辺地域から諸生産物の集散・売買等賑わったが、一方で川艜は衰退した。

内野　遠賀川水系穂波川上流域の山麓に位置し、福岡藩領の宿駅。一六一二年（慶長一七）黒田長政が、毛利但馬に命じて内野町を立て寒水《そうず》越え（冷水越え）の街道を通して以後、幕府の直轄領長崎が海外への窓口になると、盛んに利用された。人馬継所・本陣などがあった。物産は米が主で葛粉《くずこ》は良品であった。往時の雰囲気を残している。

石炭産業の拠点都市

街道筋の宿場町は、石炭産業の興隆と交通量の増大によって、間宿的性格を持った町場が繁栄してきた。現在の田川市（伊田・後藤寺）飯塚市（穂波・天道）直方市である。直方は、直方藩断絶後次第に衰微していったが水陸交通の要地に位置していて、明治以降炭鉱の増加、鉄道の開通等で鉄工業も起こり商業も栄え、三市とも石炭産業の拠点都市としての性格を強めた。

しかし、全炭鉱が閉山した昭和四八年には各市の人口は流出して激減した。嘉麻市（旧山田市）の場合は、最盛期の四〇《パーセント》一万五千人台に落ち込んだ。一方、嘉麻市（千手）飯塚市（内野）田川市（猪膝）は、農産物（米・麦・清酒）等を炭鉱地帯を中心に供給して、消費地を支えた。これらの町並みは、国道から離れているので、今でも往時の佇《たたず》まいを色濃く残している。

かつて、筑豊には十五の酒造会社があって働く人を癒し支えてきたが、現在、七社が経営を継続している。内訳は、嘉麻（三）飯塚（二）田川（一）宮若（一）である。

昭和三〇年代以後は、石炭産業合理化が進められて、日本の近代化を支えた筑豊炭田の炭鉱が相次いで閉山した。ついで、鉄道赤字路線の廃止・人口の急激な減少等は、筑豊の衰退を加速し、炭鉱の「負の遺産」である鉱害が追い討ちをかけた。現在それらの問題克服に懸命な活動が見られる。遠賀川の汚染を清流へ戻す為に、遠賀川川筋の住民団体が源流の森に植樹する活動や、「I LOVE遠賀川」の呼び掛けに各流域の人々が呼応しての清掃活動。「サケを呼び戻す会」の趣旨に子どもたちも参加してサケの稚魚の放流・「川ひらた」の復元等々。また、町並みの町屋の保存・商店街の活性化・歴史的景観の保持・活用等が図られている。さらには、国道三二二号八丁峠のトンネル整備地元打ち合わせが進んでいる。平成一九年十一月三〇日、経済産業省は「近代化産業遺産全国五七五件」を発表。「筑豊炭田関連遺産」として筑豊地区から五市町村一四件が認定されたことは、筑豊炭田の果たした役割が評価されたものので、今後「富の遺産」としての活用が期待されている。

（豊福英之）

炭鉱主の信仰・水門・川艜数と船頭の奉納物など

炭鉱主の信仰

炭鉱主は炭鉱の安全と繁栄を祈願して、神社に鳥居・石灯籠などを奉納している。それを列記する。

○太宰府天満宮　太宰府市　鳥居　伊藤伝右衛門

・別に天満宮入口に、しめ掛け石（石柱）を寄進。

○竈《かま》門《ど》神社　太宰府市天満宮裏側　トンネル　麻生太吉　昭和三年

・太宰府宝満宮竈門神社修復のため麻生太吉掘削寄進。

○多賀神社　直方市　鳥居　貝島太助

・北側参道上り口、貝島太助の意志により無銘である。

○多賀神社　直方市　石灯籠　麻生太吉

○皇祖神社　飯塚市鯰田　鳥居　麻生賀郎・太吉　明治二〇年

○許《この》斐《み》神社　飯塚市幸袋　鳥居　伊藤伝右衛門明治三三年

○曩《のう》祖《そ》八幡宮　飯塚市　鳥居　中野徳次郎　明治二七年

○宝満宮　飯塚市忠隈　鳥居　麻生太吉　明治三九年

○厳島神社　宮若市上大隈　石灯籠　貝島太助他　明治二三年

○大之浦神社　宮若市磯光　鳥居　貝島太市　昭和一二年

○志賀海神社　福岡市東区　石灯籠　麻生太吉　昭和四年
・最初の石段を上がった両側にある。左右同型、壮大である。
○筥崎宮　福岡市東区　鳥居　安川敬一郎
・神社裏門にあり、どっしりとした作りである。
○英彦山神宮　田川郡添田町　石橋　三好徳松
・神宮参道中ほどにある小さな石橋。銘は「三好橋」。三好は遠賀郡水巻町高松炭鉱主。

大小炭鉱主の神社に対する造形物の寄進は、まだ多数ある。また、寺院への寄進も見逃せない。

堀川水門の構造

堀川には中間と寿命に水門が保存されている。岡山吉井川の倉安水門を調査して、二段構えの水門が保存されている。唐戸二階を唐戸番の休憩所という人があるが、物置きである。唐戸番は三人で、すぐ近くに家を持っていた。

（図1参照）

地区別・年代別川艜数（表1参照）

川艜船頭の信仰奉納物

一九七五年（昭和五〇）頃に調査した、川艜船頭が信仰した神々の社や奉納物などを列記する。志賀神社と金刀比羅宮（金毘羅宮など）が多く、前社は福岡市東区の志賀海神社、後社は香川県金刀比羅宮を勧請したものであろう。現在は、移転・消失しているものがある。社は小祠か石祠で

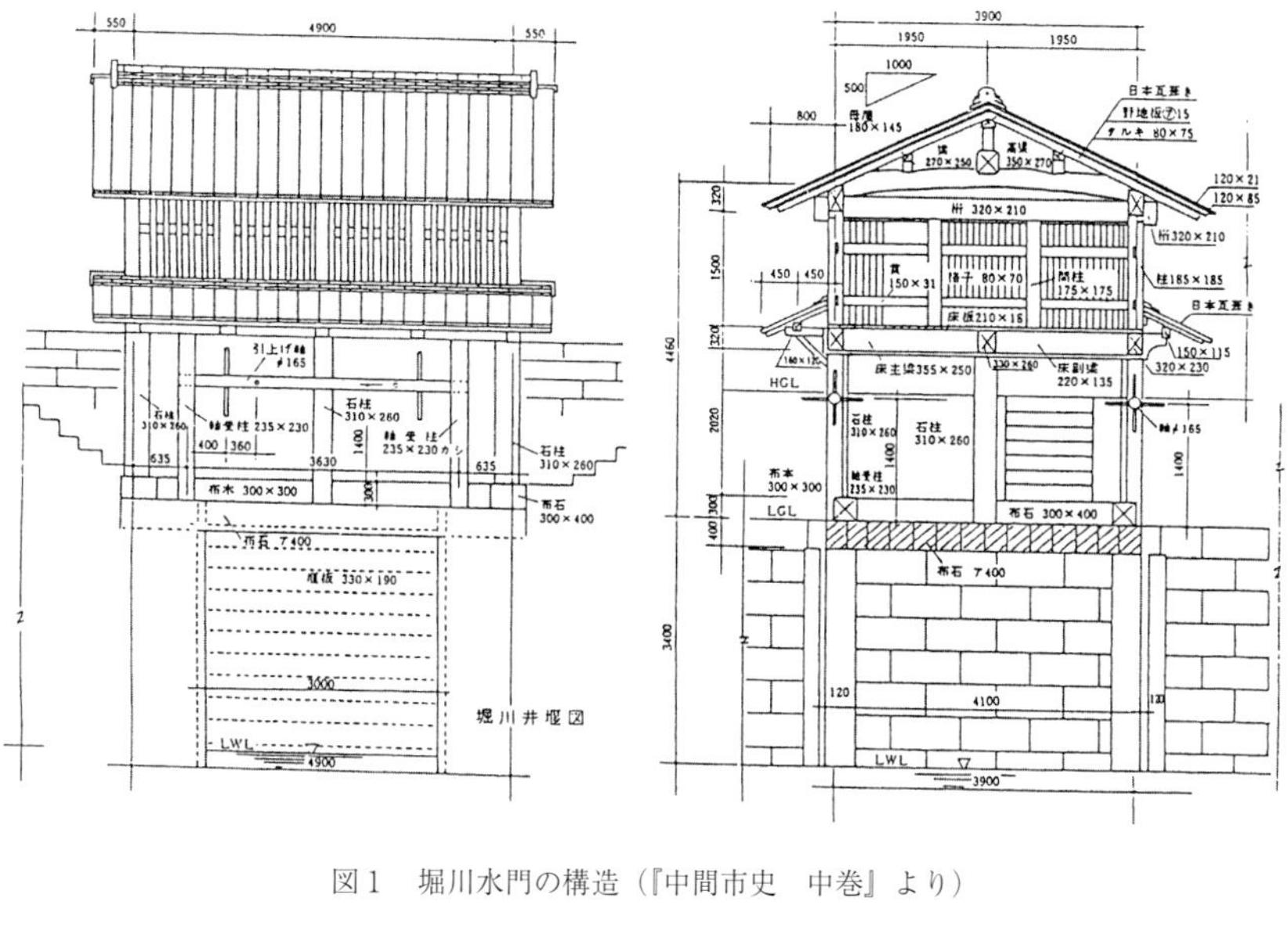

図1　堀川水門の構造（『中間市史　中巻』より）

表1　地区別・年代別川艜数

遠賀郡①

地名	A	B	C	D	E
芦屋	三二	六六	一〇六	八八一	九〇
芦屋浦			七		
木守			四		
楠橋			二		
中間			一七		二五
岩瀬			二		六
吉田			七		一〇
二			二		三
黒崎	八	三七	四〇	三四〇	一一
若松	六二	六	六	八〇〇	六一
山鹿	三二	三六	六三	三八六	三一
柏原浦			一		
西川				三二八	
上堀川				四三五	
下堀川				五九六	
戸畑	三				四
払川					二
高須					六
三頭					一
大君					一
有毛					二
安屋					一
計	一三七	一四五	三好六助		八〇
総計	三六五	四一五	九五二	六五四四	五一九

鞍手郡

地名	A	B	C	D	E
直方	三二	三〇	九	五九〇	
山部			三二		
新多			一七		
勝野			六七	二五三	八
御徳			三		
中泉			二		
上境			一		
下境			二		
木屋瀬	二三	二六	二三	四六五	三
植木	一八	三二	四九	三六三	九
下大隈			八		一四
鶴田			七		
木月				二一七	二
小竹					四
奈良津					一
中山					二
八尋					一
小牧					一
計	六三	八八	二六七	一八八八	四五

嘉麻・穂波郡

地名	A	B	C	D	E
南尾			五		
目尾			二		
幸袋	八	六	二七	八	
河津			一		
片島	一九	二三	二八	八五	
飯塚	一二二	八二	九四	四〇	
徳前			一〇		
勢田			三		六
鹿毛馬			一		
鯰田		三六	四五	七三	
口原			一一	一三二	三
川島	一六	三六	七三	一〇〇	
立岩			九		
柏森			一		
下三緒			一		
上三緒			一五	一六三	
山野			五		
大隈			七		
計	一六五	一八二	三四七	六〇一	九

田川郡

地名	C	D	E
金田	二八	一四三	
上野	一五		
添田	一四		
猪膝	二		
大熊	五		
上糸田	二		
下糸田	六		
赤池		一四六	
市場			三
計	八二	二八九	三

遠賀郡②

地名	C	D	E
老良			五
底井野			八
垣生			二八
伊佐座			一
折尾			一四
則松			二
本城			二
陣原			一
八幡			四
枝光			一
三好会社			四一
計	二五七	三七六六	四六〇

＊Aは『筑前国続風土記』川筋丸木船数。Bは安政四（一八五七）年「堀川通船中納札配当船場所名元記」寛政年中より。引続き、文政七年中の一〇月の記帳写。安政四年巳八月記から（黒崎・岡田宮文書）。Cは明治初年「福岡県地理全誌要目」から（『福岡県史料』第六輯。田川郡は「六角家文書」）。Dは明治三三年末、Eは大正一五年末の筑豊艜業組合調べ（「遠賀川流域に於ける石炭運送の史的展望」瓜生仁成から。「若松高校研究紀要」所収）。

ある。（※記述は、①神社名②所在地③奉納物④銘、その他の順。文章もある）

○水神宮　嘉麻市上臼井　八反田舟入場　安政五年の石碑に水運の便を記す。

○志賀神社　飯塚市上三緒　白山神社境内　明治二〇年二三名の名　鳥居。

○志賀神社　飯塚市嚢祖八幡宮境内　石灯籠　大正四年飯塚方面川艜組合中。

○須佐神社　飯塚市片島　若八幡宮境内　船頭中八名の名。

○志賀神社　同　同　船頭中六名の名。

○志賀神社　飯塚市幸袋　許斐《このみ》神社境内　奉寄進幸袋船頭中

○八幡宮　飯塚市川島　狛犬　船中　天保五年　四〇名以上の名。

同　同　石段　船中　天保一一年　四〇名以上の名。

○志賀神社　同　八幡宮境内　奉再建船中安全、五〇名以上の名。

同　同　同　鳥居　安政四年　船頭中

○天満宮　同　石灯籠　弘化二年　船中安全　五〇名以上の名。

○蛭子宮　同　鳥居　明治二年　船庄屋など約三〇名の名。

○宮地嶽神社　同　石灯籠　船庄屋など一八名の名。

○金刀比羅宮　飯塚市鯰田　皇祖神社境内　弘化元年、船中

同　同　同　石灯籠　□政六年、船中

同　同　同　鳥居　明□□、船中二〇名以上の名。

○大川社　飯塚市口原　彦穂神社境内　明治二八年　口原艜業中。

○志賀神社　飯塚市勢田　多賀神社境内　明治三一年　当区船業中。

○石柱　宮若市四郎丸飯倉《いのくら》　天満宮内　遠鞍山元頭取焚石方船割役入江六郎七。

○玉垣　宮若市原田　原田神社　慶応三年　御郡船割役入江六郎七。

○春日神社　福智町市場　石灯籠　寛政五年　願主（略）石運、上野《あがの》盤船中。

○福智下宮神社　福智町上野　石灯籠　明治二三年　田川郡艜業組合九五人。

○猿田彦大神石塔　直方市植木花ノ木堰　天明八年　下町中・横町中・船頭中

○日吉神社　同　石灯籠　明治二二年　社船中、三〇人の氏名。

○天満宮　同　石灯籠　明治二二年　大組船頭中六八名の氏名持ち船数も。

○金毘羅宮　同　天満宮境内　明治二四年　植木から下流に、川艜が多く集った絵馬奉納。この絵馬は、現在直方市中央公民館が所蔵している。

○金刀平宮　八幡西区木屋瀬　石灯籠　明治三一年　木屋瀬艜業中。

同　鳥居　明治三一年　木屋瀬船業中。

同　玉垣　明治二三年　当駅船業中。

○貴船神社　水巻町下二　手洗石　明治四二年　下二船主中。

○志賀神社　芦屋町船頭町　岡湊神社境内　木造社殿　昭和四年消失したのを芦屋艜業組合が再建した説明板が社中にある。

○金刀比羅宮　若松区修多羅《すたら》　海岸側の参道石段両側に奉納石柱が並んでいる、その一つに「参十円　若松市左石商店艜船定約船中」がある。

○岡田神社　八幡西区黒崎　石灯籠　明治二八年　船町川艜中

○河守神社　水巻町吉田　鳥居　明治二一年　そばに遠賀・鞍手・嘉麻・穂波郡艜主連名の石版がある。

（香月靖晴）

筑豊の近代化遺産の特徴と保存活用

明治、大正、昭和三代に亘る近代化への努力の結晶、モノづくり大国日本の礎としての近代化遺産への関心とともに、観光でも物見遊山から、先人の知恵や技術、文化を楽しみながら学ぶ「遊学」への関心が高まっている。

近代産業勃興期の息吹を今に伝える近代化遺産への関心の高まりは爛熟期にある工業化社会からポスト工業化社会、新しい産業社会への期待の高まりでもある。その保存活用は二十一世紀に筑豊が活力ある地域として発展するために重要な役割を果たすであろう。

筑豊の近代化遺産の特徴は日本が短期間のうちに産業革命を果たしていく大きな原動力なった「九州・山口の近代化産業遺産群」の重要な柱の一つであることである。しかし、筑豊最後の炭鉱（ヤマ）が閉山して四〇年近い現在、近代化遺産の殆どは本来の役割を終え、急速に失われつつある。博物館、記念館に保存されたものや登録文化財とされたものでも活用されているとは言い難い状況である。

保存活用に王道はないが、以下に幾つかの考え方を示して見た。

博物館や記念館を技術継承や学習の場としての活用

博物館などに保存展示されている近代化遺産と筑豊の石炭とともに発展した北九州の鉄鋼業、化学工業、機械工業やロボット産業、さらには近年集積著しい自動車産業の現場とを組み合わせ、テーマ性を持った体験学習の場とする。さらに各地の有形、無形の文化遺産と組み合わせ、「遊学型」観光の場としてプログラムをデザインする。

博物館・資料館などは筑豊を中心としながらも、北部九州を一体として考え、北九州の東田第一高炉跡広場や太宰府市の九州国立博物館などとの連携もはかる。

集客装置の核となるシンボル的施設の育成

旧伊藤伝右衛門邸が予想を大幅に上回る集客をみせている。これは文化財としての魅力もさることながら、白蓮ゆかりの建物であることが大きく作用している。

大正十年の「白蓮事件」は日本の民主主義の原点であり、自由恋愛が流行した大正デモクラシーを象徴している。価値観の転換期にある今、新しい価値観を劇的な形で追求した白蓮に憧れるのである。白蓮が暮らした伝右衛門邸だけでなく、破天荒な公開離縁状に対し寛大な対応で白蓮の願いを叶えた伝右衛門にも大正ロマンを見ることができる。

映画やテレビで映像化され、全国レベルの知名度を持つ五木寛之の「青春の門」の舞台を核とするシンボル的施設を育てることも可能である。また、高倉健ゆかりの中間市や東峰村にも核となる素材がある。

新たなタイプのツーリズム拠点の育成と活用

○旧伊藤伝右衛門邸と結んだ文化発信拠点

見るだけでは伝右衛門邸のリピーターは増えない。白蓮は結婚の条件に当時筑豊に無かったパンと水洗トイレを求めたとのこと。白蓮が楽しんだ食事やお菓子などを復元、提供するレストランを作ればまさに大正ロマンの再現である。サロン機能を持たせることで、白蓮の筑紫歌壇ではないが、新しい筑豊にふさわしい文芸活動だけでなく、創作料理なども含んだ多様な創作活動を展開できる。新しい文化発信の拠点、ツーリズム拠点となり得るだろう。

○新しい演劇創造拠点しての嘉穂劇場

嘉穂劇場は単に近代化遺産というだけでなく、通常のホールとは質的に異なる舞台構造をもっている。他のホールでは不可能な演劇創造の拠点、またツーリズム拠点となり得る。その際、全国レベルの劇団招致だけでなく、福岡、北九州の地元劇団を生かした劇場作りが必要である。

○田川市石炭記念公園と香春町を結んだ拠点育成

石炭産業遺産の象徴的存在である竪坑櫓と二本煙突の他、有形・無形の文化財が豊富な田川石炭・歴史博物館、田川市美術館を利用した総合的な石炭文化を学ぶプログラムや「料亭あをぎり」名物の鯨料理や各地の焼き肉・ホルモン料理を楽しむプログラムなどはツーリズム拠点となり得る。

○直方市石炭記念館、古町、殿町、遠賀川河川敷

直方市中心街には石炭産業最盛期の建物がよく保存されており、それらを中心に大正・昭和の町並み整備や直方市石炭記念館、遠賀川河川敷における各種イベントなどとの連携によってツーリズム拠点を形成する。

○文学碑や無形文化財との連携

現代俳句に大きな足跡を残した種田山頭火句碑、筑豊各地を訪ねた森鴎外文学碑、太宰府官道沿いの万葉歌碑の他、史跡や獅子舞、神楽、神幸祭などの有形、無形の文化遺産が多数ある。例えば、川渡り神幸祭、長谷寺の春秋の大祭、各地の神楽や獅子舞と組み合わせることで、宿泊を伴った近代化遺産巡りコースも人気となり得る。

グリーンツーリズムとの連携

筑豊の石炭産業は弥生時代以降、常に日本における先進地であった遠賀川流域に発展した。現在は二つの百万都市に隣接した都市型農業の盛んな地域でもあり、農産物直売所やふるさと祭りなどのイベントも多く、農業、農村体験が簡単に行える。長期滞在が望めない日本型グリーンツーリズムにとって良い立地条件である。

近代化遺産とグリーンツーリズムと意識的に連携することが新たな形態のツーリズム設計を可能する。

近代化遺産の国際観光資源としての開発

これまで国際観光の定番は京都や奈良であったが、近年多数の産業遺産が世界遺産に登録されたヨーロッパでは、非西洋世界において近代化の先陣を切った日本の近代化遺産へ特別な関心を抱いている。

また、近年海外観光に出国する人が急増しているアジアの人々の視点で考えるとき、産業技術、近代都市やテーマパークの方が面白く、集客性が高いとの指摘もある。

筑豊単独で国際観光資源として売り込むには力不足だが、筑豊を含む北部九州はアジアへ開かれた玄関口として交通の要衝であり、近代化産業遺産の豊富さ、テーマパークやショッピング施設の充実、魅力ある温泉宿泊施設やグルメなど、国際観光地としての基盤は揃っている。

国際空港と全国一の入国者数を誇る国際港を持つアジアの玄関都市福岡市は入り込み客数一六〇〇万人と九州で一、二を争う観光都市でもある。そこで、福岡を基点とした現地ツアーやアフターコンベンションツアーなどに筑豊の近代化遺産を組み込んだコース開発により、筑豊を国際観光資源の一つとすることが可能である。日本を代表する工業都市北九州市とエネルギー産業基地であった筑豊を結ぶツアーコース開発も魅力あるものになるであろう。

飯塚—田川—直方トライアングルの連携が筑豊の魅力を高め、福岡—北九州—筑豊トライアングルの連携は国際観光資源としての魅力をさらに高めることになろう。

具体的なプログラム設計

費用負担無しの保存はあり得ないので、保存活用によって地域が活性化されてはじめて保存に対する住民の理解が得られる。そのためには、具体的な集客戦略を伴ったプログラムを開発することが必要である。

一つの例として、全国からの修学旅行生、女性会あるいは団塊の世代を迎えた老人会の旅行を誘致するにはどういうプログラムが有効なのかを考えることで、より具体的な保存活用法がデザインできるのでは無いだろうか?

平成に入り物見遊山の観光から遊学への関心の高まりは修学旅行に顕著に表れている。例えば、農家に宿泊しての農業体験やスキーツアーなど体験型学習の場としての修学旅行が主流になりつつある。

近代化遺産は体験学習にとって非常に良い教材であり、修学旅行誘致の良い材料となり得る。

また、日本の近代化の一翼を担った団塊の世代にとって近代化遺産が良い観光資源であることは最近の近代化遺産へ関心の高まりに端的に現れている。

家族で数日農家に連泊するグリーンツーリズムでも、農業体験だけでなく、近くの近代化遺産を巡る旅は一つの魅力となり得る。

（菊川清）

田川市石炭・歴史博物館の見学会

〔付録１〕五か村用水路略図

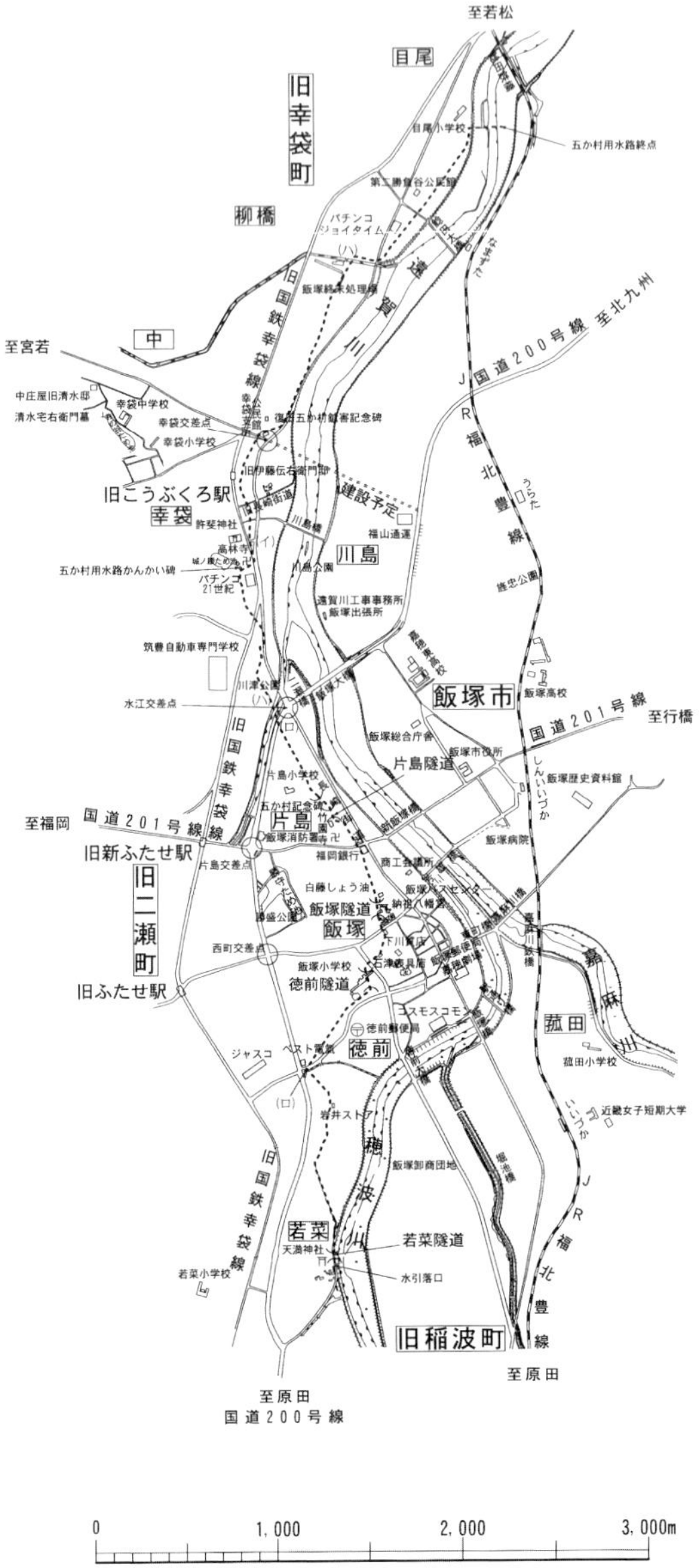

水路通過集落表

町村	集落名	延長	隧道
穂波	秋松	138m	0m
	若菜	571m	25m
	技国	602m	0m
飯塚	徳前	473m	16m
	飯塚	854m	175m
二瀬	片島	1482m	78m
	川津	264m	0m
大谷	幸袋	1018m	0m
	中村	718m	0m
	柳橋	467m	0m
	目尾	927m	0m
計	11集落	7515m	294m

五か村経歴

文化6年6月(1809)用水出願
文化10年6月(1813)再出願
天保6年3月(1836)起工
本工事出願(幸袋・中村・柳橋・目尾・片島)
人夫 40,000人　3年2ヶ月
溝底 5.09m　0.15／181.8m勾配
水掛面積 91.73ha

(イ) 石箱暗渠

(ロ) 起伏樋

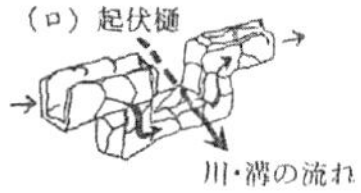

(ハ) 木掛樋が改築後に石掛樋

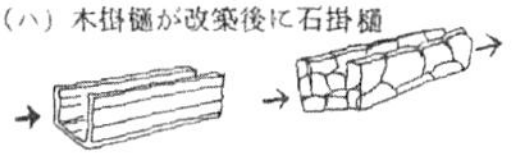

幸袋線鉄道

小竹～目尾間
(明治26年11月29日)
目尾～幸袋間
(明治27年12月28日)
幸袋～二瀬間
(明治33年1月12日)

〔付録 2〕 筑豊炭田地方鉄道敷設状況 日付は開通年月日，（ ）内は運炭専用線

開通区分	鹿児島本線沿い		筑豊本支線沿い		伊田・後藤寺線沿い	
	年月日	区間	年月日	区間	年月日	区間
明治25年まで	22.12.11	博多〜千歳川				
	23.3.16	千歳川〜久留米				
	23.9.28	博多〜赤間	24.8.30	若松〜直方		
	23.11.15	赤間〜遠賀川	25.10.28	直方〜小竹		
	24.2.18	遠賀川〜黒崎	26.7.3	小竹〜飯塚	26.2.11	直方〜金田
	24.4.1	黒崎〜門司(港)	26.7	(芳雄分岐点〜芳雄)	28.8.15	行橋〜伊田
	24.4.1	久留米〜高瀬	27.12	小竹〜幸袋	29.2.5	伊田〜後藤寺
明治30年まで	28.1.28	熊本〜松橋	28.4.5	飯塚〜臼井	30.10	(後藤寺〜起行)
	28.4.1	小倉〜行橋	31.2.8	臼井〜下山田	30.12	後藤寺〜宮床
	29.11.21	松橋〜八代	31.2.29	(平恒分岐点〜平恒)	30.12	(宮床〜豊国)
明治35年まで			33.1.12	幸袋〜二瀬	31.3.29	(中泉〜日焼)
			33.1.12	(伊岐須分岐点〜伊岐須)	32.1.25	(香春〜夏吉)
			34.6.28	下山田〜上山田	32.2.8	(本洞分岐点〜本洞)
			34.12.9	飯塚〜長尾(桂川)	32.2	金田〜伊田
			35.2.15	勝野〜桐野(宮田)	32.7.10	後藤寺〜川崎
			35.6.15	(芳雄分岐点〜山野)	32.7.10	(川崎〜第一大任)
明治39年まで	36.8.1	国分〜吉松	36.11	(小竹〜汐頭)	36.11.28	(赤池分岐点〜赤池)
	37.6.9	吉塚〜篠栗	36.11.28	(目尾分岐点〜目尾)	36.12.21	川崎〜添田
明治43年まで	41.6.1	八代〜人吉	41.7	中間〜香月	36.12	(添田〜庄)
	41.7	遠賀川〜室木	42.1	(鯰田〜鯰田炭坑)	39.1	(川崎〜第二大任)
			42.1	(飯塚〜忠隈)	39.9	(中泉〜大城第一・第二)
			42.1	(高雄分岐点〜高雄)	42.1	(金田〜堀川)
			42.1	(長尾〜豆田)	42.1	(方城分岐点〜方城)
			42.	(二瀬〜枝国)	42.1	(後藤寺〜東身内谷)
			43.5.1	(筑前植木〜新入第三・第四)	42.1	(後藤寺〜南)
			43.10	(磯光〜菅牟田)	42.11	(金田分岐点〜金田)
大正	4.4.1	遠賀川〜芦屋	2.7.1	(新多分岐点〜新多)	11.2	(起行〜船尾)
	8.5	吉塚〜宇美	2.8.20	(上三緒〜漆生)	15.7	(船尾〜赤坂)
			2.	(上三緒〜赤坂)	4.2	宮床〜金田
			2.	(漆生〜赤坂)	17.8.25	添田〜彦山
昭和			3.	長尾〜筑前内野	31.3.15	彦山〜大行事
			4.	筑前内野〜原田		
			43.	桂川〜篠栗		
			43.	上山田〜川崎		

資料：鉄道院『本邦鉄道の社会及経済に及ぼせる影響』中巻より

筑豊の近代産業史年表（１４７８年～２００８年）

西暦	和暦	筑豊の産業（**太字**は本文参照　下の数字はタイトル番号）	九州及び日本の動き
		＊＊＊　江戸時代　＊＊＊	＊＊＊　江戸時代　＊＊＊
１４７８	文明10	・筑豊の石炭発見　遠賀郡埴生村で五郎太夫燃える石発見	
１６２１	元和７	・堀川工事開始	
１６２３	〃　９	・堀川工事中断　黒田長政逝去による	
１７５１	寛延４	・堀川車返の切貫工事	
１７６２	宝暦12	・堀川通水開始	
	〃	・**中間水門　１９９０年代改修（10）解説**	・志賀の島で金印発掘（１７８４）
１８０４	文化１	・**寿命水門　１９９０年代改修（10）解説**	
１８３７	天保８	・松本平内焚石仕組法建議	
	〃	・**福岡藩焚石会所跡碑（芦屋町）解説**	
１８３８	天保９	・**五ケ村用水路（飯塚市）（57）**	
１８４２	天保13	・焚石会所芦屋から若松へ移転	
１８６６	慶応２	・**旧松喜醤油屋（幕末から～明治初期）（30）**	・長州征討戦争で小倉城焼失（１８６６）
		＊＊＊　明　治　＊＊＊	＊＊＊　明　治　＊＊＊
１８６９	明治２	・**香春藩史跡　香春藩庁門跡（58）**	・王政復古（１８６８）
		・鉱山開放令	・学制公布（１８７２）
１８７２	〃　５	・鉱山心得書	・新橋・横浜間開通（１８７２）
１８７３	〃　６	・日本坑法発布	・筑前竹槍一揆（１８７３）

		・三池、高島炭鉱を官営化	・官営釜石製鉄所設立（1874）
1878	〃11	・外人ポッター筑豊炭田調査	・札幌農学校設置（1876）
1880	〃13	・麻生太吉、鯰田坑開坑	・秋月の乱（1876）
		・**五ケ村用水路改修工事完成（57）**	・西南戦争（1877）
		・**田川郡役所落成（香春町）（58）**	・十七銀行開業（1877）
		・杉山徳三郎、目尾炭坑でポンプ試用成功	・小野田セメント創立（1881）
1881	〃14	・**杉山徳三郎、目尾炭坑でポンプ揚水成功　解説**	・三菱、高島炭坑1981（1881）
1882	〃15	・改正日本坑法発布	・玄洋社創立（1881）
1883	〃16	・**「神戸港春景図」絵馬（41）**	
		・蔵内次郎作・保房、弓削田村で石炭採掘に従事	
1885	〃18	・貝島太助大之浦炭坑開坑	・飯塚永昌会はじめる（1884）
		・麻生太吉忠隈炭坑開坑	
		・筑前国豊前国石炭坑業組合設立	
1886	〃19	・筑豊五郡川艜同業組合設立	・岩崎弥之助、三菱社創立（1886）
		・安川敬一郎頴田に明治炭坑開坑	・東京電灯開業（1886）
		・**呉川眼鏡橋（59）**	
1887	〃20	・**旧蔵内家住宅（24）解説**	・東京電灯会社　火力発電営業開始（1887）
		・**中村鉄工場（35）**	
		・**直方飯野範造鉄工所開業（35）**	・九州鉄道㈱創立（1888）
1888	〃21	・貝島太助私立大之浦小学簡易科開設	・農商務省「撰定坑区設定」（1888）
		・**筑豊興業鉄道㈱設立（21）**	・海軍省「予備炭田封鎖」（1888）
		・**仲哀隧道（59）**	・門司港特別輸出港指定（1889）

西暦	和暦	筑豊の産業（**太字**は本文参照　下の数字はタイトル番号）	九州及び日本の動き
1889	〃22	・三菱、中山・植木鉱区取得筑豊に進出 ・麻生太吉、鯰田炭坑を三菱に譲渡 ・三菱鯰田炭坑で長壁式採炭法実施 ・安川敬一郎・平岡浩太郎、赤池炭坑開坑 ・貝島太助、直方殿町に3階建新居完成	・大日本帝国憲法発布（1889） ・三井三池炭礦社（1889）
1890	〃23	・**若松築港㈱**（**21**） ・豊州鉄道㈱設立	・日本坑法廃止、鉱業条例公布（明治25・6施行）（1890）
1891	〃24	・筑豊興業鉄道開通（若松～直方間　8・30） ・**遠賀川鉄橋**（**12**） ・**川艜俯瞰絵馬**（**植木天満宮奉納**）（**41**） ・松本潜、高雄一坑、二坑（支配人中野徳次郎、伊藤伝六）	・海軍省「予備炭田」指定解除（1891）
1892	明治25	・直方～小竹間開通	
1893	〃26	・**嘉麻川橋梁**（**13**） ・直方～金田間開通 ・三菱鯰田安全灯使用	
1894	〃27	・麻生太吉、忠隈炭坑を住友に譲渡 ・古河下山田炭坑開坑 ・中野徳次郎、嘉穂炭坑開坑	・筑豊興業鉄道「筑豊鉄道に改称」（1894） ・日清戦争（1894～1895）
1895	〃28	・**内田三連橋梁**（**14**） ・**石坂トンネル**（**第一、第二**）（**14**） ・**明治の橋**（**レンガ**）（**中津原橋梁**）（**豊州鉄道**）（**16**）	・若松港港銭徴収所廃屋（1895） ・直方町に鉄工業（福島、中村）（1895） ・豊州鉄道伊田～行橋間開通（1895）

1896	〃29	・**油須原駅（17）** ・三井鉱山山野鉱区買収、筑豊炭田に進出 ・三菱、上山田炭坑買収 ・三菱方城炭坑開坑 ・堀三太郎御徳炭坑開坑 ・安川敬一郎、明治炭鉱㈱創立 ・古河、鄭船勝野、目尾炭坑買収 ・貝島太助大辻炭坑開坑 ・**幸袋工作所創立（大谷村）（35）**	・博多電灯㈱創立（1896） ・嘉麻、穂波統合、嘉穂郡とす（1896）
1897	〃30	・八幡製鐵所開庁 ・**旧伊藤伝右衛門邸（明治30年頃）（23）** ・**堀川疏水碑完成（碑文黒田長成）（10）**	・筑豊鉄道、九州鉄道と合併（1897）
1898	〃31	・**旧堀三太郎邸（1998改築）（24）** ・古河下山田火力発電機設置（筑豊で初）	・貝島鉱業合名会社（1998） ・高野江基太郎「筑豊炭鉱誌」刊（1898）
1899	〃32	・**木月剣神社の鳥居（38）** ・製鉄所二瀬出張所設置 ・安川・松本、高雄炭鉱を八幡製鐵に譲渡	・森鷗外、小倉赴任（1899~1902） ・嘉穂郡立中学開校認可（1899）、1902開校式
1900	〃33	・安川敬一郎、明治一坑の納屋制度廃止（筑豊で初めて） ・三井、田川採炭組を買収、三井田川炭礦と称す ・**直方鉄工同業組合（35）**	・貝島太助満之浦小学校創立（1900） ・安田銀行設立（1900）
1901	〃34	・八幡製鐵操業開始 ・**江浦耳鼻科医院（33）**	・九州鉄道、豊州鉄道と合併（1901） ・若松~上山田全通（1901）

西暦	和暦	筑豊の産業（**太字**は本文参照　下の数字はタイトル番号）	九州及び日本の動き
1902	〃35	・明治炭坑事務所（明治鉱業発祥の地） ・蔵内次郎作、峰地炭坑開坑（添田町） ・私立三井田川小学校発足	・三井田川病院新築（1903）
1904	〃37	・**三菱方城炭礦坑務工作室（6）** ・**旧飯塚郵便局（中村印刷所）（31）** ・遠賀川改修期成同盟会結成 ・三好徳松、三好炭坑設立	・全国出炭一千万トン突破 ・若松港特別輸出港指定（1904）
1905	〃38	・鉱業法公布 ・**成金饅頭（48）**	・日露戦争（1904～1905） ・日本海海戦（1905）
1906	〃39	・**伊藤伝右衛門中鶴炭砿開坑（39）** ・**遠賀川改修工事開始、10年継続工事（11）** ・住友忠隈で飯塚地方初の自家発電	
1907	〃40	・豊国炭坑ガス炭塵爆発　死者365人 ・貝島桐野発電所完成 ・明治鉱業豊国炭鉱買収	・鉄道国有法で九州鉄道買収（1907）
1908	〃41	・**三井田川伊田竪坑第一・第二煙突完成（1）** ・三菱方城炭坑第二坑竪坑完成 ・麻生太吉、嘉穂電灯㈱創立	・香月線開通（中間～香月）（1908） ・室木線開通（遠賀川～室木）（1908）
1909	〃42	・三井田川、伊田発電所竣工 ・**三井田川伊田第一竪坑完成（1）** ・**伊藤伝右衛門邸（23）解説**	・明治専門学校（現九州工業大学）（1909） ・県立直方高等女学校開校（1909）

1910	〃43	・麻生本家(24) 解説 ・麻生飯塚病院(27) ・円徳寺本堂(33) ・旧松本健次郎邸(日本館) 完成 解説 ・三菱方城炭坑第一坑竪坑完成 ・三好徳松、高松炭坑買収 ・筑豊石炭鉱業組合直方会議所(4) ・直方駅舎(17) ・旧松本健次郎邸(洋館・倉) 完成 解説 ・三井田川伊田第二竪坑完成(1) ・製鉄二瀬炭鉱事務所正門(7)	・郡立田川農林学校創立(1909) ・鹿児島本線(門司~鹿児島間)全通(1909) ・嘉穂郡技芸女学校(1910) ・九州帝国大学発足(1910)
1911	〃44	・製鉄二瀬炭坑中央竪坑完成(7)	
1912	〃45	・救護隊練習坑道(直方市石炭記念館内)(5) ・御徳海軍炭鉱、堀三太郎に払い下げ ・中鶴新坑坑口銘板標石(39) *** 大正 ***	*** 大正 ***
1912	大正1	・ひよ子(ひよ子本舗吉野堂)(48)	・明治天皇崩御(7月)大正と改元(1912)
1913	〃2	・旧十七銀行直方支店(直方市美術館別館)(32)	・全国出炭二千万トン突破(1913)
1913	〃3	・大正鉱業㈱創立(39) ・三菱方城炭礦爆発(12・15)671人死亡	
1915	〃4	・小倉鉄道線(15) ・金辺トンネル(15)	・石炭坑爆発取締規則発布(1915)

西暦	和暦	筑豊の産業（太字は本文参照　下の数字はタイトル番号）	九州及び日本の動き
		・採銅所駅（15）	・安川電気製作所創立（1915）
		・けやき坂橋梁（15）	
		・大正の橋（石材）（小倉鉄道）（16）	・貝島太助没（11・2）（73歳）（1916）
		・中島徳松、飯塚炭砿㈱経営	・貝島大之浦、土砂充填法実施（1916）
1916	〃 5	・折尾駅舎	・遠賀川改修追加工事施工（1916）
		・旧貝島六太郎邸（24）解説	・直方鉄工業組合設立（1916）
1917	〃 6	・金邊隧道（59）	・県立田川中学校開校（1918）
		・遠賀川改修記念碑（11）	・県立鞍手中学校開校（1918）
		・旧奥野医院（直方谷尾美術館）（32）	・米騒動（1918）
1919	〃 8	・筑豊鉱山学校開校	・シベリア出兵（1918）
		・古河鉱業若松支店	
		・三菱新入炭鉱六坑巻上機台座（38）	
		・蔵内次郎作像の台座（44）	
		・鎮西公園（44）	
		・私立大峰小学校（44）	
		・馬頭観音の塔（飯塚市口の原）（47）	
1920	〃 9	・アルコ22号（20）、アルコ23号（20）	・九州鉱山学会設立（1920）
1921	〃 10	・飯塚炭礦中野クラブ（3）	・柳原白蓮、伊藤伝右衛門へ絶縁状公開（1921）
1922	〃 11	・旧讃井小児科医院（33）	・嘉穂貯蓄銀行設立（1921）
1923	〃 12	・麻生大浦荘（大正12以降）（24）解説	・鯰田に中央発電所完成（1923）
1924	〃 13	・旧十七銀行飯塚支店（31）	・関東大震災（9・1）（1923）

西暦	和暦	事項	出来事
1926	〃15	・入水トンネル（13） ・三菱飯塚炭礦巻上機台座（大正時代）（3） ・（名）石原商店本社（33） ・㈱前田園本店殿町店（33）	・NHKラジオ本放送開始（1925） ・郡役所廃止（1926） ・嘉穂鉱業㈱設立（1926） ・大正天皇崩御（12・25）昭和と改元
		＊＊＊　昭和　＊＊＊	＊＊＊　昭和　＊＊＊
	昭和初期	・三好徳松君台座（36）	・筑豊川艜業組合解散（1927）
1927	昭和2	・千鳥饅頭（千鳥屋1925年飯塚で創業）（48）	・銅御殿焼失（伊藤伝右衛門）（1927） ・三井山野、切羽運搬にV型チェインコンベヤー使用（1927）
1929	〃4	・冷水トンネル（12） ・俵口和一郎頌徳碑（貝島大之浦炭礦）（43）	・飯塚芳雄橋竣工（1927） ・飯塚中座焼失（1928）
1930	〃5	・明治鉱業蒸気巻上機を廃止、全坑電気巻を採用	
1931	〃6	・住友忠隈炭砿ボタ山（この頃できる）（8） ・嘉穂劇場（29）	・直方市制施行（1931） ・飯塚市制施行（1932）
1933	〃8		・麻生太吉没（12・8）（77歳）（1933）
1934	〃9	・八幡製鐵所二瀬出張所を日本製鉄二瀬鉱業所 ・浅野セメント㈱香春一の岳開坑 ・林田春次郎旧邸（料亭あをぎり）（34）	・安川敬一郎没（11・30）（86歳）（1934）
1935	〃10	・飯塚坑橋（53） ・旧浅野セメント香春工場（54） ・謝恩碑（貝島大之浦炭礦）（43） ・炭鉱就労者の像（昭和十年代の服装）（37）	・飯塚勝盛公園開設（1935） ・三井山野病院開設（1935）
1936	〃11	・幸袋小学校講堂（31） ・馬頭観音（筑穂元吉）（47）	・古河下山田新病院落成（1936） ・日中戦争（1937） ・県立嘉穂高等女学校立岩に移転（1937）

西暦	和暦	筑豊の産業（太字は本文参照　下の数字はタイトル番号）	九州及び日本の動き
1938	〃13	・**馬頭観音（稲築）（47）**	・石炭坑爆発予防試験所を直方におく（1938）
1939	〃14	・**住友忠隈炭砿会館（26）**	・麻生塾開校（1939）
		・日鉄鉱業㈱二瀬鉱業所発足	・九州大学理学部（1939）
		・古河鉱業大峰炭鉱を買収	・太平洋戦争（1941）
		・**庄内石灰窯（昭和14～15）（55）**	・田川市市制施行（1943）
1944	〃19	・**三菱新入炭礦鞍手坑巻上機台座（三菱引継ぎ）（38）**	・学徒出陣（1943）
1945	〃20	・福岡銀行設立（一県一行に統合）	・太平洋戦争終結（1945）
		・**十字架の塔（37）**	・労働組合法公布（1945）
1946	〃21	・**田川混成合唱団創立（52）**	・NHKラジオ第2放送開始（1946）
1947	〃22	・田川文化連盟結成	・日本国憲法公布（1946）
1948	〃23	・**三井田川六坑ボタ山（8）**	・伊藤伝右衛門没（12・15）（87歳）（1947）
1949	〃24	・石炭鉱山保安規則公布	・南極観測隊　昭和基地設営（1948）
1951	〃26	・三菱飯塚カッペ採炭開始、以後各炭鉱に広がる	・天皇、筑豊をご巡幸（1949）
1953	〃28	・**貝島大之浦東部開発中央竪坑完成（43）**	・朝鮮戦争（1950）
		・国立試験炭鉱開設（碓井町）	・炭労63日の長期スト（1952）
1954	〃29	・**坑夫の像－炭掘る戦士（平成8年移設）（45）**	・NHK東京テレビジョン開局（2・1）（1953）
1955	〃30	・**釈迦岳トンネル（15）**	
1956	〃31	・**炭坑節の碑（1）**	
1957	〃32	・**昭和の橋（コンクリート）（日田彦山線）（16）**	・飯塚オートレース開場（1957）
		・**貝島太市の像（43）**	
		・**すくのかめ（さかえ屋）（48）**	・中間市制施行（1958）

1959	〃34	・**貝島太助の像(43)** ・日炭山田炭鉱閉山	・筑豊労災病院開院(1959) ・黒い羽根運動おこる(1960)
1961	〃36	・**蔵内保房の胸像(44)**	
1962	〃37	・**川艜(折尾高校)県文化財指定(9)** ・**大正鉱業㈱解散(39)(42)** ・古河大峰炭鉱閉山、明治豊国炭鉱閉山 ・三菱上山田・三菱方城炭鉱閉山	
1963	〃38	・**日鉄二瀬炭鉱閉山(7)・三菱新入閉山(38)** ・**川艜(芦屋町中央公民館)県指定文化財(9)**	・松本健次郎没(10・17)93歳(1963) ・黒四ダム完工(1963)
1964	〃39	・**三井田川鉱業所閉山(1)**	・東京オリンピック(1964)
1965	〃40	・三井山野炭鉱ガス爆発(6・1)237人死亡 ・**炭鉱俳句集「燃ゆる石」(50)**	
1966	〃41	・**忠隈炭砿之跡碑(明治27年創業)(42)** ・**近畿大学第二工学部(現、産業理工学部)(60)**	・貝島太市没(86歳)(1966) ・陸上自衛隊飯塚駐屯地開設(1966)
1968	〃43	・**救護隊練習坑道閉所(5)** ・**貝島炭砿大之浦神社(40)(43)**	・柳原白蓮没(81歳)(1967)
1969	〃44	・明治鉱業㈱解散 ・麻生産業㈱解散、古河目尾炭鉱閉山	・アポロ11号、初の月面着陸成功(1969)
1970	〃45	・**古河下山田(27)・三菱鯰田閉山、(42)日炭高松閉山**	・大阪万国博覧会(1970)
1971	〃46	・**直方市石炭記念館(4)**	
1973	〃48	・**貝島大之浦炭礦閉山(筑豊坑内掘炭鉱終掘)11・29(43)**	・関門橋開通(1973)
1976	〃51	・**貝島大之浦露天堀炭砿閉山(筑豊炭田終掘)8・5(43)**	

西暦	和暦	筑豊の産業（**太字**は本文参照　下の数字はタイトル番号）	九州及び日本の動き
1977	〃52	・**宮若市石炭記念館（20）（43）**	
1979	〃54	・**嘉麻市稲築ふるさと資料室（60）**	
1981	〃56	・**飯塚市歴史資料館（22）** ・**中鶴炭砿偲郷の碑（明治39年創業）（42）** ・**小鳥塚（47）** ・**林芙美子文学碑（直方市須崎公園）（49）**	
1982	〃57	・**炭坑夫の像（田川市石炭記念公園）（45）** ・**復権の塔（宮若市千石公園）（46）** ・**第1回飯塚新人音楽コンクール（52）**	・遠賀川河口堰完成（1982）
1983	〃58	・**田川市石炭資料館（2）**	・山本作兵衛没（92歳）（1984）
1985	〃60	・**河村光陽記念碑（52）**	・九州工業大学情報工学部（1986）
1987	〃62	・**中間市歴史民俗資料館（60）**	・国道200号冷水バイパス開通
1988	〃63	・**三菱鯰田炭礦跡碑（明治22年創業）（42）**	
		＊＊＊　平成　＊＊＊	＊＊＊　平成　＊＊＊
1989	平成1	・三菱飯塚炭礦跡碑 ・**田川地区炭坑殉職者慰霊之碑（46）**	
1990	〃2	・**鞍手町歴史民俗資料館（60）**	
1991	〃3	・**飯塚市穂波郷土資料館（60）**	
1992	〃4	・**福岡県立大学生涯福祉研究センター（60）**	
1994	〃6	・**三井田川病院跡碑（27）** ・**王塚装飾古墳館（60）**	・トヨタ筑豊工場（1993）

年	平成	事項	一般事項
1995	〃7	・炭鉱住宅（産業ふれあい館）(25)	・阪神淡路大震災（1995）
1996	〃8	・若松港ごんぞう小屋（復元）	
		・山本作兵衛炭鉱絵画（県文化財指定）(2)(51)	
		・嘉麻市碓井郷土館 (60)	
1997	〃9	・わかちく史料館 (21)	
		・三池炭鉱閉山	
		・森鴎外文学碑（飯塚市本町）(49)	
2000	〃12	・北九州市立長崎街道木屋瀬宿記念館　みちの郷土史料館 (60)	
		・水巻町歴史資料館 (60)	
2001	〃13	・九州工業大学情報工学部「筑豊歴史写真ギャラリー」(60)	
		・嘉麻市山田郷土資料室 (60)	
		・香春町歴史資料館 (60)	
2003	〃15	・集中豪雨嘉穂劇場水没 (29)	・田川市市制60周年（2003）
		・橋本英吉文学碑（田川市石炭記念公園）(49)	
		・糸田町歴史資料館 (60)	
		・ふるさと館おおとう (60)	
2004	〃16	・芦屋町歴史の里 (60)	
2005	〃17	・田川市石炭・歴史博物館に改称 (2)	・福岡県西方沖地震（2005）
		・九州大学記録資料館（旧石炭研究資料センター）(60)	
2006	〃18	・堀川ものがたり館（折尾高校）(60)	
2007	〃19	・経済産業省近代化産業遺産認定　筑豊14件	・石見銀山遺跡世界遺産に登録（2007）

筑豊の近代化遺産一覧

旧遠賀郡（中間市・芦屋町・水巻町・遠賀町・岡垣町・北九州市の一部）　※北九州市分は本書関係分のみ

名称（旧称）	種別	所在地	現用途	竣工年	構造	見学	文化財指定等	備考（現名称など）
堀川	輸送・水運	北九州市八幡西区～中間市～水巻町	景観保存	江戸～明治	人工の水路	○	経・近	現状はコンクリート張り（車返し周辺は旧状残る）
舫石（折尾堀川沿い）	輸送・水運	北九州市八幡西区大膳	静態保存		石	○		川艜をつなぐ石柱堀川沿い、3ヶ
川艜（折尾高校）	輸送・水運	北九州市八幡西区大膳2丁目23－1	静態保存	明治	木	○	県指定、経・近	長さ12・2m、幅2・11m
堀川　寿命の水門（唐戸）	輸送・水運	北九州市八幡西区木屋瀬	静態保存	1804	木	○	市指定	平成5年修復
折尾駅舎	輸送・陸運	北九州市八幡西区堀川町1－1	駅舎	1916	木	○		JR折尾駅
九州電気軌道折尾高架橋	輸送・陸運	北九州市八幡西区南鷹見町	静態保存	1914	煉瓦	○		ねじりまんぽ
折尾駅地下道	輸送・陸運	北九州市八幡西区折尾	地下道	1981	煉瓦	○		九州鉄道
遠賀川（堀川）疏水碑	記念碑	北九州市八幡西区折尾町	静態保存	1897	石	○		工事説明文
三好徳松君像台座	彫像	北九州市八幡西区三ツ頭1丁目11－20	静態保存	昭和初期	コンクリート	○		銅像は戦時供出、台座が保存
長崎街道　木屋瀬宿	町並み	北九州市八幡西区木屋瀬	景観保存	江戸		○		
蒸気機関車	輸送・陸運	北九州市若松区白山　若松駅前公園	静態保存	1917	鉄	○		9600型19633号
三菱合資若松支店	輸送・海運	北九州市若松区本町1丁目10－17	事務施設	1913	煉瓦	外観○		上野海運ビル
若松石炭商同業組合（石炭会館）	輸送・海運	北九州市若松区本町1丁目13－15	店舗等	1905	木	外観○		
古河鉱業若松支店	輸送・海運	北九州市若松区本町1丁目11－18	コミュニティホール	1919	煉瓦	○	経・近	国登録文化財答申済
若松港港銭収入所見張所	輸送・海運	北九州市若松区浜町1丁目地先	放置		コンクリート	○		昭和13年まで使用
弁財天上陸場	輸送・海運	北九州市若松区本町1丁目	静態保存	1917	石	○		
ごんぞう小屋（復元）	輸送・海運	北九州市若松区本町1丁目	休憩施設	1996	木	○		平成8年復元整備
若松南海岸通り	町並み	北九州市若松区南海岸通り	景観保存	大正期		○		
松本健次郎邸日本館・洋館	邸宅	北九州市戸畑区一枝1丁目4－33	余暇施設	1911	木	年2回	国重要、経・近	西日本工業倶楽部
大正中鶴炭砿蓮花寺ボタ山	石炭・採掘	中間市蓮花寺	放置		ボタ等	外観○		
堀川　中間の水門（唐戸）	輸送・水運	中間市中間2丁目	静態保存	1762	木	○	県指定	平成3年修復
遠賀川橋梁（中間～筑前垣生）	輸送・陸運	中間駅～筑前垣生駅間	鉄道橋	1891	煉瓦	○		JR筑豊本線、380m、明治40年代複線化
蒸気機関車	輸送・陸運	中間市大字垣生　垣生公園	静態保存	1944	鉄	○		C11型260
中鶴炭砿偲郷の碑	記念碑	中間市蓮花寺3丁目　中間市コミュニティセンター内	静態保存	1981	石	○		

大君鉱業所斜坑口	石炭・採掘	芦屋町大字山鹿字大君　大君グラウンド内	グラウンド法面	昭和	コンクリート	外観○		閉鎖済
川艜（芦屋町中央公民館）	輸送・水運	芦屋町中ノ浜4－4　中央公民館内	静態保存		木	○	県指定、経・近	長さ13・8m、幅2・46m
蒸気機関車	輸送・陸運	芦屋町高浜町　高浜児童公園内	静態保存	1928	鉄	○		D60型61
福岡藩焚石會所跡碑	記念碑	芦屋町西浜町	静態保存	1838	石	○		
蒸気機関車	輸送・陸運	遠賀町広渡　遠賀コミュニティセンター内	静態保存	1924	鉄	○		86型78626
堀川　吉田切貫鑿の跡	輸送・水運	水巻町吉田東～北九州市八幡西区大膳	静態保存	1757	岩壁	○		人力で掘削、鑿の跡が残る
配水タンク跡	石炭・生活	水巻町古賀3丁目　多賀山自然公園	静態保存		コンクリート	○		直径16m、高さ4m
日本炭礦高松炭鉱山の神社跡	信仰・神社	水巻町古賀3丁目　多賀山自然公園内	公園	1936		○		
炭鉱殉職者慰霊碑　高松炭鉱	慰霊碑	水巻町中央18	公園	1974	石	○		
殉職者招魂碑　高松炭鉱	慰霊碑	水巻町古賀3丁目　多賀山自然公園内	静態保存	1937	コンクリート	○		
鉱業報國碑	慰霊碑	水巻町古賀3丁目　多賀山自然公園内	静態保存	1938	石	○		
十字架の塔　高松炭鉱	慰霊碑	水巻町古賀3丁目	静態保存	1945	コンクリート	○		
炭鉱就労者の像「躍進」	彫像	水巻町古賀3丁目18－1	静態保存	昭和10年代	コンクリート	○	町指定	図書館敷地に移設
九州鉄道海老津赤レンガアーチ	輸送・陸運	岡垣町海老津	静態保存	1890	煉瓦	○	町指定	
海老津炭鉱鉱員住宅	炭鉱住宅	岡垣町戸切	個人住宅		木	外観○		

旧鞍手郡（直方市・宮若市・鞍手町・小竹町）

救護隊練習坑道	石炭・保安	直方市大字直方692－4　石炭記念館内	静態保存	1912～	煉瓦・コンクリート	外観○		昭和43年閉鎖
筑豊石炭鉱業組合直方会議所	石炭・建築	直方市大字直方692－4　石炭記念館本館	記念館	1910	木	○	市指定、経・近	直方市石炭記念館本館
花の木堰の大いちょう	輸送・水運	直方市植木	静態保存		木	○	県指定	川艜運航の目印
蒸気機関車	輸送・陸運	直方市大字直方692－4　石炭記念館内	静態保存	1925	鉄	○		コペル32号
蒸気機関車	輸送・陸運	直方市大字直方692－4　石炭記念館内	静態保存	1938	鉄	○		C11、日本車輌製作
電気機関車	輸送・陸運	直方市大字直方692－4　石炭記念館内	静態保存	明治末	鉄	○		三菱鯰田炭礦坑外運搬用
蒸気機関車	輸送・陸運	直方市大字頓野550－6　直方汽車倶楽部	静態保存	1922	鉄	外観○		59647
蒸気機関車	輸送・陸運	直方市大字畑686　直方いこいの村	静態保存	1939	鉄	○		D51
直方駅舎	輸送・陸運	直方市山部226－2	駅舎	1910	木	○		JR筑豊本線直方駅
嘉麻川橋梁（直方～赤地）	輸送・陸運	直方市山部～小竹町赤地間	鉄道橋	1893	煉瓦	○		平成筑豊鉄道で活躍中、221m、明治41年複線化
讃井小児科医院	建築・厚生	直方市殿町12－19	私有地	1922	木	外観○		
奥野医院	建築・厚生	直方市殿町10－35	美術館	1922	木	○	経・近	直方谷尾美術館、再建

名称（旧称）	種別	所在地	現用途	竣工年	構造	見学	文化財指定等	備考（現名称など）
江浦耳鼻咽喉科医院	建築・厚生	直方市殿町10－38	私有地	1901	木	外観○		現役で診療中
十七銀行直方支店	建築・金融	直方市古町10－20	美術館	1913	煉瓦	○	経・近	アートスペース谷尾
（名）石原商店本社	建築・商業	直方市殿町12－22	私有地	1926	木	外観○		
（株）前田園本店殿町店	建築・商業	直方市殿町12－23	私有地	1926	木	外観○		
香原邸	建築・商業	直方市新町3丁目1－16	私有地	1863	木	外観○		
日若酒造	建築・商業	直方市新町3丁目5－50	私有地	1895	木	外観○		
円徳寺	建築・宗教	直方市古町2－7	私有地	1909	木	○		貝島家の資金援助で現本堂の再建
堀三太郎邸跡	邸宅	直方市新町1丁目666－1	生涯学習施設	1998	木	○	経・近	直方歳時館、平成10年解体新築
水運祈願　絵馬　植木天満宮	信仰・神社	直方市津田町7－20　直方市中央公民館	静態保存	1891	木	×		
炭礦殉職者慰霊の碑	慰霊碑	直方市大字直方692－4　石炭記念館内	静態保存	1971	石	○		
殉職者慰霊碑　貝島	慰霊碑	直方市古町2－7　円徳寺内	私有地	1909	石	許可制		
直方救護練習所之跡	記念碑	直方市大字直方692－4　石炭記念館内	静態保存	1971	石	○		
中村清七氏碑　直方鉄工業の祖	記念碑	直方市大字山部567　随専寺墓地内	静態保存	1920	石	○		
遠賀川改修記念碑	記念碑	直方市溝堀1－1	静態保存	1917	石	○		
坑夫の像（焚石に挑む）	彫像	直方市大字直方692－4　石炭記念館内	静態保存	1981		○		
貝島太助の像	彫像	直方市多賀町　多賀町公園	静態保存	1959	銅	○		旧貝島太助邸跡
坑夫像（炭掘る戦士像）	彫像	直方市溝堀1－1　遠賀川河川公園	静態保存	1954	コンクリート	○		平成8年　直方駅前から移設
旧筑豊鉱山学校跡	教育	直方市大字頓野4019－2　筑豊高校	教育施設	1948		○（日曜のみ）		筑豊鉱業組合建設、高校内に展示室
成金饅頭	銘菓	直方市	工業	明治末		○		
もち吉	銘菓	直方市下境2400	工業	1929		○		
直方殿町　住居群	町並み	直方市古町、殿町	景観保存	明治～大正		○		明治、大正の町並みが保存されている
貝島炭礦六坑人車捲の台座	石炭・採掘	宮若市長井鶴字門田	放置		コンクリート	外観○		JR長井鶴バス停近く
貝島炭礦二坑のボタ山の一部	石炭・採掘	宮若市上大隈字古堤	放置		土	外観○		宅地造成中
貝島炭礦露天掘坑跡	石炭・採掘	宮若市磯光字堂ノ浦	貯水池	1961		外観○		埋立中
蒸気機関車	輸送・陸運	宮若市上大隈573　宮若市石炭記念館内	静態保存	1919	鉄	○	市指定	アルコ22号
宮田線「宮田駅」プラットホーム	輸送・陸運	宮若市宮田字山部	放置	1902	コンクリート	○		
貝島百合野山荘	邸宅	宮若市竜徳字奥百合野	静態保存	1916	木	×		筑豊に唯一残存の貝島一族の邸宅

松岩石垣	石炭・生活	宮若市磯光　石戸産業	石垣	昭和40年代	岩	○		
厳島神社　燈籠	信仰・神社	宮若市上大隈字亥ノ浦	静態保存	1890	石	○		貝島太助、他
大之浦神社　石碑　燈籠	信仰・神社	宮若市磯光字儀長	静態保存	1968	石	○		天照宮内
金比羅様　川艜の運航安全　貝島	信仰・神社	宮若市磯光字浮州	静態保存	幕末～明治	石	○		天照宮近く
殉職者慰霊碑　貝島	慰霊碑	宮若市上大隈573　宮若市石炭記念館内	静態保存	1940	石	○		
殉職者慰霊碑　貝島	慰霊碑	宮若市上大隈浦田	静態保存	1917	石	○		
復権の塔	慰霊碑	宮若市宮田字平瀬　千石公園内	静態保存	1982	石、銅	○		
貝島炭鉱創業の地記念碑	記念碑	宮若市上大隈　宮若市石炭記念館付近	静態保存	1980	石	○		
俵口和一郎　頌徳碑　貝島	記念碑	宮若市宮田72－1　宮若市中央公民館付近	静態保存	1929	石	○		宮若市役所横
謝恩碑　貝島	記念碑	宮若市宮田72－1　宮若市中央公民館付近	静態保存	1935	石	○		宮若市役所横
貝島私学発祥の地	記念碑	宮若市上大隈573　宮若市石炭記念館内	静態保存	1952	石	○		貝島私学は1888年創立、貝島小学校跡を石炭記念館に活用
貝島大之浦第二坑坑口記念碑	記念碑	宮若市上大隈573　宮若市石炭記念館内	静態保存	1971	石	○		
貝島太市の像　大之浦神社	彫像	宮若市磯光字儀長　天照宮内	静態保存	1957	石、銅	○		天照宮内
貝島本社バス停　貝島炭礦	地名	宮若市上大隈字上ノ原	標識			○		西鉄バス
山近剛太郎炭鉱絵画	石炭・絵画	宮若市上大隈573　宮若市石炭記念館	保存	1976		○		
村島定児炭鉱絵画	石炭・絵画	宮若市上大隈573　宮若市石炭記念館	保存	1976		○		
三菱新入炭礦六坑巻上機台座	石炭・採掘	鞍手町大字中山	私有地		コンクリート？	外観○		
三菱新入炭礦鞍手坑巻上機	石炭・採掘	鞍手町大字古門	私有地		コンクリート？	外観○		
泉水炭礦坑口	石炭・採掘	鞍手町大字新延字泉水	排水溝口	1906	煉瓦	外観○		
新目尾炭鉱坑口	石炭・採掘	鞍手町大字永谷	私有地	1935	コンクリート	外観○		
三菱新入六坑風呂場	石炭・生活	鞍手町大字中山	私有地（倉庫）		木	外観○		
三菱新入七坑風呂場	石炭・生活	鞍手町大字中山	私有地（倉庫）		木	外観○		
六反田橋	交通	鞍手町大字新延字六反田	町道	1920	コンクリート	○		
船頭組合寄進の木月剣神社鳥居	信仰・神社	鞍手町大字木月	鳥居	1898	石	○		船頭組合員26名の名が刻まれている
三菱新入礦業所燃石碑	記念碑	鞍手町大字中山	公園	1966	石	○		鞍手公園内
嘉麻川橋梁（小竹～鯰田）	輸送・陸運	小竹駅～鯰田駅間	鉄道橋	1893	鉄	○		JR筑豊本線、昭和57年架替
蒸気機関車	輸送・陸運	小竹町　小竹町中央公民館	静態保存	1920	鉄	○		アルコ23号、貝島炭礦で使用
松岩菩提	慰霊碑	小竹町	静態保存	1995	石	○		

旧嘉穂郡（飯塚市・嘉麻市・桂川町）

名称（旧称）	種別	所在地	現用途	竣工年	構造	見学	文化財指定等	備考（現名称など）
住友忠隈炭砿巻上機基礎	石炭・採掘	飯塚市忠隈	静態保存	大正	煉瓦	○		
三菱飯塚炭礦巻上機台座	石炭・採掘	飯塚市平恒460－8	静態保存	大正	煉瓦	○	市指定、経・近	二坑本卸斜坑巻上機台座
日鉄二瀬炭鉱正門	石炭・採掘	飯塚市枝国	静態保存	1911	煉瓦	○		八幡製鐵所二瀬支所で創業
三菱飯塚炭礦積込場跡	石炭・採掘	飯塚市平恒	放置		コンクリート	外観○		
住友忠隈炭砿ボタ山	石炭・採掘	飯塚市忠隈	静態保存	1931頃～	ボタ等	外観○		筑豊富士として親しまれ緑化進む、周囲2㎞、底面積26万㎡
明治炭坑事務所	石炭・建築	飯塚市勢田284	事務所	1902	木	外観○		
舫石（復元）（飯塚緑道）	輸送・水運	飯塚市吉原町	静態保存	1997	石	○		2ケ、風化進み複製品設置
舫石（飯塚市歴史資料館）	輸送・水運	飯塚市柏の森959－1	静態保存	2003	石	○		2ケ、飯塚緑道から移設
遠賀川船着場（復元）	輸送・水運	飯塚市幸袋	船着場	2008	石、コンクリート	○		
蒸気機関車	輸送・陸運	飯塚市片島	静態保存	1927	鉄	○		昭和49年飯塚市に移管、D60・46
嘉麻川橋梁（新飯塚～飯塚）	輸送・陸運	新飯塚駅～飯塚駅	鉄道橋	1893	鉄	○		JR筑豊本線、昭和37・38年架替
入水トンネル	輸送・陸運	筑前庄内駅～船尾駅	トンネル	1926	石	×		JR後藤寺線、552m
冷水トンネル	輸送・陸運	内野駅～山家駅	トンネル	1929	コンクリート	×		JR筑豊本線、3260m
住友忠隈炭砿会館	建築・厚生	飯塚市忠隈50－68	幼稚園	1939	木	外観○		穂波幼稚園
麻生飯塚病院	建築・厚生	飯塚市芳雄3－83	病院	1910	コンクリート	○		大正7年炭鉱病院で開業
十七銀行飯塚支店	建築・金融	飯塚市本町8－24	銀行	1924	コンクリート	○		福岡銀行飯塚本町支店
松喜醤油屋	建築・商業	飯塚市勢田730	文化財施設	幕末～明治	木	○	市指定	土日公開 敷地面積1,535㎡、建築面積396㎡
飯塚郵便局	建築・商業	飯塚市宮町2－9	印刷所	1904	木	外観○		中村印刷所
綿勝自動車主屋	建築・商業	飯塚市片島2－1－8	商業	昭和初期	木	外観○		
嘉穂劇場	建築・娯楽	飯塚市飯塚5－23	劇場	1931	木	○	国登録、経・近	NPO法人嘉穂劇場運営
伊藤伝右衛門邸	邸宅	飯塚市幸袋300	文化財観光施設	1906	木	○	市指定、経・近	敷地面積7,568㎡、建築面積1,019㎡
麻生本家	邸宅	飯塚市柏の森214	住宅	1909	木	×		建築面積1,589㎡（土蔵と金庫を除く）
麻生大浦荘	邸宅	飯塚市立岩1060	住宅	1923	木	不定期		建築面積773㎡
住友忠隈炭砿住宅	炭鉱住宅	飯塚市忠隈	住宅		木	外観○		
明治炭坑住宅	炭鉱住宅	飯塚市勢田	住宅		木	外観○		
嘉穂炭鉱住宅地の松岩側溝	炭鉱住宅	飯塚市大分	側溝		岩	○		

三菱飯塚炭礦住宅松岩石垣	炭鉱住宅	飯塚市平恒	石垣		岩	○		
幸袋工作所跡地	建造物工業	飯塚市幸袋	駐車場	1896		○		
石灰窯	石灰	飯塚市入水268	静態保存	1939頃	石、煉瓦	外観○		
五ケ村用水路	土木・農業	飯塚市若菜～目尾	一部用水路	1838	土、石、コンクリート	○		3年で完成、7・5km、明治13年改修完了
菰田橋	交通	飯塚市菰田	橋	1931	コンクリート	○		
嘉穂東高校（嘉穂技芸女学校後身）	教育	飯塚市立岩1730－5	教育施設	1910	コンクリート	外観○		大正8年嘉穂高女、昭和11年現在地移転
幸袋小学校講堂	教育	飯塚市中815	教育施設	1936	コンクリート	外観○		伊藤伝右衛門寄付
鏝絵　三賢人	鏝絵	飯塚市勢田722　個人宅	店舗	明治	漆喰	外観○		許斐白川酒店
鏝絵　武将、富士、猪	鏝絵	飯塚市幸袋284　個人宅	住宅	明治	漆喰	外観○		長崎街道筋
宮地嶽勝守神社	信仰・神社	飯塚市片島1丁目6	神社	1971		○		大山祇命合祀
住友忠隈炭砿山の神社鳥居　三島神社	信仰・神社	飯塚市菰田東2丁目8	鳥居	1928	石	○		閉山後移設
水運祈願　志賀神社	信仰・神社	飯塚市片島3丁目10	石祠	1892	石	○		若八幡宮内
奉納　鳥居　許斐神社　伊藤伝右衛門	信仰・神社	飯塚市幸袋	鳥居	1900	石	○		
嘉穂炭鉱　山神社鳥居	信仰・神社	飯塚市筑穂元吉	鳥居	1936	石	○		
宝満宮　鳥居　麻生太吉	信仰・神社	飯塚市忠隈	鳥居	1906	石	○		
住友忠隈炭砿山の神社跡	信仰・神社	飯塚市忠隈　山の神公園内	公園	昭和初期		○		
皇祖神社　鳥居　麻生賀郎・太吉	信仰・神社	飯塚市鯰田	鳥居	1887	石	○		
奉納　鳥居　曩祖八幡　中野徳次郎	信仰・神社	飯塚市宮町2－3	鳥居	1894	石	○		
三菱飯塚炭礦山の神跡　石段	信仰・神社	飯塚市平恒　山の神公園内	石段	1933	石	○		各坑の山社を合祀
馬頭観音	慰霊碑	飯塚市筑穂元吉734	静態保存	1935	石	○	市指定	
弔魂碑　飯塚礦業所	慰霊碑	飯塚市平恒	静態保存	1933	石	○		
無窮花堂	慰霊碑	飯塚市庄司	静態保存	2000	コンクリート	○		
相田炭坑死亡者の塔	慰霊碑	飯塚市相田438　宝幢寺	静態保存	1912	石	○		中野徳次郎、松本健次郎、伊藤伝右衛門3名の名
小鳥塚	慰霊碑	飯塚市上三緒字小鳥塚	静態保存	1981	石・煉瓦	○		筑豊炭鉱遺跡研究会建立
明治炭坑同胞塔	慰霊碑	飯塚市勢田	静態保存	1900	石	○		
海軍一等飛行兵曹久世龍郎君之碑	慰霊碑	飯塚市鯰田	静態保存	1973	石	○		昭和20年8月8日、B29と交戦戦死
衆魂之碑	慰霊碑	飯塚市忠隈　常楽寺	静態保存	1981	石	○		
三菱鯰田炭礦跡碑	記念碑	飯塚市鯰田	静態保存	1988	石	○		

名称(旧称)	種別	所在地	現用途	竣工年	構造	見学	文化財指定等	備考(現名称など)
忠隈炭砿之碑	記念碑	飯塚市忠隈	静態保存	1965	石	○		
三菱飯塚炭礦跡	記念碑	飯塚市平恒	静態保存	1989	石	○		昭和36年閉山
住友忠隈炭坑ボタ石の碑	記念碑	飯塚市忠隈 宝満宮	静態保存	1980	石	○		
麻生塾碑	彫像	飯塚市柏の森	静態保存	1988	石	○		
伊藤伝右衛門博多織肖像	肖像	飯塚市立岩1730−5 嘉穂東高	保存		織物	×		肖像額
明治坑バス停	地名	飯塚市勢田	標識	昭和20年代		○		
大分坑バス停	地名	飯塚市大分	標識	昭和20年代		○		
飯塚坑橋 旧三菱飯塚炭礦	地名	飯塚市平恒	橋	1935	コンクリート	○		
千鳥屋本店	銘菓	飯塚市本町4−21	店舗	1945	木	○		
すくのかめ	銘菓	飯塚市平恒432−6	店舗	1957	木	外観○		
ひよ子	銘菓	飯塚市本町15−1	店舗	1912	木	○		
二瀬饅頭	銘菓	飯塚市伊岐須295−13	店舗	大正末期	木	○		
千鳥饅頭	銘菓	飯塚市本町4−21	店舗	1927	木	○		
黒ダイヤ羊羹	銘菓	飯塚市忠隈城崎77−34	店舗	昭和20年代	木	○		
薫仙酒造 薫仙	酒造	飯塚市楽市417	店舗	1903頃	木	外観○		穂波川筋
瑞穂菊酒造 瑞穂菊	酒造	飯塚市天道375	店舗	明治元	木	外観○		
麻生酒造 神乃榮	酒造	飯塚市飯塚18−15	住宅	1909	木	○		
斧山万次郎絵画、築山節生絵画	石炭・絵画	飯塚市柏の森959−1飯塚市歴史資料館	保存			○		
長崎街道 飯塚宿	町並み	飯塚市飯塚	景観保存	江戸		○		
長崎街道 内野宿	町並み	飯塚市内野	景観保存	江戸		○		
川島旧船頭町	町並み	飯塚市川島	景観保存	明治		○		
共同石炭日吉鉱業所油倉庫	石炭・採掘	嘉麻市稲築才田	静態保存		煉瓦	×		
三井山野鉱業学校練習坑道	石炭・保安	嘉麻市平 40周年記念公園内	静態保存	1959	コンクリート	×		昭和48年まで使用、鉱業学校学生が3年かけて完成
稲築鴨生駅跡地公園	輸送・陸運	嘉麻市鴨生	景観保存	1927		○		駅跡地にモニュメントあり
古河下山田病院	建築・厚生	嘉麻市下山田554−2	事務所	昭和	木	外観○		古河筑豊事務所、明治27年創業、昭和45年閉山
大隈保健所	建築・厚生	嘉麻市大隈町449−2	保健	1951	木	○		
宮野銀行	建築・金融	嘉麻市宮吉618−3	商業	明治40年	木	外観○		

長門屋（醤油造）	建築・商業	嘉麻市大隈町349	工業	明治10年代	木	外観○		
旅館常盤館	建築・商業	嘉麻市上山田1447−3	商業	大正期	木	○		
三井山野炭鉱住宅	炭鉱住宅	嘉麻市漆生、鴨生	静態保存		木	外観○		
水神社（船入場記念碑）	信仰・神社	嘉麻市上臼井	静態保存	1858	石	○		秋月藩年貢米倉設置
慰霊碑　山野鉱業所	慰霊碑	嘉麻市平　40周年記念公園	静態保存	1966	石	○		
馬頭観音	慰霊碑	嘉麻市平	静態保存	1938	石	○		
三井山野鉱業所中央山神社跡碑	記念碑	嘉麻市平　40周年記念公園	静態保存	1973	石	○		
三井山野鉱業所総合会館跡地碑	記念碑	嘉麻市鴨生	静態保存	1973	石	○		
山田饅頭	銘菓	嘉麻市上山田1405−1	商業		木	○		
大里酒造　黒田武士	酒造	嘉麻市大隈551	工業	天保年間	木	○		
玉の井酒造　寒北斗	酒造	嘉麻市大隈町103	工業	1729	木	○		
梅ケ谷酒造　梅ケ谷	酒造	嘉麻市大隈町346	工業	1834	木	○		
秋月街道　千手宿	町並み	嘉麻市千手	景観保存	江戸		○		
秋月街道　大隈宿	町並み	嘉麻市大隈町	景観保存	江戸		○		
金丸鉱業所巻上機台座	石炭・採掘	桂川町土師	静態保存		煉瓦	○		
巻上機台座	石炭・採掘	桂川町土師	静態保存		コンクリート	○		

旧田川郡（田川市・福智町・香春町・糸田町・川崎町・大任町・添田町・赤村）

三井田川鉱業所伊田竪坑櫓	石炭・採掘	田川市大字伊田2734−1石炭記念公園内	静態保存	1909	鉄	○	国登録、経・近	田川八尺層捲上（第一竪坑）
三井田川鉱業所伊田竪坑第一・第二煙突	石炭・採掘	田川市大字伊田2734−1石炭記念公園内	静態保存	1908	煉瓦	○	国登録、経・近	二本煙突、竪坑蒸気捲排煙用
採炭道具・機械類	石炭・採掘	田川市大字伊田2734−1博物館内	静態保存		鉄	○	経・近	博物館に展示、保存
三井田川伊加利竪坑関連煙突	石炭・採掘	田川市大字伊加利	放置		煉瓦	外観○		
三井田川伊加利竪坑門番所	石炭・採掘	田川市大字伊加利	放置		木	外観○		
三井田川六坑ボタ山	石炭・採掘	田川市夏吉	静態保存	昭和20年代〜	ボタ等	外観○		
六坑バス停	地名	田川市夏吉	標識	昭和20年代		○		
三井田川本部事務所	石炭・建築	田川市平松町	事務所	1938	木	×		1938年に現在地へ新築移転
堤給橋梁	輸送・陸運	田川市大字伊田	鉄道橋	1896	煉瓦	○		JR日田彦山線
蒸気機関車	輸送・陸運	田川市大字伊田2734−1博物館内	静態保存	1922	鉄	○		9600型（59684）
林田春次郎旧邸	邸宅	田川市新町	料亭	1934	木	○		料亭あをぎり

名称（旧称）	種別	所在地	現用途	竣工年	構造	見学	文化財指定等	備考（現名称など）
炭鉱住宅（復元）	炭鉱住宅	田川市大字伊田２７３４－１博物館内	静態保存	１９９５	木	○	経・近	
麻生ラファージュセメント田川工場	セメント	田川市大字弓削田２８７７	工場	１９３４～	鉄、コンクリート	外観○		２００１年ラファージュと資本提携、三井セメントより鉱業権取得
番田橋	交通	田川市大字伊田	橋	１９２７	コンクリート	○		
鎮西公園	公園	田川市大字伊田７３１	公園	１９１９		○		天台寺跡（市指定）
韓国人徴用犠牲者慰霊之碑	慰霊碑	田川市大字伊田２７３４－１石炭記念公園内	静態保存	１９８８	石	○		
田川地区炭坑殉職者慰霊之碑	慰霊碑	田川市大字伊田２７３４－１坂田顕彰公園内	静態保存	１９８９	石	○		
鎮魂の碑	慰霊碑	田川市大字伊田２７３４－１坂田顕彰公園内	静態保存	２００２	石	○		
寂光の碑	慰霊碑	田川市川宮１３８５　法光寺	静態保存	１９７４	石	○		
林田翁頌徳碑	記念碑	田川市新町	静態保存	１９５３	石	○		１９３６年銅像建立、戦時中供出され、１９５３年頌徳碑建設
三井田川炭鉱病院跡碑	記念碑	田川市大字伊田	静態保存	１９９４	石	○		昭和37年7月閉鎖
炭坑節の碑	記念碑	田川市大字伊田２７３４－１石炭記念公園内	静態保存	１９５６	石	○		現在地に移設
炭坑節発祥の地	記念碑	田川市大字伊田２７３４－１石炭記念公園内	静態保存	２００４	石	○		
長尾達生の像	彫像	田川市大字弓削田	静態保存	１９６２	石			
炭坑夫の像	彫像	田川市大字伊田２７３４－１石炭記念公園内	静態保存	１９８２	石、銅	○		
蔵内次郎作像跡	彫像	田川市大字伊田７３１　鎮西公園内	静態保存	１９１９	石、銅	×		昭和18年戦時供出
石井利秋絵画	石炭・絵画	田川市大字伊田２７３４－１博物館内	保存			○		
斉藤五百枝挿絵	石炭・絵画	田川市大字伊田２７３４－１博物館内	保存			○		
山本作兵衛炭坑記録絵画	石炭・絵画	田川市大字伊田２７３４－１博物館内	保存			○	県指定、経・近	
秋月街道　猪膝宿	町並み	田川市猪国	景観保存	江戸		○		
三菱方城炭礦坑務工作室	石炭・採掘	福智町方城大字伊方４６６０	会社	１９０４	煉瓦	許可制	国登録、経・近	九州日立マクセル赤煉瓦記念館
三菱方城炭礦機械工作室	石炭・採掘	福智町方城大字伊方４６６０	会社	１９０４	煉瓦	許可制		九州日立マクセル
三菱方城炭礦圧気室	石炭・採掘	福智町方城大字伊方４６６０	会社	１９０４	煉瓦	許可制		九州日立マクセル
三菱方城炭礦繰込浴場（坑内風呂）	石炭・採掘	福智町方城大字伊方４６６０	会社	１９０４	煉瓦	許可制		九州日立マクセル
三菱方城炭礦山の神社跡	信仰・神社	福智町伊方	静態保存			○		
稲荷神社の玉垣	信仰・神社	福智町金田	静態保存			○		谷茂平寄進、鳥居向かって右側の玉垣
三菱方城炭砿跡の碑	記念碑	福智町伊方	静態保存	１９８７	石	○		
方城炭坑罹災者招魂之碑	慰霊碑	福智町伊方	静態保存	１９１５	石	○		

鎮魂碑　明治赤池炭鉱	慰霊碑	福智町赤池	静態保存	１９９４	石	○		福智町赤池支庁前公園内
欅坂橋梁	輸送・陸運	香春町大字採銅所	鉄道橋	１９１５	煉瓦	○		ＪＲ日田彦山線、ねじりまんぽ
勾金駅舎	輸送・陸運	香春町大字中津原字紫竹原	駅舎	１８９５	木	○		平成筑豊鉄道、建て直しあり
中津原橋梁	輸送・陸運	香春町大字中津原字鎮西	鉄道橋	１８９５	煉瓦	○		平成筑豊鉄道、三連橋
金辺トンネル	輸送・陸運	香春町大字採銅所字金辺	トンネル	１９１５	煉瓦	外観○		ＪＲ日田彦山線、１４４４ｍ
採銅所駅舎	輸送・陸運	香春町大字採銅所	駅舎	１９１５	木	○		ＪＲ日田彦山線
第二金辺川橋梁（宮原六十尺鉄橋）	輸送・陸運	香春町大字採銅所字宮原	鉄道橋	１９１５	鉄	○		ＪＲ日田彦山線、橋脚高18ｍ
高原三連橋梁	輸送・陸運	香春町大字採銅所字高原	鉄道橋	１９１５	鉄	外観○		ＪＲ日田彦山線、道路と河川の橋
転車台	輸送・陸運	香春町大字採銅所	静態保存	１９１５	鉄	外観○		ＪＲ日田彦山線
香春藩庁門（御茶屋門）	建築・行政	香春町大字香春７５１　香春小学校	保存	江戸	木	○	町指定	幕末から明治初期に香春藩、香春小に移築
田川郡役所	建築・行政	香春町大字香春４２６	静態保存	１９１１	木	外観○		～１９２６、碑・外壁
田川警察署	建築・行政	香春町大字香春４１１	静態保存	１８８８	木	外観○		～１９０９、碑・門柱・外壁
法務局、裁判所	建築・行政	香春町大字香春４０１	静態保存	１８８８	木	外観○		～１９８０、碑
石灰窯	石灰	香春町大字採銅所字大隈	静態保存	大正	石灰岩、セメント	○		
浅野セメント㈱　香春工場	セメント	香春町大字香春８１２	工業	１９３５	鉄、コンクリート	×		香春鉱業㈱
雪穴	生産・製氷	香春町大字鏡山、採銅所、高野	静態保存	明治？		外観○		
香春岳間歩	鉱山	香春町大字香春、採銅所	静態保存	古代～昭和30年代		外観○		約１００基残存
呉眼鏡橋	交通	香春町大字鏡山字呉	静態保存	１８８６	岩	○	国登録	８・６ｍ
仲哀隧道	交通	香春町大字鏡山字呉	静態保存	１８８９	石	○	国登録	４３２ｍ、トンネル内進入不可
金邊隧道	交通	香春町大字採銅所	静態保存	１９１７	煉瓦	○		１５０ｍ
秋元近嘉翁像　北九州炭鉱㈱社長	彫像	香春町高野９９４　香春町役場	静態保存	１９５３	石、銅	○		昭和31年、合併香春町の初代香春町長
蔵内保房像	彫像	香春町大字中津原２０５５－１　田川高校	静態保存	１９６１	石、銅	○		蔵内鉱業株式会社社長、田川高校の前身郡立田川中学を創立
秋月街道　香春宿	町並み	香春町	景観保存	江戸		○		
明治豊国炭鉱巻揚機台座	石炭・採掘	糸田町宮床	私有地		コンクリート	外観○		
明治豊国ダイナマイト倉庫	石炭・採掘	糸田町貴船	私有地		コンクリート？	×		
豊国炭坑鎮魂碑	慰霊碑	糸田町中糸田　伯林寺内	静態保存	１９００	石	○		
豊国炭坑鎮魂之碑	慰霊碑	糸田町宮床	神社	１９０８	石	○		貴船神社に移設
真岡炭鉱第三坑殉職者慰霊の碑	慰霊碑	糸田町北区	納骨堂	１９８１	石	○		

名称（旧称）	種別	所在地	現用途	竣工年	構造	見学	文化財指定等	備考（現名称など）
観世音鉱業第一坑殉職慰霊碑	慰霊碑	糸田町上糸田　観世苑会館内	静態保存	1983	石	許可制		
木村緑平旧居	石炭・文学	糸田町	私有地		住宅	外観○		当時の家は無い
蔵内大峰巻揚機台座	石炭・採掘	川崎町	私有地		煉瓦	外観○		
上田鉱業所二尺坑坑口	石炭・採掘	川崎町池尻	私有地	大正末期	コンクリート	許可制		
衛藤炭鉱坑口	石炭・採掘	川崎町	私有地		コンクリート	外観○		通路横にあるが私有地内なので、注意
宮地神社山の神	信仰・神社	川崎町池尻	静態保存			○		上田鉱業所関係の山の神を集めた
豊州炭坑慰霊碑	慰霊碑	川崎町池尻	静態保存	1965	石	○		坑内水没事故
上田鉱業所炭坑殉職者慰霊碑	慰霊碑	川崎町池尻	静態保存		石	○		
古河大峰炭鉱選炭場遺構	石炭・採掘	大任町	放置		コンクリート	外観○		
蔵内峰地巻揚機台座	石炭・採掘	添田町大字庄	放置		煉瓦	○		
古河峰地炭鉱配電室跡	石炭・採掘	添田町大字庄	店舗		煉瓦	外観○		
第三大内川橋梁	輸送・陸運	添田町	鉄道橋		鉄	○		JR日田彦山線
第四彦山川橋梁	輸送・陸運	添田町大字落合	鉄道橋	1938	鉄	○		JR日田彦山線
釈迦岳トンネル	輸送・陸運	添田町大字深倉～東峰村	トンネル	1955	コンクリート	×		JR日田彦山線、4387m
英彦山神宮奉幣殿	信仰・神社	添田町英彦山	神社	1616	木	○	国指定	炭鉱の山の神として崇拝された
石坂トンネル（第二隧道）	輸送・陸運	赤村大字赤～京都郡みやこ町	トンネル	1895	煉瓦・石	外観○	国登録	平成筑豊鉄道、74・2m
第三今川橋梁橋脚部	輸送・陸運	赤村大字赤	鉄道橋	1895	煉瓦・石	○		平成筑豊鉄道、橋梁部全長25・87m
今枝川橋梁橋脚部	輸送・陸運	赤村大字赤	鉄道橋	1895	煉瓦	○		平成筑豊鉄道、橋梁部全長6・10m、一部切石
第四今川橋梁橋脚部	輸送・陸運	赤村大字赤	鉄道橋	1895	煉瓦	○		平成筑豊鉄道、橋梁部全長44・68m
畑谷川橋梁橋脚部	輸送・陸運	赤村大字赤	鉄道橋	1895	煉瓦	○		平成筑豊鉄道、橋梁部全長2・74m
大谷川橋梁	輸送・陸運	赤村大字赤	鉄道橋	1895	煉瓦	○		平成筑豊鉄道、全長2・74m
内田三連橋梁	輸送・陸運	赤村大字内田	鉄道橋	1895	煉瓦	○	国登録、経・近	平成筑豊鉄道、全長11・89m、一部切石
塚田川橋梁橋脚部	輸送・陸運	赤村大字内田	鉄道橋	1895	煉瓦	○		平成筑豊鉄道、全長2・74m
第一内田道橋梁	輸送・陸運	赤村大字内田	鉄道橋	1895	煉瓦	○		平成筑豊鉄道、全長2・74m
第二内田道橋梁	輸送・陸運	赤村大字内田	鉄道橋	1895	煉瓦	○		平成筑豊鉄道、全長2・74m、一部切石
明原谷川橋梁	輸送・陸運	赤村大字内田	鉄道橋	1895	煉瓦	○		平成筑豊鉄道、全長1・83m
志岡川橋梁橋脚部	輸送・陸運	赤村大字内田	鉄道橋	1895	石	○		平成筑豊鉄道、全長2・74m

柿の木川橋梁橋脚部	輸送・陸運	赤村大字内田	鉄道橋	1895	煉瓦	○		平成筑豊鉄道、全長2・74m
勘久川橋梁橋脚部	輸送・陸運	赤村大字内田	鉄道橋	1895	石	○		平成筑豊鉄道、全長12・54m
小柳川橋梁	輸送・陸運	赤村大字内田	鉄道橋	1895	煉瓦	○		平成筑豊鉄道、全長2・74m
油須原駅舎	輸送・陸運	赤村大字赤字油須原	駅舎	1895?	木造	○		平成筑豊鉄道油須原駅、後年改造
その他（筑豊外）								
石坂トンネル（第一隧道）	輸送・陸運	京都郡みやこ町	トンネル	1895	煉瓦	×		平成筑豊鉄道、33・2m
蔵内次郎作・蔵内保房邸	邸宅	築上郡築上町大字上深野396	料亭	1887	木	○	県指定、経・近	料亭「深翠居」
宝満宮参道トンネル　麻生太吉寄進	信仰・神社	太宰府市天満宮奥	通路	1928	煉瓦	○		煉瓦トンネル30m

【たんこう】の慣習的な表記
・貝島、三菱、日炭は「炭礦」
・住友忠隈、大正中鶴は「炭砿」
・その他は「炭鉱」
・機械採炭時代は「炭鉱」
・手掘採炭時代（明治期）、中小は「炭坑」

国重要：国指定重要文化財
国指定：国指定文化財
国登録：国登録文化財
県指定：県指定文化財
市指定：市指定文化財
町指定：町指定文化財
経・近：経産省認定近代化産業遺産

博物館・資料館・記念館および研究機関一覧

名称	所在地	開館年	備考
博物館・資料館・記念館　※北九州市分は本書関係分のみ			
わかちく史料館	北九州市若松区浜町1丁目4－7	1997（平成9）	若松港資料
折尾高校「堀川ものがたり館」	北九州市八幡西区大膳2丁目23－1	2006（平成18）	堀川資料、川艜保存
北九州市立長崎街道木屋瀬宿記念館	北九州市八幡西区木屋瀬3－16－26	2000（平成12）	地元炭鉱資料
中間市歴史民俗資料館	中間市蓮花寺3丁目1－2	1987（昭和62）	大正中鶴炭鉱、堀川水門
芦屋歴史の里（芦屋町歴史民俗資料館）	遠賀郡芦屋町大字山鹿1200	2004（平成16）	川艜保存
水巻町歴史資料館	遠賀郡水巻町古賀3丁目18－1	2000（平成12）	日本炭鉱高松炭鉱
直方市石炭記念館	直方市大字直方692－4	1971（昭和46）	筑豊石炭鉱組合、救護関連資料
宮若市石炭記念館	宮若市上大隈573	1977（昭和52）	貝島炭鉱資料
鞍手町歴史民俗資料館	鞍手郡鞍手町大字小牧2097	1985（昭和60）	別館として石炭資料展示場あり
飯塚市歴史資料館	飯塚市柏の森959－1	1981（昭和56）	考古資料、飯塚地区炭鉱
飯塚市穂波郷土資料館	飯塚市秋松407－1	1991（平成3）	忠隈・飯塚・二瀬炭鉱
嘉麻市稲築ふるさと資料室	嘉麻市岩崎1143－3	1979（昭和54）	三井山野炭鉱
嘉麻市碓井郷土館	嘉麻市上臼井767	1996（平成8）	川船資料
嘉麻市山田郷土資料室	嘉麻市上山田451－3	2001（平成13）	旧山田市内炭鉱
王塚装飾古墳館	嘉穂郡桂川町寿命376	1994（平成6）	特別史跡王塚古墳、桂川町炭鉱
田川市石炭・歴史博物館	田川市大字伊田2734－1	1983（昭和58）	筑豊唯一の登録博物館
ふるさと館おおとう	田川郡大任町大字今任原1666－2	2003（平成15）	町内炭鉱
香春町歴史資料館	田川郡香春町大字高野987－1	2001（平成13）	香春岳関連資料
糸田町歴史資料館	田川郡糸田町2023－1	2003（平成15）	町内炭鉱
研究機関			
近畿大学産業理工学部地域資料室	飯塚市柏の森11－6	1988（昭和63）	地域資料室
九州工業大学情報工学部図書室	飯塚市川津680－4	2001（平成13）	筑豊歴史映像ギャラリー公開
福岡県立大学生涯福祉研究センター	田川市伊田4395	1998（平成10）	山本作兵衛日記
九州大学記録資料館	福岡市東区箱崎6－10－1	2006（平成17）	元石炭研究資料センター

《全般的資料》

『新福岡県の地理』瓜生二成、光文館、１９７４年
『写真集福岡１００年』西日本新聞社、東洋出版、１９８５年
『遠賀川　流域探訪』林正登、葦書房、１９８９年
『遠賀川－もっと知りたい遠賀川－』遠賀川流域住民の会、フジキ印刷、２００６年
『遠賀川　流域の文化誌』香月靖晴、海鳥社、１９９０年
『筑豊を歩く』香月靖晴　他、海鳥社、１９９６年
『筑豊原色図鑑』松本廣編、筑豊千人会、１９９７年
『ふるさといいづか歴史のさんぽみち－其の二－』嶋田光一、フジキ印刷、２００３年
『筑豊石炭礦業史年表』筑豊石炭礦業史年表編纂委員会、西日本文化協会、１９７３年
『筑豊近代化大年表（明治編）』近畿大学九州工学部、１９９９年
『筑豊近代化大年表（大正編）』近畿大学九州工学部、２０００年
『筑豊近代化大年表（昭和戦前編）』近畿大学九州工学部、２００１年
『筑豊近代化大年表（昭和戦後編）』近畿大学九州工学部、２００２年
『筑豊の１００年』香月靖晴監修、郷土出版社、２００１年
『図説　嘉穂・鞍手・遠賀の歴史』深町純亮監修、郷土出版社、２００６年
『図説　田川・京築の歴史』村上利男・半田隆夫監修、郷土出版社、２００６年

《近代化遺産・産業遺産・建造物など》

『福岡県文化百選　建物編』福岡県、西日本新聞社、１９９１年
『産業考古学会２００３年度全国大会（京都）講演論文集』産業考古学会、２００３年
『産業遺産とまちづくり』矢作　弘、学芸出版社、２００４年
『日本の近代土木遺産（改訂版）』土木学会土木史研究委員会、土木学会、２００５年
『近代化遺産探訪』清水慶一　清水襄、エクスナレジ、２００７年
『九州遺産』砂田光紀、弦書房、２００５年
『北九州の近代化遺産』北九州地域史研究会編、弦書房、２００６年
『福岡の近代化遺産』九州産業考古学会編、弦書房、２００８年
『近代化産業遺産群33～近代化産業遺産が紡ぎ出す先人達の物語～』経済産業省、２００７年
『福岡県の近代化遺産』（福岡県文化財調査報告書第１１３集）福岡県教育委員会、１９９３年
『西日本銀行直方支店』（直方市文化財調査報告書第17集）、直方市教育委員会、１９９５年
『江浦医院創立百周年誌』（私家版）藤晴江、２００１年
『登録有形文化財旧蔵内家住宅調査報告書』築城町、２００２年
『飯塚市近代遺跡（建造物等）調査報告書』有明工業高等専門学校、飯塚市教育委員会、２００１年
『飯塚市指定有形文化財伊藤伝右衛門邸修復工事報告書』飯塚市、２００７年
『北九州市産業史』北九州市、１９９８年
『北九州市土木史』北九州市、１９９８年

《県史・市町村史・郷土史》

『福岡県史　近代資料編　福岡県地理全誌三』財団法人西日本文化協会編、福岡県、１９８９年
『穂波町誌』穂波町誌編纂委員会、穂波町、１９６４年

『飯塚市誌』飯塚市誌編纂室、飯塚市、1975年
『地図と絵で見る飯塚地方誌』飯塚地方誌編纂委員会、元野木書店、1975年
『庄内町史』庄内町史編纂委員会、庄内町、1998年
『山田市誌』、山田市、1986年
『稲築町史　下巻』稲築町史編集委員会、稲築町、2004年
『芦屋町誌　増補改訂版』芦屋町誌編纂委員会、芦屋町、1991年
『増補　水巻町誌』水巻町史編纂委員会、水巻町、2001年
『中間市史　中巻』中間市史編纂委員会、中間市、1992年
『中間市史　下巻』中間市史編纂委員会、中間市、2002年
『直方市史　補巻石炭鉱業編』直方市史編纂委員会、直方市、1979年
『田川市史　中巻』田川市史編纂委員会、田川市、1976年
『田川市史　下巻』田川市史編纂委員会、田川市、1979年
『川崎町史　上巻』川崎町史編纂委員会、川崎町、2001年
『香春町史　上巻』香春町史編纂委員会、香春町、2001年
『香春町史　下巻』香春町史編纂委員会、香春町、2001年

《石炭全般、社史、人物など》

『筑豊炭礦誌』高野江基太郎、1898年
『筑豊鑛業頭領傳』兒玉音松、炭坑業頭領会事務所、1902年
『筑豊石炭鑛業會五十年史』吉見　實、（社）筑豊石炭鑛業會、1935年
『石炭統制會報　第二巻第六七号』石炭統制會、1944年
『貝島小学校教育史』貝島炭礦株式会社、1948年
『貝島会社年表草案』貝島炭礦株式会社、1960年
『社史』明治鉱業株式会社、1957年
『麻生百年史』麻生百年史編纂委員会、麻生セメント株式会社、1975年
『三菱鉱業社史』三菱鉱業セメント株式会社、1976年
『創業百年史』古河鉱業、1976年
『四十年史』日鉄鉱業、1979年
『男たちの世紀―三井鉱山の百年』三井鉱山株式会社、1990年
『わが社のあゆみ』住友石炭、1990年
『創立百年誌』楽市小学校、1974年
『幸袋工作所百年史』株式会社幸袋工作所、1996年
『林田春次郎を語る』廣瀬呈藏、林田春次郎翁顕彰会、1957年
『遠賀川　筑豊三代』深田　良、創思社出版、1975年
「明治の企業家杉山徳三郎の研究」『千葉商大論叢第35巻2号』杉山謙二郎、千葉商大、1997年
『貝島太助の物語』福田康生、自分史図書館、2003年
『伊藤伝右エ門』深町純亮、旧伊藤邸の保存を願う会、2007年
『石炭史話』朝日新聞社編、謙光社、1970年
『筑豊　石炭の地域史』永末十四雄、日本放送出版協会、1975年
『筑豊賛歌』永末十四雄、日本放送出版協会、1977年
『筑豊炭坑絵巻　ヤマの仕事』山本作兵衛、葦書房、1977年
『筑豊炭坑絵巻　ヤマの暮らし』山本作兵衛、葦書房、1977年
『筑豊炭坑絵物語』森本弘行、葦書房、1998年
『炭坑物語』西田彰、海鳥社、1991年
『筑豊万華』永末十四雄、三一書房、1996年
「筑豊の石炭産業について」『嘉飯山郷土研究会第11号』長弘雄次、嘉飯山郷土研究会、1997年
『穂波町ものがたり　炭鉱編』穂波町教育委員会、1998年
『広報ふくち（平成19年12月号）』福智町、2007年

《石炭生産》
「筑豊炭鉱の採掘・採炭の歴史について」『嘉飯山郷土研究会第19号』長弘雄次、嘉飯山郷土研究会、２００５年

《輸送（石炭など）》
『堀川の歴史と文化』中間市歴史民俗資料館、１９８８年
『若築建設百年史』若築建設、１９９０年
『博多駅六十五年史』博多駅、１９５５年
『九州の鉄道の歩み』日本国有鉄道九州総局、１９７２年
『九州の蒸気機関車』日本国有鉄道九州総局、１９７４年
『鉄輪の轟き』九州旅客鉄道株式会社、１９８９年
『鉄道ビクトリアル５５７号』小野田滋、１９９３年
『福岡鉄道風土記』弓削信夫、葦書房、１９９９年
『九州・鉄道ものがたり』桃坂　豊、弦書房、２００６年

《石炭信仰・記念碑・慰霊碑》
『夕張の碑　石碑・石仏など』夕張郷土資料保存研究会、１９８９年
「筑豊・炭坑と馬頭観音像」『嘉飯山郷土研究会第19号』原中政志、嘉飯山郷土研究会、２００５年
『沖縄から筑豊へ――その谷に塔を立てよ』服部団次郎、葦書房、１９７９年
「産業戦士の像保存を考えて」『いわき民報（平成6年4月23日夕刊）』永山　亘、１９９４年
『郷土直方　第26号坑夫像を考える特別号』鴻江敏雄、直方郷土研究会、１９９７年

《無形文化遺産》
『燃ゆる石』野見山朱鳥編、１９６５年
『山頭火全集』種田山頭火、春陽堂、１９９７年
『炭坑節物語』深町純亮、海鳥社、１９９７年
『筑豊の洋画家　斧山萬次郎展（図録）』飯塚市歴史資料館、１９９７年
『炭鉱の文化（図録）』田川市石炭資料館、１９９８年
『香春岳から見下ろせば－炭坑節の源流－（ＣＤしおり）』田川市石炭資料館、２００１年
『描かれた筑豊（図録）』田川市美術館、２００２年
『炭坑の文化／炭坑のある風景展（図録）』田川市石炭資料館・田川市美術館、２００４年
『郷土田川　創立50周年記念特集号　炭坑の文化』田川郷土研究会、２００６年

《その他》
『公園銅像記念寫眞帖』（個人所有）、１９２０年頃？
『九州酒類名鑑』醸造新聞社、１９５５年
『わが校の50年』福岡県立田川高等高校、１９６７年
『長崎街道』（福岡県文化財調査報告書第１８４集）福岡県教育委員会、２００３年
『秋月街道』（福岡県文化財調査報告書第１９５集）、福岡県教育委員会、２００４年
「五か村用水路を知る」『嘉飯山郷土研究会第21号』渡邉勝巳、嘉飯山郷土研究会、２００７年
『筑前国続風土記付録　中巻』加藤一純・鷹取周成（川添昭二・福岡古文書を読む会校訂）、１９７７年
『筑前国続風土記』貝原益軒（伊藤尾四郎校訂）、文献出版ｋ・ｋ、１９８０年

『角川　日本地名大辞典　40福岡県』角川書店、角川書店、1988年
『筑前国続風土記拾遺　中巻』青柳種信（広瀬正利・福岡古文書を読む会校訂）、文献出版、1993年
『福岡県の地名』（日本歴史地名大系41巻）K・K平凡社、2004年

《博物館・資料館・記念館・研究機関》

『福岡県の博物館』福岡県博物館協議会編、海鳥社、1994年
『北九州市立長崎街道木屋瀬宿記念館みちの郷土史料館（図録）』北九州市教育委員会、2001年

〈資料提供者・協力者〉

飯塚市教育委員会、飯塚市歴史資料館、飯塚市穂波郷土資料館、田川市石炭・歴史博物館、田川市美術館、直方市、直方市教育委員会、直方市石炭記念館、宮若市教育委員会、宮若市石炭記念館、嘉麻市、嘉麻市教育委員会、嘉麻市碓井郷土館、嘉麻市稲築ふるさと資料室、嘉麻市山田郷土資料室、中間市教育委員会、中間市歴史民俗資料館、中間市史編纂室、香春町歴史資料館、糸田町歴史資料館、ふるさと館おおとう、水巻町教育委員会、水巻町歴史資料館、芦屋町教育委員会、芦屋町歴史民俗資料館、鞍手町歴史民俗資料館、王塚装飾古墳館、北九州市立長崎街道木屋瀬宿記念館、わかちく史料館、飯塚商工会議所、直方商工会議所、直方歳時館、直方谷尾美術館、直方市文化青少年協会、千鳥饅頭本家、ひよ子、さかえ屋、NPO法人嘉穂劇場、円徳寺、常楽寺、あをぎり、江浦耳鼻咽喉科医院、石原商店本社、前田園本店殿町店、九州日立マクセル株式会社、香春鉱業株式会社、株式会社香春製鋼所、東鷹同窓会、西日本新聞、福岡県立折尾高校、近畿大学産業理工学部（図書館地域資料室、建築デザイン教室）、九州工業大学情報学部図書館、福岡県立大学附属研究所生涯福祉研究センター、九州大学附属図書館付設記録資料館、JR九州、JR九州日田彦山鉄道事業部、平成筑豊鉄道
（多くの個人の方々にもお世話になりましたが、ご氏名は割愛させていただきます）

あとがき

一年程前、ふと立ち寄った書店で『北九州の近代化遺産』なる本を見かけた。ちょうど筑豊でも、伊田竪坑櫓と二本煙突や旧伊藤伝右衛門邸などの近代化遺産に関心が集まっていた頃なので、『筑豊の近代化遺産』という本ができたらいいなと、勝手に考えていた。まさか、自分が実際に本の編集に携わるとは、その時夢にも想わなかった。

筑豊近代遺産研究会では、まず、筑豊における近代化遺産のリスト作りからスタートしたが、会を重ねるたびに『筑豊の近代化遺産』の本づくりがメインとなっていった。要項が決まった昨年秋、総勢五二名の執筆者が一同に集まった。『北九州の近代化遺産』は二三名、『福岡の近代化遺産』は一四名なので、倍以上の人数である。また、地元で活躍されている目上の先生・先輩方ばかりなので、きちんと編集ができるか、一抹の不安を覚えた。

今年に入ると、続々と原稿が送られてきた。仕事の傍ら、原稿を整理する。五二名の大所帯なので、書き方も十人十色、取りまとめが一苦労だった。ようやく全ての原稿を入稿したのが四月で、校正を手配して完成したのが七月。正味一年もかからずに本が刊行できたのは、つたない編集を励ましていただいた執筆者の方々のおかげである。皆さんには、原稿の執筆をお願いした際、「筑豊のためなら」と全員に快諾していただいた。この無償の奉仕が、いわゆる「川筋気質」なのだろう。本の編集を通じて未知の近代化遺産を知るはもちろん、筑豊の「人財」とも言うべき人情を再認識させられる喜びも得られることができた。

閉山後三〇年を過ぎた現在の筑豊では、当時の建造物の大部分が失われている。しかし、本書で特に紹介した筑豊炭田が育んだ風土や文化は、人々の心の中に今も息づいている。有形の遺産に無形の遺産が付随することが、筑豊の近代化遺産の大きな特徴であるといえよう。

確かに現在に残る近代化遺産は建造物として貴重である。しかし本当に素晴らしいのは、それら近代化遺産に関わって日本と筑豊の近代化を支えた人々だと常々思っている。本書を手にとって筑豊を訪れる方々には、近代化遺産とともに、筑豊の温かい人情にも触れてみてはいかがだろうか。

最後に、『筑豊の近代化遺産』の刊行にご協力いただいた皆様方、ならびに弦書房に厚くお礼申し上げます。

二〇〇八年七月

福本　寛

〈執筆者紹介〉

赤川一恵　１９６１年、福岡県生まれ。九州工業大学附属図書館情報工学部分館

麻生浩平　１９３２年、福岡県生まれ。挿絵画家、元麻生セメント中央研究所長

市原猛志　１９７９年、福岡県生まれ。九州大学大学院人間環境学府博士課程、ＮＰＯ法人北九州ＣＯＳＭＯＳクラブ理事（産業考古学）

伊藤英昭　１９４９年、山口県生まれ。特定非営利活動法人嘉穂劇場理事長（建築学）

岩熊真実　１９７１年、大阪府生まれ。糸田町教育委員会（考古学）

上野智裕　１９６３年、福岡県生まれ。嘉麻市教育委員会

牛嶋英俊　１９４６年、福岡県生まれ。福岡県文化財保護指導委員（考古学）

大坪　剛　１９６９年、佐賀県生まれ。水巻町教育委員会、図書館、歴史資料館（考古学）

香月靖晴　１９３０年、福岡県生まれ。嘉飯山郷土研究会会長（民俗学）

川上秀人　１９４８年、福岡県生まれ。近畿大学産業理工学部教授（建築史）

窪山邦彦　１９４３年、福岡県生まれ。ＮＰＯ法人遠賀川流域住民の会理事長

小出和典　１９２８年、福岡県生まれ。飯塚文化連盟名誉会長（劇作）

古後憲浩　１９６２年、福岡県生まれ。鞍手町教育委員会、鞍手町歴史民俗資料館学芸員（考古学）

讃井智子　１９８０年、福岡県生まれ。北九州市立長崎街道木屋瀬宿記念館学芸員（近世史）

舌間信夫　１９２７年、福岡県生まれ。九州文学同人、日本現代詩人会会員

篠崎達男　１９１９年、福岡県生まれ、嘉飯山郷土研究会会員

志満紀郎　１９７０年、広島県生まれ。大任町教育委員会（考古学）

白石泰隆　１９４９年、福岡県生まれ。わかちく史料館館長

田村　悟　１９６６年、大阪府生まれ。直方市教育委員会文化財担当（考古学）

徳永恵太　１９７７年、山口県生まれ。田川市美術館学芸員（炭鉱絵画）

豊福英之　１９３０年、福岡県生まれ。嘉麻市文化財保護審議会委員

仲江健治　１９３９年、福岡県生まれ。田川郷土研究会

野村憲一　１９７５年、福岡県生まれ。香春町教育委員会、香春町歴史資料館学芸員（考古学）

長谷川清之　１９５８年、福岡県生まれ。桂川町教育委員会文化財係長

花村利彦　１９３０年、東京都生まれ。田川郷土研究会会長、日本民芸協団理事（古代史）

濱田　学　１９６９年、大分県生まれ。中間市教育委員会

樋口嘉彦　１９６５年、福岡県生まれ。飯塚市歴史資料館学芸員（考古学）

檜和田數俊　１９２９年、福岡県生まれ。穂波郷土研究会（近世史）

深町純亮　１９２５年、福岡県生まれ。元飯塚市歴史資料館館長、筑豊炭鉱遺跡研究会事務局長（郷土史、石炭史）

福島日出海　１９５８年、福岡県生まれ。嘉麻市教育委員会文化課文化財係長（考古学）

福田英二　１９２３年、福岡県生まれ。庄内町商工会長、建設

業経営

松浦宇哲　１９７０年、福岡県生まれ。嘉麻市教育委員会文化課主任（考古学）

松尾節朗　１９３４年、大阪府生まれ。飯塚文化協会会長、日本野鳥の会筑豊支部長、菜殻火会会長

松岡高弘　１９６０年、福岡県生まれ。有明工業高等専門学校建築学科教授（建築史）

松木洋忠　１９６７年、福岡県生まれ。国土交通省遠賀川河川事務所元所長（土木）

三輪宗弘　１９５９年、三重県生まれ。九州大学記録資料館館長兼教授（経営史）

村上利男　１９２７年、福岡県生まれ。香春町郷土史会顧問

毛利哲久　１９６０年、福岡県生まれ。飯塚市教育委員会文化財保護係長（考古学）

桃坂　豊　１９６０年、福岡県生まれ。福岡県文化財保護指導員（交通史）

森本弘行　１９５９年、福岡県生まれ。田川市教育委員会文化課参事補佐

森山沾一　１９４６年、中国瀋陽生まれ。福岡県立大学教授兼務理事

諸藤浩之　１９２４年、福岡県生まれ。葦ペン画家

柳井秀清　１９３０年、福岡県生まれ。香春町郷土史会会長

山田克樹　１９６２年、福岡県生まれ。芦屋町教育委員会、芦屋歴史の里学芸員（考古学）

渡邉勝巳　１９４６年、福岡県生まれ。（株）渡辺測研代表取締役（測量・建設コンサルタント）

〈編者紹介（編集及び執筆）〉

安蘓龍生　１９４０年、福岡県生まれ。田川市石炭・歴史博物館館長（近世史）

榎田　崇　１９３５年、福岡県生まれ。宮若市教育委員会、宮若市石炭記念館館長

菊川　清　１９４２年、韓国全羅南道生まれ。近畿大学産業理工学部教授

坂田耕作　１９４４年、福岡県生まれ。直方市石炭記念館館長

嶋田光一　１９５４年、福岡県生まれ。飯塚市歴史資料館館長（考古学）

長弘雄次　１９２５年、韓国釜山府生まれ。九州共立大学名誉教授、筑豊近代遺産研究会会長（近代史）

福本　寛　１９７５年、長崎県生まれ。田川市石炭・歴史博物館学芸員（考古学）

筑《ちく》豊《ほう》の近《きん》代《だい》化《か》遺《い》産《さん》

二〇〇八年九月　一日第一刷発行
二〇〇九年六月一五日第二刷発行

著　者　筑豊近代遺産研究会©

発行者　小野静男
発行所　弦　書　房
（〒810・0041）
福岡市中央区大名二－二－四三
ELK大名ビル三〇一
電　話　〇九二・七二六・九八八五
FAX　〇九二・七二六・九八八六

印刷　アロー印刷株式会社
製本　篠原製本株式会社

ISBN978-4-86329-002-0　C0026